Sacajawea
1

9

ANNA LEE WALDO

Sacajawa

1

traduit de l'américain par Daniel Lemoine

Éditions J'ai Lu

Ce roman a paru sous le titre original :

SACAJAWEA

L'évocation de la figure légendaire de Sacajawa par un représentant autorisé de la sensibilité américaine reste à faire. On a érigé en son honneur plus de statues qu'à toute autre femme. Rares sont celles qui ont suscité aux Etats-Unis autant de rêveries et de dévotion.

Véritablement « canonisée », sinon déifiée, elle est devenue un objet de fierté nationale et même de rivalité entre Etats.

Bernard DE VOTO, *The Course of Empire.*

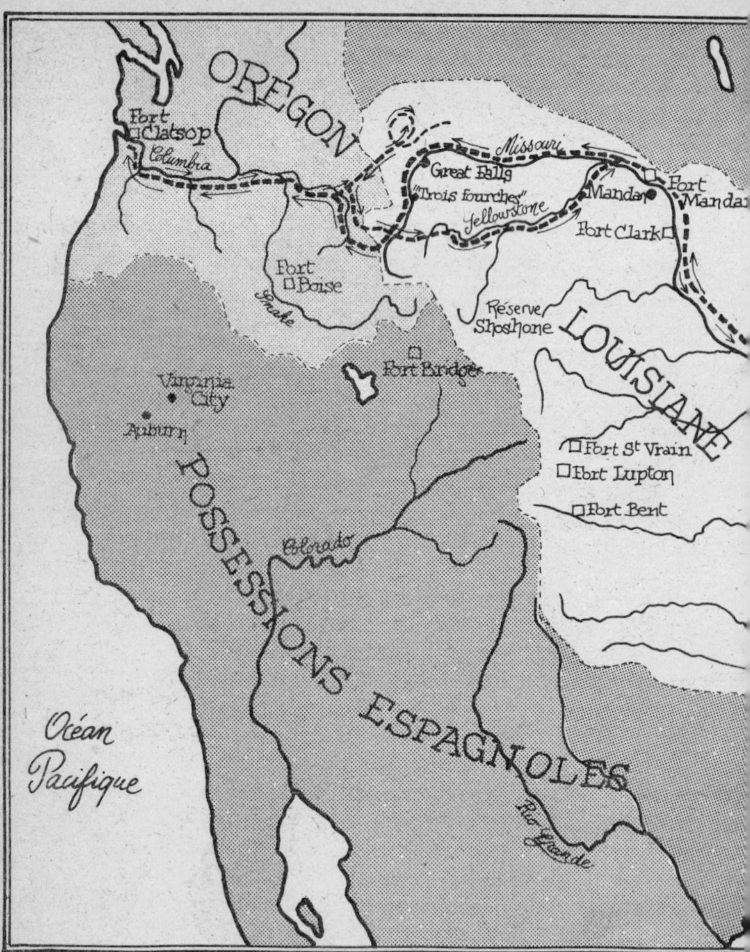

CARTE DES ÉTATS-UNIS EN 1804
situant les lieux où vécurent Sacajawa et sa famille
ainsi que l'itinéraire aller et retour de l'expédition

POSSESSIONS BRITANNIQUES
Lac Superieur
St Laurent
Michigan
Huron
Ontario
Erie
Mississipi
Boston
Philadelphie
New York
Council
Bluffs
Missouri
St Louis
Ohio
Washington
FRANCAISE
Mississipi
ETATS UNIS
Océan
Atlantique
FLORIDE ESPAGNOLE
La Nouvelle-
Orléans
Golfe du Mexique

A la mémoire de mon père
Lee William Van Artsdale

REMERCIEMENTS

Je voudrais exprimer ma reconnaissance au personnel des bibliothèques et des associations historiques des Etats de Californie, d'Idaho, d'Illinois, d'Iowa, du Kansas, du Missouri, du Montana, de Nebraska, de New York, du Dakota du Nord et du Dakota du Sud, d'Oklahoma, d'Oregon, d'Utah, de Washington et du Wyoming, ainsi que des villes de Montréal, au Canada, et de Stuttgart, en Allemagne. Leurs lettres et leurs directives patientes ont rendu possibles les recherches nécessaires à la rédaction de ce livre. Je remercie plus particulièrement feu Edna Mac Elkiney Olson, de l'Association historique du Missouri, à Saint Charles, Missouri, qui s'est enthousiasmée pour ce travail, ainsi que Martha Mann, de la bibliothèque de Kirkwood, Missouri, qui s'est procurée d'innombrables manuscrits, livres et pamphlets, grâce au système de prêt entre les bibliothèques, mettant ainsi à ma disposition des sources d'information inestimables.

Ma reconnaissance va également à mon mari, Bill, qui, à deux reprises, a parcouru la piste de Clark et de Lewis avec moi, puis a discuté et lu d'un œil critique mon manuscrit, m'évitant de commettre un certain nombre d'erreurs, notamment sur le plan géographique.

Si l'un de mes cinq enfants, Skookumchuck, A. Polliwoog, Williwaw, Kloochman ou Hee Hee Tum Tum, lit jamais cet ouvrage dont je leur ai tellement parlé, il sera sans doute à la fois ébahi et soulagé de constater qu'il est effectivement terminé.

Il m'aurait été impossible de l'écrire s'ils n'avaient pas critiqué mes idées, traversé à pied le col de Lemhi ou ne s'étaient pas tenus tranquilles pendant que je « travaillais », ce qui est toujours particulièrement difficile pour des enfants...

Je remercie enfin Carol Sturm Smith et John Burnett Payne de leurs conseils relatifs à la préparation du manuscrit.

Anna Lee Waldo

IL Y A TRÈS LONGTEMPS...

Dans les montagnes du Big Horn, à l'ouest de Sheridan, dans le Wyoming, en pays Shoshone, se trouve un mystérieux monument constitué d'une complexe structure circulaire tracée dans la pierre d'un contrefort plat, proche d'un pic isolé de trois mille mètres d'altitude. La Roue Magique mesure soixante-quinze mètres de circonférence; elle comporte vingt-huit rayons et six tumulus de pierre disposés irrégulièrement sur le pourtour ainsi qu'un septième à environ cinq mètres de la roue...

A l'ouest d'Armstead, dans le Montana, près de ce qui est aujourd'hui Hap Hawkins' Lake, non loin de la route nationale 91, au sud de Dillon, Montana, se trouve une autre structure rocheuse en forme de roue. Il n'est pas douteux que ces monuments sont antérieurs à la nation Shoshone telle que nous la connaissons.

« Federal Writer's Project », *Montana,*
John A. EDDY, *National Geographic,* janvier 1977.

1

L'histoire des Shoshones, qui appartiennent à l'immense groupe linguistique uto-aztèque, est pleine de paradoxes. Ils occupaient l'ouest du Wyoming, le centre et le sud de l'Idaho, le sud-ouest du Montana, le nord-est du Nevada et le nord-est de l'Utah. Les bords de la Snake, dans l'Idaho, étaient leur place forte, mais il leur arrivait d'aller jusqu'à la Columbia. Affichant un certain dédain pour leurs cousins du Sud : Utes, Hopis et Paiutes, moins vigoureux, il semble qu'ils aient été eux-mêmes méprisés par les tribus des plaines. Les Shoshones du Nord et de l'Est étaient des cavaliers, chasseurs de bison. Mais leur tradition orale abonde en références à l'époque où ils ne possédaient pas de chevaux, ne chassaient que le petit gibier, et n'habitaient pas des tipis de peau. Il n'y a apparemment jamais eu de Shoshones agriculteurs, mais dans la région de la Wind River, au centre du Wyoming, on a retrouvé d'énormes pilons d'environ un mètre cinquante de long, pourvus d'une boule de quinze à vingt centimètres de diamètre et d'un manche d'une section d'environ huit centimètres. On suppose qu'ils servaient à une très ancienne tribu pour moudre le grain, les graines d'herbe et les baies séchées.

Archives de l'Etat du Wyoming.

GRAND-MÈRE

Le jour se levait sur le camp des Agaidükas, les Mangeurs de Saumon, et déjà des fumées s'élevaient dans l'air frais du petit matin. Le camp shoshone baignait dans l'odeur âcre du pin brûlé. Silencieuses, une peau de bison sur les épaules, les femmes entretenaient les feux et préparaient le premier repas de la journée. Dans les tipis, les enfants s'éveillaient; les bébés, le ventre creux, se mettaient à pleurer.

Au centre du camp, se dressait le tipi du grand chef Ne-Recule-Jamais. Ce matin-là, il quitta tôt sa couche de branchages. Jadis, bien avant que l'on ne compte le temps, une tribu avait vécu ici, dans les montagnes du Big Horn, une tribu différente des peuples qu'il connaissait.

La veille, en se promenant avec sa fille cadette, Petite Herbe, le chef Ne-Recule-Jamais avait découvert un grand cercle de pierres, plus grand que le cercle du soleil. Il avait déjà vu un cercle semblable, plus petit, au Nord, mais n'aurait jamais imaginé qu'il en existait un autre, surtout d'une telle dimension. Il avait dû être construit avant que la lumière ne vienne à son peuple, les Shoshones Agaidükas.

Le vieil homme avait considéré le grand cercle avec un respect mêlé de crainte, puis avait parlé à sa fille des Doogooriga, les Mangeurs de Mouton, qui construisaient des pièges de pierre pour le gibier et des enclos entourés de murs de pierre pour les bighorns (1). Il les avait souvent rencontrés.

– Il y avait autrefois de nombreuses tribus de Mangeurs de Mouton. Ils habitaient des cavernes et des vallées cachées dans la montagne, pour échapper à leurs ennemis. Ils avaient des chiens qui les aidaient à chasser. Maintenant, ils ont disparu. Ils ont fait leur temps.

– Etaient-ils heureux? demanda Petite Herbe.

– Ils étaient comme nous, parfois tristes, parfois joyeux. Ils vivaient. Maintenant, c'est notre tour.

– Peignaient-ils le bison dans les cavernes?

– Ils peignaient les animaux qu'ils allaient chasser.

(1) Bighorn : genre de mouflon des Rocheuses à grosses cornes retournées.

C'est ainsi qu'ils donnaient vie au troupeau, afin que leur peuple ne manque jamais de nourriture. Le bison qu'ils dessinaient avait l'air vivant. Ses yeux brillaient à la lumière des feux, on voyait ses muscles tendre sa peau et sa queue fouetter l'air. Comme les bêtes qui broutent l'herbe grasse des collines.

– Se servaient-ils des mêmes peintures que celles que nous nous mettons sur le corps avant la chasse? demanda la petite fille curieuse.

– Oui. Ils mélangeaient le plus bel ocre à la graisse de l'ours, puis ils l'étendaient sur le dessin avec des petits bâtons trempés dans la peinture. Ils utilisaient le charbon de la terre noire pour les contours et les ombres et le vermillon pour faire briller les yeux.

– J'aimerais faire pareil! s'exclama la petite fille.

– Les femmes ne peuvent pas peindre les pierres, dit son père en souriant. Elles ne peignent que leurs vêtements et leur visage.

Tout en répondant à sa fille, Ne-Recule-Jamais poursuivait ses pensées. Les peuples qui avaient construit le petit cercle du nord et celui-ci appartenaient-ils à la même nation? Il se demanda si ce peuple avait disparu depuis longtemps. Quels avaient été ses ennemis?

Tandis qu'il observait le grand cercle de pierres, Petite Herbe tendit le bras vers le tumulus central, qui s'élevait à peu près à la hauteur de la poitrine du chef.

– Qu'est-ce que c'est?

– Tu poses trop de questions, gronda-t-il. Une femme doit seulement faire la cuisine, garder son tipi propre et contenter son mari.

– C'est peut-être le Père-Soleil, poursuivit-elle. Au milieu, c'est le soleil et tout autour ce sont les étoiles. Et celui-là, un peu à l'écart, c'est la Lune.

Sa comparaison la fit rire. Puis elle compta les rayons émis par le centre.

– Cinq mains et trois doigts, conclut-elle.

Le chef compta à son tour, puis déclara :

– C'est le nombre de soleils d'une pleine lune à la suivante.

Petite Herbe entreprit d'examiner les six abris bas, regardant sous les dalles qui les couvraient.

– Petite Herbe! Sors la tête de là-dessous!

Le chef releva rapidement la petite fille.

– Regarde, cette pierre plate n'est pas solide. Les piliers de pin sont vieux et pourris. Ils ne peuvent plus la soutenir. Et puis, il est possible que les esprits de cette nation ne soient pas loin. Ne profane pas leurs lieux sacrés. Et regarde où tu mets les pieds. Ne marche pas sur les pierres.

Sur la dalle de la structure centrale se trouvait un crâne de bison blanchi par le temps et disposé face au soleil levant. Ne-Recule-Jamais posa doucement la main sur le crâne blanc. L'os s'effrita sous ses doigts. Il essaya de réparer les dégâts, mais ne parvint qu'à le détériorer davantage. Il recula brusquement, comme un petit garçon pris en faute.

– Ne regarde pas ces vieilles pierres trop longtemps, ni de trop près, dit sa fille.

Il prit la minuscule main de Petite Herbe dans la sienne, qui était large et ridée, et s'éloigna rapidement.

– Tu parles trop, reprit-il. Même tes frères se taisent quand ce n'est pas leur tour de parler. Ta sœur, Petite Pluie, ne pose pas de questions et n'exprime pas ce qu'elle pense... sinon à sa mère ou à sa grand-mère, et cela c'est dans l'ordre. Mais pas à moi, son père. Les femmes doivent tenir leur langue quand elles sont parmi les hommes.

Petite Herbe garda un moment la tête baissée, puis demanda d'une voix douce :

– Père, c'était quoi le crâne de bison?

– Une chose très ancienne. Je ne sais pas ce qu'elle représente.

– Et les petites huttes?

– Je n'en sais rien, Petite Herbe. Peut-être abritent-elles des chefs, en hommage au Grand-Esprit ou au Père-Soleil.

– Pourquoi y avait-il une petite hutte bien séparée des autres? Etait-ce la Lune comme j'ai dit?

Ne-Recule-Jamais regretta de ne pouvoir répondre à cette question. Il s'était toujours efforcé de donner à ses enfants des réponses exactes, dans les limites de ses connaissances. Ils avaient beaucoup à apprendre et leur père, pour eux, savait tout ce qui valait la peine d'être su.

Plus tard, tout en mangeant la soupe chaude servie par sa femme, Herbes Parfumées, Ne-Recule-Jamais continua à penser à la nation ancienne. En général, on oubliait ceux qui avaient cessé de vivre. Il était interdit de prononcer leur nom. Mais le chef Ne-Recule-Jamais n'était pas comme tout le monde.

De taille moyenne, sa silhouette massive, aux larges épaules et aux jambes arquées, était caractéristique de sa tribu. Il n'avait pas de barbe. Dès qu'un poil se montrait, Herbes Parfumées l'arrachait immédiatement avec deux cailloux pointus. Ses yeux noirs, brillants, faisaient comme deux petites pierres dures au-dessus de ses hautes pommettes brunes. Lorsqu'il souriait, ses yeux et son visage s'adoucissaient. Il riait avec ses enfants quand ils se baignaient dans les cours d'eau glacés des montagnes et couraient au soleil dans l'herbe épaisse des collines. Les Agaidükas le respectaient.

Il se sentait responsable des membres de sa tribu. Il s'efforçait de leur rendre la vie plus facile, en choisissant de dresser le camp d'été ou d'hiver dans un endroit agréable ou proche de roches colorées, pour permettre aux femmes de fabriquer de belles peintures pour décorer leurs vêtements.

La tribu de Ne-Recule-Jamais formait un groupe plus uni que beaucoup d'autres. Il en était le chef incontesté bien que le mode de gouvernement fût, chez les Shoshones, on ne peut plus démocratique, chaque guerrier étant son propre maître. Les chefs étaient tout simplement des hommes que leurs actes de courage ou leur grande sagesse avaient élevé à une position de respect. On s'adressait à eux davantage pour prendre conseil que pour recevoir des ordres.

Comme dans la majorité des tribus indiennes, les femmes effectuaient la plupart des travaux domestiques, tandis que les hommes capturaient et dressaient les chevaux, fabriquaient les armes, protégeaient la tribu. Les enfants couraient parmi les tipis. Ils étaient libres de faire ce qu'ils voulaient, leurs aînés pensant qu'une discipline trop rigoureuse ne pouvait que nuire à leur courage.

La femme de Ne-Recule-Jamais était sa compagne de tous les instants. Herbes Parfumées avait refusé de partager son mari avec une autre. Elle n'avait pas accepté une autre squaw dans le tipi, ce qui aurait pourtant allégé sa tâche. Sa mère vivait avec eux, et elle avait aidé très efficacement Herbes Parfumées jusqu'au printemps. Mais le temps où Grand-Mère devait mourir n'était plus très éloigné maintenant. Il lui était de plus en plus difficile de se déplacer dans le camp, de ramasser du bois, de faire la cuisine ou de coudre.

Le chef Ne-Recule-Jamais espérait que son fils aîné, Ne-Marche-Jamais, prendrait un jour sa place parmi le Peuple – comme se désignaient eux-mêmes les Mangeurs de Saumon – persuadé que leur tribu était la préférée du Grand-Esprit, la plus glorieuse, la plus puissante tribu de la terre. Ours Tacheté, son fils cadet, était passionné de chasse. La fille aînée du chef, Petite Pluie, avait environ douze étés et Petite Herbe en avait trois ou quatre de moins. Alors qu'elles étaient encore bébés, ses filles avaient été promises aux fils de Daim Rouge, qui avait donné en échange six grands chevaux bais. Petite Pluie s'intéressait beaucoup à son futur mari, à la différence de Petite Herbe, qui n'avait pas encore atteint la puberté.

Quand le chef eut terminé son repas et fumé une pipe d'écorce de saule séchée et de *kinnikinick* (1), il prit un arc qui avait besoin de bandages neufs et une poignée de fines peaux de daim, puis se dirigea vers la limite du camp où douze hommes, assis sur leurs talons, conversaient. Ne-Recule-Jamais parla du cercle de pierres, répétant ce qu'il avait dit à sa fille. Quelqu'un mentionna les dessins qu'ils avaient vus, de nombreuses saisons auparavant, sur les hautes falaises blanches, et les dessins rouges qu'ils avaient découverts dans la caverne d'une biche et de son faon, et Ne-Recule-Jamais rappela les énormes pilons, aussi grands qu'un homme, avec une boule grosse comme deux poings à l'extrémité du manche.

– Personne n'a vu le peuple des dessins et de l'énorme pilon de pierre depuis de nombreuses saisons. Où est-il allé? De qui s'agissait-il? demanda-t-il.

Les hommes hochèrent la tête et se rapprochèrent les uns des autres. Ils n'avaient pas l'habitude de penser à ceux qui avaient vécu sur leurs terres. Et ils ne cherchaient pas à savoir. Le Peuple était prudent, et se préoccuper de ceux qui ne vivaient pas pouvait troubler leurs usages ou réveiller des forces inconnues qu'il valait mieux laisser dormir. Aussi bien, le Peuple s'en tenait aux coutumes que le temps avait rendues familières. Il ne cultivait pas la terre et n'essayait pas de domestiquer le grain sauvage en plantant les graines là où il voulait obtenir une récolte. Il se nourrissait de poisson et de racines parce qu'il n'avait pas le dessus dans les guerres contre les Pieds-Noirs qui habitaient le pays du bison. Parfois, le Peuple s'alliait aux Têtes-Plates et envahissait le pays du bison à la recherche de viande et de peaux. Parfois, ses flèches à

(1) Littéralement : ce qui est mélangé, en Algonquin. Amalgame de tabac, de feuilles de sumac séchées, d'écorces, etc., fumé par certains Indiens et pionniers.

pointe d'os tuaient l'antilope, le daim, le mouton sauvage ou la chèvre. Il ne chassait le bison que deux fois par an : au printemps et en hiver. Il y avait alors de grandes festivités quand les hommes rapportaient de la viande fraîche au camp. Après ces raids, ils revenaient à la vie frugale des montagnes.

Ne-Recule-Jamais s'assit, les jambes croisées.

– Nous pourrions fabriquer de longs bâtons et battre nous aussi le grain sauvage, comme l'a sans doute fait ce peuple ancien. Nous pourrions le conserver dans de grandes peaux souples. Il remplirait nos ventres vides pendant la Lune des Grands Vents.

De nouveau, les hommes se rapprochèrent les uns des autres. C'était une idée nouvelle. Plusieurs femmes, debout derrière le cercle des hommes, posèrent la main sur leur bouche, en signe d'étonnement.

Enfin, un vieil homme parla :

– Si l'herbe avait voulu que nous récoltions ses graines en d'aussi grandes quantités, elle aurait poussé toute au même endroit, dit-il.

Ours Tacheté, le fils de Ne-Recule-Jamais, venait juste de prendre place dans le cercle. Ce fut lui qui répondit :

– Grand-Père, le bison ne vient pas à nous. Il nous faut le poursuivre. Si nous récoltons les graines qui se trouvent sur notre route, peut-être aurons-nous moins faim pendant l'hiver. Peut-être nos femmes apprendront-elles à nous faire de nouveaux plats.

Il regarda fixement les femmes qui les entouraient.

– Oui, oui, peut-être, répondirent-elles.

Tôt, le lendemain matin, Ne-Recule-Jamais prit ses lances, en fit un paquet soigneusement attaché et mit les pointes de flèches qu'il venait de fabriquer dans un sac de peau. Il sortit de son tipi, salua silencieusement Herbes Parfumées, qui rallumait le feu, jeta un regard circulaire sur son village tranquille, puis contempla le sommet des arbres et les collines. Il respira profondément.

– La saison du ramassage des noix est presque terminée, dit-il. Il nous faudra plier les tipis dans trois soleils, prendre le chemin du pays du bison et trouver un endroit sûr pour l'hiver.

Herbes Parfumées attisa le feu. Les flammes jaillirent.

– J'avais espéré que nous pourrions rester un peu plus longtemps pour récolter les graines, répondit-elle sans lever la tête. L'idée de notre fils était bonne.

– Femme, les hommes et les garçons ont parfois des idées qui ne conviennent pas au chasseur. La chasse au bison est nécessaire à l'entente du Peuple. Il nous faut passer le temps d'une manière ou d'une autre, manger, dormir. Nous pouvons donc tout aussi bien le passer sur la piste; ces voyages ne nous feront pas mourir plus tôt.

Le chef connaissait l'âme de sa tribu, cette communauté fermée qui protégeait ses membres et donnait force à ceux qui la composaient. Et il aimait le sentiment de puissance qu'il éprouvait quand une douzaine de chasseurs, montés sur leurs plus beaux chevaux, galopaient dans la plaine à la recherche des bisons. Pendant plusieurs jours, les chasseurs se déplaçaient prudemment, jusqu'à ce qu'ils parviennent à en isoler un petit groupe. Ils savaient que le reste de l'immense troupeau abandonnerait les attardés et ne chargerait pas les chasseurs. Alors, dans un moment d'émotion intense, ils menaient leurs chevaux assez près des bêtes sauvages pour les frapper de leurs lances et les envoyer rouler dans la poussière avec des cris stridents. Pour des hommes comme Ne-Recule-Jamais, ces derniers instants de la chasse constituaient une expérience incomparable.

– Je me disais, insista Herbes Parfumées en regardant son mari dans les yeux, que si nous pouvions augmenter un peu nos réserves, notre peuple serait moins faible pendant l'hiver. Rien ne nous empêcherait alors de repousser les Pieds-Noirs ou même les Sioux, qui viennent nous voler nos chevaux au début du printemps. Au lieu d'être faibles comme nos cousins les Utes, nos braves reprendraient nos chevaux et se couvriraient de gloire.

– La femme n'est pas faite pour réfléchir ainsi, répondit Ne-Recule-Jamais en haussant les épaules.

A peine Herbes Parfumées s'était-elle tue qu'une autre question lui vint à l'esprit. Que ferait le Peuple s'il avait la certitude de disposer de vivres pendant toute l'année? Au fil des ans, il avait mis au point un mode de vie précaire au sein des forces qui l'entouraient. Bien des choses restaient inexpliquées : le froid mordant, le tonnerre et les éclairs, la sécheresse et les inondations, mais il les associait à la volonté du Grand-Esprit. Il faisait des offrandes pour remercier les forces du bien et apaiser les forces du mal. Un bol de ragoût chaud et bien épais, une poignée de coquillages, des dents d'élan ou des épines de porc-épic. Il connaissait l'équilibre entre la vie et la mort. Une inépuisable ressource de nourriture ne manquerait pas de troubler cet équilibre. Il y aurait davantage de vieillards susceptibles de participer aux travaux domestiques. Les femmes auraient plus de temps à consacrer aux enfants, à la cuisine, à la couture ou pour rester assises au soleil, à ne rien faire.

– Peut-être pourrions-nous faire davantage de fêtes, danser et organiser des jeux, reprit-elle. Le froid de l'hiver serait plus supportable. Le grand vent nous ferait rire si nos ventres ne grondaient pas.

Ne-Recule-Jamais regarda sa femme avec étonnement.

– Oh! femme tendrement aimée, dit-il, tes paroles vont loin, très loin.

Surpris qu'une squaw pût avoir de telles pensées, il se baissa, pénétra dans le tipi et ébouriffa les cheveux emmêlés de ses enfants, les éveillant à la lumière pure du soleil, puis il revint auprès d'Herbes Parfumées. Il admira son large sourire. C'était une femme délicate, aux longs cheveux noirs coiffés en deux nattes régulières. Chaque fois que Ne-Recule-Jamais regardait son petit menton volontaire, il se souvenait du bonheur qu'il ressentait auprès d'elle lorsqu'ils s'allongeaient au clair de lune, dans l'herbe odorante d'une prairie, et contemplaient les étoiles. C'était une épouse travailleuse, une mère douce et sensible. Mais elle avait toujours eu des idées bien à elle qui laissaient presque à chaque fois son mari perplexe, car elles se révélaient souvent justes. C'est pourquoi il ne rit pas quand elle ajouta :

– Comment un plus grand confort pourrait-il être mauvais?

Troublé, il fixa le feu pendant un moment.

– S'il est possible de cueillir assez de graines pour alléger la morsure de la faim pendant l'hiver, cela ne peut pas faire de mal au Peuple, répondit-il. Il se rirait des grands vents. Mais il faudrait une telle quantité de graines! Il est impossible d'en ramasser assez. Tu sais ce qui se passe avec la viande. Plus il y en a, plus on en mange. Le Peuple deviendrait gras, mou et paresseux.

Tout en parlant, il se demandait ce qui avait fait disparaître le peuple du cercle de pierres. Une force dont il ignorait tout avait altéré le cours de sa vie. Peut-être s'était-il rendu la vie trop confortable et, devenu trop faible, avait-il été massacré par ses ennemis. Peut-être le désir d'avoir davantage de nourriture l'avait-il poussé plus loin. Il pensa à son père, et au père de son père. Il était difficile de se représenter les pères d'un passé plus lointain. Qui étaient les anciens du cercle de pierres? Leur sang coulait-il dans ses veines? Il se sentit soudain tout petit. Et quand sa femme lui tendit une galette plate et dure faite de graines broyées, il se demanda si vivre et maintenir la cohésion de la tribu était aussi simple qu'il le croyait. Une ou deux fois, dans le passé, il avait pensé que son peuple ne survivrait pas, livré à lui-même. Mais il existait une force mystérieuse, quelque chose qui venait du Grand-Esprit et qui l'aidait à vaincre la peur du froid, de la faim, de la maladie et même le grand mystère de la mort.

– Est-ce bon? demanda sa femme en lui tendant une nouvelle galette de farine de graines, d'eau et de graisse d'ours.

– C'est croquant, agréable au goût et ça mérite un cadeau.

Il sortit quelque chose de sous la ceinture de son pantalon, dans l'espoir qu'un joli présent la distrairait de ses pensées moroses.

– Une pierre bleue, dit-il. Je la gardais pour une occasion comme aujourd'hui. Je l'ai prise à un Pied-Noir qui rôdait avec son compagnon près de nos chevaux, au coucher du soleil, pendant la Lune de la Sécheresse.

– Elle a la couleur d'un ciel de printemps, fraîche et pure! s'exclama Herbes Parfumées. Tu feras un petit trou ici pour que je puisse y passer une fine lanière et la porter au cou.

– La femme a besoin de belles choses comme l'homme a besoin de manger, grommela le chef en évitant de regarder le visage radieux de sa femme.

L'émotion qu'il ressentait, il ne la craignait pas; il souhaitait seulement en garder le contrôle devant ses enfants, qui sortaient tous les quatre du tipi, pour prendre le premier repas de la journée.

Mais Herbes Parfumées, elle, ne dissimulait ses sentiments que devant des étrangers.

– Je t'aime chaque jour davantage, dit-elle. Je t'aime beaucoup plus aujourd'hui que lorsque tu es venu pour la première fois dans le tipi de ma mère.

Ne-Recule-Jamais toussa et se tourna vers ses fils qui se disputaient un bâton très droit et tout blanc.

– C'est à moi! cria Petite Herbe d'une voix perçante. J'ai ramassé de l'herbe jaune pour faire une tunique et une large ceinture pour le bâton. Ce sera mon *papoose*(1).

Petite Pluie s'interposa entre les garçons.

– Rendez son bâton à la petite. Vous pouvez en faire un autre avec une pierre coupante. Rendez-le-lui, qu'elle cesse de crier.

Herbes Parfumées mit rapidement entre les mains des enfants des bols d'osier.

– Mangez et profitez de l'air de l'automne, dit-elle tendrement. Peut-être votre père emmènera-t-il les garçons à la chasse avant que nous ne levions le camp. Petite Pluie et Petite Herbe, essayez de terminer votre couture. Nous partons dans trois soleils.

Petite Pluie rentra dans le tipi pour porter un bol de soupe à Grand-Mère.

– Nous allons coudre aujourd'hui, dit-elle. Dans trois jours nous partirons.

Les yeux de Grand-Mère étaient aussi brillants que des pierres noires et mouillées. Elle avait les cheveux fins, emmêlés dans le dos, et quelques mèches noires sur le front. Son visage brun était aussi ridé qu'une prune séchée. Elle avait appris à coudre, à tanner les peaux et à faire du *pemmican*(2) à ses deux petites-filles. Tout en leur montrant comment se servir de leurs mains, elle chantait des chants de bonheur, des chants de tristesse et des chants en l'honneur du Grand-Esprit. Ces mélopées n'utilisaient qu'une gamme de cinq notes, mais elles venaient des profondeurs de sa mémoire et de celle de sa propre grand-mère. Quand la fin de l'hiver approchait, elle racontait à ses petits-enfants la légende de la création :

– Un jour, expliquait-elle, l'eau recouvrit la terre. Un oiseau d'eau se posa à sa surface, des touffes d'herbe dans le bec. Le Grand-Esprit souffla la vie dans l'herbe qui se transforma en des êtres aussi blancs

(1) Papoose : petit enfant.

(2) Pemmican : viande maigre séchée, émincée, additionnée de graisse et conservée sous forme de pains compressés.

que la neige fraîche. Ils eurent plusieurs enfants, puis les femmes mangèrent des merises que leur avait données Coyote le Fourbe. Comme le fruit était bon, elles invitèrent leurs familles à s'en régaler également. Plus ils en mangèrent, plus leur chair brunit, tant et si bien qu'elle devint d'un beau marron uni.

Ce jour-là, Feuille de Saule, une amie de Petite Pluie, qui avait comme elle une douzaine d'étés, vint écouter les histoires de Grand-Mère tout en confectionnant une paire de mocassins pour son père.

– Apprends-moi à coudre des piquants de porc-épic, Grand-Mère. Je veux faire une surprise à mon père et lui offrir des mocassins neufs quand nous partirons pour le camp d'hiver. Regardez les hautes tiges que j'ai fabriquées et les petites franges du talon!

Grand-Mère s'assit sur son lit de peaux de bison et, tout en chantonnant à mi-voix, sortit d'un petit sac de cuir des piquants de porc-épic teints en rouge et en jaune qu'elle disposa sur le sol devant elle.

– L'empreinte de la dinde! s'exclama Feuille de Saule en reconnaissant le dessin.

– Grand-Mère, raconte-nous une histoire, demanda Petite Herbe.

– Oh oui! approuva Petite Pluie.

Posées sur ses genoux, les mains de Grand-Mère tremblaient comme des crécelles d'os. Ses yeux brillèrent et elle commença d'une voix douce :

– Je vous ai parlé du grand mystère de la naissance et je vous dis aujourd'hui que la mort est également mystérieuse. Elle emporte tous ceux qui vivent. (Elle se tut, ferma un instant les yeux, et reprit :) Il sera bientôt temps pour moi de rejoindre le Grand-Esprit. Le voyage n'est pas long, dit-elle, les yeux toujours fermés comme pour mieux voir la piste conduisant au pays où il n'y a ni faim, ni douleur, ni tristesse, mais toujours le soleil, des fleuves d'eau claire regorgeant de poissons et des prairies grasses où le gibier abonde.

– Ce n'est pas vrai, s'exclamèrent les petites filles. Nous avons besoin de toi.

– Notre mère a besoin de toi, renchérit Petite Pluie.

– Sans toi, je ne pourrai jamais apprendre tout ce que je dois savoir pour être une femme, dit Petite Herbe les larmes aux yeux.

– Que vous êtes sottes! Vous ne pensez qu'à vous-mêmes, gronda Grand-Mère. (Sa voix était rauque et lui restait dans la gorge.) Je m'ennuie des gens que je connaissais, et qui ont déjà fait le grand voyage vers le pays des Fêtes Eternelles. Mes articulations sont raides et je peux à peine marcher. Ma main renverse la soupe avant qu'elle n'atteigne ma bouche.

– Mais nous t'aimons, sanglota Petite Herbe.

– Je vous aime aussi, mais mon temps est venu. Ne soyez pas tristes. Regardez devant vous.

– Qu'y a-t-il devant nous? demanda Petite Pluie, la tête baissée, tandis qu'une larme tombait de sa joue.

Grand-Mère se pencha péniblement et referma ses doigts minces sur la main de Petite Pluie.

– J'ai une révélation à te faire, un mystérieux présage... Ma petite fille, tu ne connaîtras jamais la joie d'être grand-mère. C'est un grand malheur.

Petite Pluie fixa le visage grave de Grand-Mère. Elle sourit et se souvint que Grand-Mère avait l'habitude de ces prédictions. Il lui arrivait même de dire le temps qu'il ferait.

– Ne sois pas triste, Grand-Mère, dit-elle. C'est peut-être que mes enfants ne se marieront pas. Je suis promise à Court Lourdement, ne l'oublie pas.

Grand-Mère haussa les épaules et étendit une peau de bison sur ses genoux maigres.

– Je ne sais rien de plus.

Petite Herbe s'approcha de Grand-Mère.

– Et Feuille de Saule, as-tu eu une révélation pour elle?

– Oui, sourit Grand-Mère. Elle sera une bonne

mère et une bonne épouse. Elle sera chaque saison plus habile à coudre.

Elle se tut un instant.

– Tu vas faire un voyage dans un pays inconnu, reprit-elle. Bientôt.

Feuille de Saule se mit à rire.

– Je sais, nous allons au camp d'hiver. C'est un long voyage et nous allons partir bientôt.

– Que sais-tu d'autre? demanda Petite Herbe.

Grand-Mère se reposait, les yeux fermés. Elle les rouvrit quand elle sentit que les petites filles n'en pouvaient plus d'attendre sa réponse.

– Il y a longtemps que je veux te parler, Petite Herbe. Mais ta mère me l'a interdit.

Petite Herbe jeta un coup d'œil dehors.

– Elle est partie.

– Maintenant, l'heure est venue. Ecoutez bien, toutes, et sachez que je parle selon mon cœur.

Un frisson parcourut le dos de Petite Herbe. Elle tendit l'oreille pour ne pas en perdre un mot.

– Qu'est-ce que c'est? demanda-t-elle.

– Toi, Petite Herbe, tu es l'élue. Tu auras de nombreux noms. Tu guideras les autres. Tu seras quelque chose comme un chef qui donne au Peuple des ventres pleins et des visages réjouis. (Les yeux de Grand-Mère brillèrent.) Tu appartiendras aux légendes dans de nombreuses vies d'homme et tu seras aimée par d'autres nations. Tu mourras jeune, et pourtant tu atteindras un âge très avancé. (Sa voix devint un murmure.) Le début de tout cela est proche, comme le voyage de Feuille de Saule.

Grand-Mère toussa, respira péniblement puis s'allongea sur les peaux de bison.

Petite Pluie se mit à rire aux éclats.

– Alors, ce bébé sera un chef? Une squaw sera chef?

– Attends, Petite Pluie, dit doucement Grand-Mère, ce n'est pas tout.

Les petites filles attendirent, immobiles.

– J'ai vu plusieurs fois en rêve une mince jeune femme, qui était Feuille de Saule, pleurer tout en courant à en perdre ses mocassins pour serrer Petite Herbe dans ses bras. Et Petite Herbe ne la reconnaît pas tout de suite. Autour d'elles, il y a beaucoup d'hommes, des braves, les yeux ronds et écarquillés par l'incrédulité. C'est un rêve étrange. Je ne le comprends pas.

Elle hocha la tête puis, de ses doigts tremblants, se cacha les yeux.

Alors Petite Herbe glissa sa main dans celle de Grand-Mère, se pencha vers elle et murmura près du visage jauni et ridé :

– Je n'oublierai pas ce jour.

Et la petite fille posa les mains noueuses de Grand-Mère sur son cœur.

Le lendemain matin, le soleil était encore chaud mais la fraîcheur du vent annonçait la saison froide. Herbes Parfumées était occupée à empaqueter les vêtements et le peu de provisions qui restaient pour que sa tâche ne soit pas trop lourde au moment de plier le tipi. Feuille de Saule vint voir si Petite Pluie et Petite Herbe pouvaient venir avec elle cueillir des marguerites d'automne en dehors du camp pour faire des colliers de fleurs.

Les petites filles gambadaient dans l'herbe sèche et se mirent à cueillir les marguerites mauves à longue tige. Elles eurent bientôt soif et coururent à l'abreuvoir. Puis Petite Herbe vit un arbre déraciné en travers de la piste que le gibier empruntait pour aller boire. Il y avait encore de la mousse et de la terre sur les racines récemment arrachées. Les branches sur lesquelles il était tombé étaient complètement déchiquetées.

– C'est un mélèze, dit Petite Pluie. Nous pouvons passer à travers, les aiguilles ne piquent pas.

Elles montèrent sur l'énorme tronc rugueux, l'une derrière l'autre, en évitant les branches cassées.

– Je suis un ours, glapit Petite Herbe.

– Voilà un écureuil, s'exclama Feuille de Saule en riant.

– *Squak, squak,* fait le geai bleu, vous êtes sur mon arbre, cria Petite Pluie.

Soudain, Petite Herbe se redressa. Elle avait entendu des craquements. A quelques pas, elle aperçut un petit ourson noir qui se hissait sur un autre mélèze, arrachant l'écorce et la mousse à chaque poussée de ses courtes pattes. Elle allait le montrer aux autres quand, juste en face d'elle, la mère ourse se dressa sur les pattes arrière et rugit tout en battant l'air, ses longues griffes brillant au soleil. Un second ourson l'accompagnait.

Les petites filles s'immobilisèrent, trop effrayées pour bouger. Puis Petite Pluie souffla :

– Ne faites pas de mouvement brusque, sinon elle nous poursuivra.

– Je n'ai pas l'intention de rester ici, répondit Feuille de Saule.

Et elle se glissa furtivement à l'abri des branches. Les deux autres l'imitèrent.

Dès qu'elles eurent quitté l'arbre, elles se retournèrent toutes ensemble et sautèrent de rocher en rocher à une vitesse dont elles ne se seraient jamais crues capables. Hors d'haleine, elles se laissèrent enfin tomber par terre. Les rugissements du fauve étaient devenus presque inaudibles. Les ours n'avaient pas franchi l'arbre.

– Elle croit que nous sommes toujours là-bas, parvint à articuler Petite Herbe.

Quand elles furent un peu calmées, les petites filles se regardèrent.

– Heureusement que le vent est tombé, dit gravement Feuille de Saule. Les ours sont capables de flairer et de retrouver les filles pendant la période des saignements. Ils les attaquent et ils les tuent. C'est l'odeur qui les rend fous.

Petite Pluie sursauta :

– Tu es devenue femme?

– Oui, il y a quatre soleils.

– L'ourse voulait seulement protéger ses petits, grogna Petite Herbe. Elle se fichait bien que tu sois devenue femme.

– Alors, c'est de nous voir et pas de nous sentir qui l'a fait rugir, dit Petite Pluie en riant.

Elles riaient encore en regagnant le camp, où elles offrirent leurs paniers de marguerites à Grand-Mère, qui était couchée au soleil sur des peaux de bison.

Petite Herbe piqua quelques fleurs mauves dans les cheveux gris-noir de Grand-Mère.

– Tu es très belle, dit la petite fille, remarquant pour la première fois que la vieille femme sentait mauvais.

Grand-Mère écouta, les yeux mi-clos, les petites filles lui raconter leur rencontre avec l'ourse. Puis elle fouilla sous ses peaux de bison et en sortit un morceau de réglisse qu'elle donna à Petite Pluie, lui demandant de le partager en trois.

Elle entreprit alors de leur apprendre les propriétés médicinales de diverses racines : le géranium sauvage pour les douleurs d'estomac, la scutellaire pour celles du cœur, les feuilles de violette écrasées pour les maladies des poumons, les graines de volubilis et de stramoine pour avoir des pensées sereines et le peyotl (1) pour détendre un esprit confus.

Comme la plupart des Indiens, Grand-Mère avait de solides connaissances en anatomie. Autrefois, elle avait été capable de rendre sa souplesse à une jambe raide en moins d'une heure de massage. Elle connaissait les propriétés médicinales de la cabine où l'on sue; et elle savait recoudre les coupures profondes avec un

(1) Plante hallucinogène qui pousse au Mexique.

cheveu du blessé. La blessure se cicatrisait proprement et sans infection. Maintenant, lorsqu'elle toussait, ce qui était fréquent, Grand-Mère remarquait des taches de sang. Parler aux enfants la fatiguait.

Ce soir-là, après avoir bu son bol d'herbes médicinales, Grand-Mère parla à Ne-Recule-Jamais :

– Laisse-moi ici, lui dit-elle. Je suis très vieille. J'étais la femme d'un grand chef. Je ne puis plus ni mâcher les peaux pour les assouplir ni les coudre avec un nerf. Mes mains tremblent et je suis incapable de faire la cuisine. Je ne peux pas secouer mes peaux de bison. Je ne puis plus me soulager hors du tipi. Cette saison, je n'ai rien fait pour gagner la viande que tu coupes pour me donner. Je tousse, et cela me fatigue. Je suis un fardeau pour les miens. Si tu ne me laisses pas ici, vous serez pris par l'ennemi ou dans une tempête de neige sur le chemin du camp d'hiver, à cause de moi. La peau de bison blanche de l'hiver sera épaisse et il n'y aura pas beaucoup à manger avant qu'elle ne fonde et découvre la terre. Moi, qui ne suis plus bonne à rien, je ne ferai que causer la mort de ceux qui sont utiles, et de ceux que j'aime. Laisse-moi, c'est tout ce que je demande. Au matin, ferme-moi les yeux afin que je ne puisse voir. Ainsi je ne serai pas seule et tremblante. Et ainsi tu paieras le lait et tout ce que j'ai donné à mes enfants.

Grand-Mère toussa, et cette nouvelle quinte la laissa épuisée.

Ne-Recule-Jamais se leva d'un bond, et passa le dos de la main devant ses yeux. Herbes Parfumées vint à lui et le serra contre son corps chaud, puis reprit sa place à la tête de la paillasse de Grand-Mère. Ne-Recule-Jamais resta toute la nuit au pied de la couche.

Petite Herbe avait le cœur lourd. Elle était assise tout près de Grand-Mère et tenait dans les siennes ses mains sèches et flétries. Au matin, Feuille de Saule entra, observa la respiration lente de la vieille femme, puis ressortit.

Petite Pluie et sa mère remplirent deux petites boîtes de cuir de graines d'herbe sèche dont elles firent une fine poudre, en les écrasant entre deux pierres.

– Grand-Mère aura davantage à manger, dit Herbes Parfumées.

Ours Tacheté et Ne-Recule-Jamais rapportèrent plusieurs lapins, avec la peau desquels on confectionna une petite couverture très douce pour que Grand-Mère y pose la tête.

– Filles, déclara Herbes Parfumées, il est temps de construire le tipi d'hiver de Grand-Mère, mais elle fut incapable de poursuivre et entreprit de dérouler les peaux.

Les yeux noirs de Grand-Mère observaient tous les gestes d'Herbes Parfumées et elle ne dit rien quand ses peaux de bison tombèrent sur le sol poussiéreux sans que personne ne se précipitât pour les ramasser.

On construisit un abri rudimentaire avec des branches de saule soutenues par quatre solides piliers de peuplier. Puis on étendit plusieurs peaux d'antilope sur le toit pour arrêter la pluie et une sur le côté pour protéger du vent. Petite Herbe garnit la couche de branches de pin pour la rendre moelleuse, puis elle étendit dessus une peau de bison de Grand-Mère. Une larme glissa sur son menton et tomba dans l'épaisse fourrure brune et frisée.

Enfin, on laissa près de la couche une pile de carottes sauvages ainsi que des racines de chardon et de balsamine. Herbes Parfumées apporta plusieurs brassées de bois qu'elle posa au centre de l'abri, pour que Grand-Mère puisse faire du feu. On lui laissa encore plusieurs sacs de cuir pleins de pain fait de graines d'herbes sauvages, de graisse d'agneau et de mûres écrasées, un peu de viande séchée et une outre de peau de bison pleine d'eau fraîche. Elle avait de quoi subsister une lune environ.

Cependant, les autres familles commençaient à partir pour le camp d'hiver. Ne-Recule-Jamais, monté sur son poney, surveillait les jeunes gens chargés de rassembler les chevaux, que les chiens poursuivaient en aboyant. Les chevaux constituaient la principale richesse du Peuple. Descendant principalement de chevaux arabes, ils avaient été achetés ou volés aux Espagnols du Sud. Plusieurs portaient des marques espagnoles et quelques Indiens possédaient encore des selles et des mors de leurs anciens propriétaires. Le Peuple savait que sa supériorité reposait sur ses chevaux, et il en prenait le plus grand soin.

Le chef avait déjà fait ses adieux à Grand-Mère et lui avait bandé les yeux avec une fine peau de daim. Le cœur lourd, il enjoignit à sa famille de se dépêcher.

Petite Pluie et Petite Herbe se serrèrent contre Grand-Mère, le visage couvert de larmes. Herbes Parfumées les gronda tendrement :

– Les filles du Peuple ne pleurent pas sur ce qui doit être fait pour le bien de la tribu. Venez, maintenant.

Petite Herbe vit les yeux de sa mère s'emplir de larmes tandis que ses doigts tripotaient nerveusement le fin lacet qu'elle portait au cou; la petite pierre bleue brillait comme le ciel. Petite Herbe savait combien sa mère chérissait ce récent cadeau de son père. Herbes Parfumées se pencha sur Grand-Mère, posa le collier entre ses mains frêles, puis dit à voix basse :

– La pierre est aussi claire qu'un ciel d'été. En la regardant, tu te sentiras jeune.

Les yeux d'Herbes Parfumées s'embuèrent. Elle se détourna et éprouva la solidité des peaux fixées à la paroi interne de l'abri.

Les yeux de Grand-Mère se plissèrent et des rides profondes apparurent. Il semblait que sa langue poussait ses lèvres comme dans un sourire. Petite Herbe ne put se contrôler plus longtemps. Elle se précipita vers Grand-Mère et s'allongea près d'elle.

– Je viendrai te voir, promit-elle entre deux sanglots. Tu m'attendras. Je t'apporterai de la viande fraîche pour que tu puisses passer la Lune des Grands Vents.

Grand-Mère fit signe que non, que les choses étaient bien comme elles étaient... Elle ne voulait parler, de peur de trahir son émotion et l'amour profond qu'elle éprouvait pour cette enfant qui portait son nom de petite fille parce qu'elles avaient, toutes deux, aimé regarder les vagues que le vent fait naître sur les prairies touffues.

Après plusieurs jours d'un voyage lent et difficile, Ne-Recule-Jamais repéra un endroit abrité. La tribu s'y arrêta pour quelques jours. Il fallait se remettre à chasser pour augmenter les réserves destinées à l'hiver.

Pendant que les hommes étaient occupés à capturer du gibier, les femmes firent de la couture, coupèrent la viande en lanières pour la faire sécher sur des clayettes. Herbes Parfumées et ses filles battirent les herbes sauvages et les tournesols pour en tirer les graines qu'elles enfermèrent ensuite dans des peaux.

La saison était magnifique. Les feuilles tombaient, rouges et jaunes. Le troisième jour, Ne-Marche-Jamais et Ours Tacheté partirent à la chasse avec les hommes. Petite Pluie et Herbes Parfumées sortirent de leur cabane de paille et se remirent à battre le grain dans une vieille peau.

Mais bientôt, sous prétexte d'aller chercher de la couture, Petite Herbe s'échappa et prit deux lapins écorchés dans la réserve de sa mère, sous un tas de feuilles maintenues par des pierres. Elle les enveloppa dans une vieille peau de daim, s'empara d'un petit sac pour ramasser des baies d'automne et prit rapidement le chemin de la Little Big Horn, où se trouvait le camp d'été abandonné, le chemin de l'abri de Grand-Mère. « Je ne suis plus une petite fille, se dit-elle. Je peux faire ce qui me plaît. » Il ne lui fut d'ailleurs pas difficile de retrouver sa route car les traces des *travois*(1) étaient toujours visibles et il y avait partout des empreintes de chevaux. La nuit venue, elle se roula en boule bien au chaud sous un tas de feuilles, comme un oiseau dans son nid, et s'endormit.

Le lendemain quand Petite Herbe aperçut l'abri de Grand-Mère, son petit sac était plein de grosses airelles bleu nuit. Ses mains, son visage et sa langue étaient tachés de bleu. Elle n'avait pas faim. Elle était heureuse d'être près de sa grand-mère, et il ne lui serait même pas venu à l'idée d'avoir peur. La nature était son domaine et presque tous les animaux étaient ses amis. Les écureuils lui faisaient la conversation et les geais bleus la grondaient quand elle passait près d'eux. Et si elle rencontrait un ours ou un élan, elle pouvait toujours se réfugier dans un arbre.

Mais rien ne l'avait préparée au spectacle qui s'offrit à elle. Il y avait du sang frais sur le sol. Le corps de Grand-Mère était saigné à mort et partiellement dévoré par les loups. Petite Herbe voulut crier, mais elle avait la gorge si serrée qu'aucun son ne sortit. Elle s'assit sur la couche. La peau de bison traînait en travers de la porte. L'oreiller de peau de lapin gisait, déchiré, au fond de l'abri. Les sacs de pain avaient été éventrés à coups de dents et leur contenu éparpillé. Elle fixa longtemps l'horrible désordre, avant de prendre conscience de la puanteur qui l'environnait.

Enfin elle se leva, ramassa la peau de bison et l'étendit sur l'herbe, dans un endroit propre. Elle traîna dehors le corps mutilé, l'allongea sur la peau, dont elle l'enroula de son mieux. Puis elle s'essuya les mains dans l'herbe et se mit à sangloter :

– Je suis arrivée trop tard. Pourquoi ne suis-je pas venue plus tôt?

(1) Mot canadien venant du français *travail*. Traîneau primitif des Indiens des plaines du Nord-Ouest, constitué de deux brancards entre lesquels se trouve un filet ou une plate-forme, attelé au cheval et traînant par terre.

» Pourquoi Grand-Mère ne s'est-elle pas simplement endormie pour toujours? Pourquoi le loup s'en est-il mêlé?

Et de douleur, Petite Herbe déchira sa tunique.

Elle pensa alors au cercle de pierres qui se trouvait au sommet de la montagne toute proche. Il n'avait été d'aucune protection. Pourquoi le soleil se cachait-il? Ne devait-il pas prendre soin de cette cruelle Mère-Terre? Où se trouvait le Grand-Esprit quand cela était arrivé? Debout auprès du corps de sa grand-mère elle ne trouvait pas de réponse au mystère de la mort, au triomphe du mal, au désespoir, à la solitude. Elle ne ressentait que l'absence du Grand-Esprit et un immense besoin de peupler le néant.

Soudain quelque chose l'avertit que le loup allait revenir cette nuit et achever ce qu'il avait entrepris. Elle fouilla l'abri, trouva les pierres à feu de sa grand-mère et les frotta l'une contre l'autre au-dessus de quelques feuilles sèches. Les étincelles ayant pris rapidement, elle ajouta quelques brindilles. Quand elles s'embrasèrent à leur tour, elle posa du bois sec dans les flammes, et y jeta toutes les peaux tannées de l'abri. Ensuite, elle étendit de la poussière sur les sombres traînées de sang séché et poussa le reste des vivres, y compris les deux lapins frais et le sac d'airelles, dans le feu. Les peaux se mirent à fumer beaucoup en dégageant une odeur désagréable.

Comme elle sentait qu'il valait mieux ne pas trop s'éloigner du feu, elle resta assise, appuyée contre un arbre, les yeux fixés sur la forêt obscure. Au loin, elle crut entendre des coyotes, et poussa le bois sec plus avant dans le feu. Des gerbes d'étincelles s'élevèrent autour d'elle. Bientôt, il n'y eut plus que la lueur des flammes et, au delà, des formes indistinctes, mouvantes, dans sa lumière tremblante, et, tout près d'elle, le mur dense de la nuit. Petite Herbe s'adossa de nouveau à l'arbre. Elle entendait le crépitement du feu, le vent dans les arbres, le hululement d'un hibou. Comme elle, la terre semblait se balancer.

Ce fut le froid qui la réveilla aux premières lueurs de l'aube. Elle se redressa péniblement. Le feu s'était éteint depuis longtemps. La brise apporta une touffe de fourrure de loup. Petite Herbe fit la grimace et se frotta les yeux pour chasser le sommeil. Elle regarda autour d'elle. Le gros cylindre de la peau de bison était toujours là. Une odeur de pourriture enveloppa Petite Herbe. Elle se mit à respirer par la bouche pour ne pas la sentir. Elle avait mal à la tête et ses paupières lui semblaient faites de sable sec. Lentement, elle reprit conscience de ce qu'elle avait à faire. Elle devait, pour honorer la mémoire de sa grand-mère suivant la tradition shoshone, se couper la première phalange d'un doigt. Il fallait respecter cette vieille coutume de son peuple.

Comme elle ne trouvait pas de pierre tranchante, elle frotta un morceau de bois sur une pierre plate jusqu'à ce que l'extrémité en soit bien aiguisée. Du pied, elle poussa les cendres hors du foyer et refit du feu, avec une poignée de feuilles sèches et de brindilles. Sa tête se mit à tourner et elle se sentit faible. Elle aspira de grandes goulées d'air, se baissa et posa la main gauche sur une pierre plate. De toutes ses forces, elle appuya le bâton tranchant sur la première phalange du petit doigt de la main gauche. La pierre était lisse, froide et humide. La douleur fut grande. La terre bascula, revint en place et bascula de nouveau. Se courbant davantage, Petite Herbe enfonça alors le bâton dans l'articulation, s'efforçant de la couper net. Le sang rougit la pierre, le bois et sa tunique, mais le cartilage résistait. Enfin, après une dernière poussée, le bout de son doigt resta là, sur la pierre, tout seul. Il ne faisait plus partie d'elle. Il était parti pour toujours, comme sa grand-mère l'avait quittée pour toujours. Les yeux de la petite fille ne pouvaient se détacher du flot de sang qui s'écoulait de son doigt. La douleur lui déchirait le cerveau. Elle se contraignit à s'approcher lentement du feu et se pencha au-dessus. Puis, elle ferma les yeux.

Du ciel venaient des cris, des cris qu'elle connaissait bien. Des corneilles noires et lustrées volaient en cercle, épiant tous ses gestes. Elle s'approcha encore du feu et, s'aidant de sa main droite, posa son petit doigt sur un morceau de bois incandescent pour arrêter l'hémorragie. Le feu devint un tout petit point orange et l'obscurité s'étendit sur elle. Le croassement des corneilles disparut.

Quand Petite Herbe reprit conscience, le feu était mort. Elle se leva trop brusquement, se prit la tête entre les mains et ferma les yeux pour assurer son équilibre. Elle alla jusqu'au trou d'eau, s'allongea et but, suivant en elle le trajet de l'eau glacée. Elle se releva péniblement, mal assurée sur ses jambes, et soudain son estomac se contracta comme une outre que l'on presse. S'accrochant à un jeune arbre, elle se plia en deux et vomit. Ses yeux s'emplirent de larmes. Elle vit un éclair bleu dans l'herbe sèche, et ramassa la pierre lisse et familière tombée dans les herbes froissées. La lanière se balançait sous sa main tremblante. Tout près du feu mort gisait son petit sac de cuir. Elle y mit la pierre bleue comme le ciel, retira les herbes jaunes emmêlées autour de la fine lanière et la plaça également dans le sac. Elle attacha le cordon du sac autour de son cou, sous sa tunique, pour qu'il soit en sécurité. Elle sentait le cuir contre sa peau. Des larmes coulèrent sur son visage. Elle respira profondément et regarda le sommet des montagnes qui cachaient le soleil levant. Petite Herbe eut l'impression qu'elles empêchaient le soleil d'étendre ses doigts. Elle frissonna, et appliqua sur ses joues de la cendre froide en signe de deuil.

Alors seulement, elle regarda sa main. Le petit doigt n'était pas enflé, mais l'extrémité en était noire et l'épais liquide jaune qui s'en écoulait commençait à former une croûte. Petite Herbe l'enduisit d'un peu de résine de sapin, arracha des feuilles d'aulne et les enroula autour de la blessure qui l'élançait. Elle resta un moment assise, les yeux fermés. Puis, petit petit, elle reprit ses esprits et se rendit compte qu'il lui restait encore une chose à faire : mettre hors de portée des loups le corps de sa grand-mère.

Elle détacha les épaisses cordes de cuir qui assuraient le maintien de l'abri et renversa les quatre piliers de peuplier. Puis, elle en posa un au-dessus d'une branche qu'elle pouvait à peine atteindre, grimpa dans l'arbre sans se soucier des égratignures, tira le pilier à elle et appuya l'autre extrémité sur une branche d'un autre arbre, à peu près à la même hauteur. Après quoi, elle recommença avec un autre pilier. A l'aide des longues cordes, elle attacha la peau de bison autour du corps de Grand-Mère, pour en faire un ballot résistant. Elle eut beaucoup de mal car elle ne pouvait compter sur sa main gauche. Enfin, quand elle eut terminé, elle jeta le bout libre de la corde vers les branches. Il lui fallut recommencer plusieurs fois, mais elle finit par atteindre son but. Elle grimpa alors de nouveau dans l'arbre et tira sur la corde.

Lentement, elle souleva le corps.

– O Grand-Esprit! fais que la corde ne casse pas, pria-t-elle.

Deux fois, le ballot retomba et elle crut qu'il lui faudrait abandonner. Ses bras lui faisaient mal et elle avait des élancements dans la tête, mais, après un ultime effort, il prit place sur les piliers. Elle resta un moment immobile, les yeux fixés sur les brumes de l'aube. Le soleil se levait au-dessus des montagnes.

Elle était en sueur et c'est avec des mains humides qu'elle enroula la longue corde autour des piliers et des branches, puis une fois encore autour du ballot, avant de faire un nœud solide. Un frémissement de triomphe parcourut son corps meurtri. Les loups maintenant n'auraient plus Grand-Mère.

Petite Herbe se laissa glisser sur le sol et descendit la pente de la colline, sans jeter un regard derrière elle. Résolument elle suivit la piste qu'elle avait prise avec sa famille près d'une demi-lune plus tôt.

– Merci, Grand-Esprit, d'avoir veillé sur moi pendant la nuit, murmura-t-elle. Tu étais là et je ne le savais pas. Prends bien soin de Grand-Mère pendant son voyage vers le pays des Fêtes Eternelles.

Elle cueillit une poire de rose sèche et la porta à sa bouche. C'était sec et farineux, d'un goût désagréable qui lui fit faire la grimace. Elle pensa que sa mère devait se demander ce qu'elle était devenue. Son père ne se ferait pas trop de souci : les filles ont moins de valeur que les garçons... Pourtant, elle savait qu'il l'aimait bien. La preuve, c'est qu'il répondait à ses questions et la réprimandait lorsqu'ils se promenaient tous les deux.

– Tiens ta langue, disait-il, ouvre les yeux et les oreilles, tiens-toi droite. Marche dans la vie avec bravoure, comme une Shoshone Agaidüka.

Elle fut prise d'un nouvel accès de faiblesse. Il ne servait à rien de vouloir rester une petite fille. Il n'y avait personne avec qui partager son émerveillement devant Mère-Terre, personne à qui offrir des colliers de trèfle, personne pour prendre le temps d'écouter ses histoires ou pour lui en raconter. Elle aimait sa mère, mais les mères sont toujours occupées : elles font la cuisine, tannent les peaux, réparent les mocassins et parlent avec les autres femmes. Petite Herbe se redressa, la tête lourde, les yeux fixés sur les traces des travois. Un vent frais la fit frissonner; elle accéléra le pas.

Devant elle, près de la piste, elle vit un bouquet d'oliviers sauvages. Les baies étaient mûres mais si amères qu'elle eut un haut-le-cœur. Elle aurait préféré de la viande fraîche. Elle remplaça les feuilles d'aulne qui enveloppaient son doigt par des feuilles d'olivier. Son petit doigt était devenu noir, mais il n'était pas enflé; il allait guérir rapidement. Elle cueillit une pomme de pin et la cassa pour en extraire les amandes, à la naissance de chaque pétale. Le soir venu elle regretta de ne pas avoir emporté les pierres à feu de Grand-Mère et, lorsqu'elle se coucha à l'orée d'une tremblaie, de ne pas avoir gardé une peau d'antilope pour se couvrir.

Le jour se leva, pluvieux et morne. Petite Herbe avait des élancements dans la main gauche. Elle s'assit, se massa les muscles pour chasser les crampes puis repoussa ses longs cheveux noirs, toujours emmêlés, car elle ne s'en souciait pas davantage que les chevaux de son peuple ne se préoccupaient de leur crinière. Plus que tout, elle aimait sentir sa chevelure flotter au vent lorsqu'elle courait. Elle examina ses jambes égratignées et meurtries. Elle broya de l'herbe jaunie mélangée à de la sauge et frotta les coupures avec le jus. Puis elle se mit en route, courbée sous la pluie. Elle était trempée jusqu'aux os, mais la marche la réchauffa. Elle progressa rapidement, espérant atteindre le camp au crépuscule. Après tout, elle pouvait avancer plus vite seule qu'avec un travois et une nuée d'enfants criards auxquels il fallait donner à manger quatre ou cinq fois par jour.

De nouveau elle cueillit des baies et les merises lui laissèrent un goût amer dans la bouche sans la rassasier. Elle trouva aussi quelques carottes sauvages, qu'elle mâchonna tout en marchant.

Puis, elle se demanda ce que penseraient de son histoire Petite Pluie et Feuille de Saule. En concluraient-elles qu'elle n'était plus une enfant ou se moqueraient-elles d'elle? Resteraient-elles au camp provisoire ou partiraient-elles? Même son père n'attendrait pas une petite fille quand le moment de partir serait venu. Dans l'esprit d'un homme, elle ne valait pas grand-chose. Bien sûr, les garçons valaient davantage puisqu'ils pouvaient défendre le camp et chasser. Mais les femmes n'étaient-elles pas utiles? Après tout, c'étaient elles qui assuraient l'unité du camp et gardaient les tipis bien chauds pour les hommes et pour les garçons. C'étaient elles qui faisaient la cuisine et confectionnaient les vêtements, qui mettaient les garçons au monde. Oui, conclut-elle, j'ai une valeur, et elle se dit qu'elle pourrait peut-être en parler à son père, un jour où il serait bien disposé. Mais peut-être vaudrait-il mieux en parler d'abord à Feuille de Saule pour savoir ce qu'elle en pensait.

Il était encore tôt quand elle aperçut une fumée. Elle s'arrêta et réfléchit. Il était impossible que ce soit déjà le camp. Si elle faisait un détour pour l'éviter, elle perdrait du temps et elle risquait même de s'égarer. D'un autre côté, elle n'avait aucune envie de se faire capturer par une tribu hostile. Elle décida donc de quitter la piste et décrivit un arc de cercle autour de la mince colonne de fumée.

Quand elle l'eut contournée, elle éprouva quelques difficultés à retrouver son chemin à cause de la pluie. Les traces qu'elle voyait pouvaient avoir été laissées par n'importe quels chevaux.

Elle marcha toute la journée, sans s'arrêter. Elle pensait à sa mère et à son père, à sa sœur et à ses frères, à ses amies, mais sans parvenir à oublier Grand-Mère. Petite Herbe ne pouvait plus prononcer son nom. Grand-Mère était morte et on ne parlait pas des morts. Les vivants devaient continuer, et laisser les morts derrière eux, sans rien dire.

La nuit tomba. Petite Herbe ne s'arrêta pas. Quand il fut tout à fait impossible de distinguer la piste, elle se glissa sous de hautes herbes, où il faisait chaud et sec, et s'en recouvrit les jambes pour les protéger du vent. Bientôt, elle cessa de grelotter et s'endormit.

Petite Herbe s'éveilla avant l'aube. Elle avait terriblement faim et soif. Elle s'assit et trouva des poires de rose. Pour remercier le Grand-Esprit d'avoir fait pousser ces buissons près d'elle, elle jeta plusieurs baies dans l'herbe, puis d'autres aux quatre coins de la terre, d'autres encore vers le ciel.

Puis elle se mit en route, suivit une courbe du chemin et, soudain, Feuille de Saule fut là, à cheval, qui venait à sa rencontre.

Feuille de Saule avait retrouvé Petite Herbe, comme elle l'avait promis à sa mère inquiète.

– As-tu vu Grand-Mère? demanda Feuille de Saule en mettant pied à terre, et laissant le cheval se reposer et brouter.

– Ne prononce plus jamais son nom, répondit Petite Herbe.

Les deux petites filles s'assirent au bord du chemin et pleurèrent abondamment tandis que Petite Herbe racontait à son amie sa triste découverte.

Feuille de Saule regarda le petit doigt de Petite Herbe et hocha la tête d'un air approbateur :

– Tu es une vraie Agaidüka, dit-elle.

– Comment m'as-tu retrouvée?

– J'ai quitté le camp avant le lever du soleil. Seul Ne-Marche-Jamais, ton frère, sait que je suis partie. Il a essayé de m'en empêcher en disant que tu avais certainement déjà entrepris le même voyage que la vieille femme. Alors, je l'ai menacé de dire à ton père qu'il va dans le bois de saules avec la fille d'Aigle Jaune.

Petite Herbe gloussa.

– Je ne croyais pas Ne-Marche-Jamais aussi vieux!

En riant les petites filles montèrent à cheval. Feuille de Saule avait étendu sur son échine une peau de daim maintenue en place par des lanières de cuir, et guidait l'animal avec des cordes fixées comme des rênes.

Petite Herbe tendit le bras vers la piste qu'elle avait suivie.

– Il y a un camp à environ un jour de cheval.

– Nos braves ne sont pas revenus de la chasse. Je suppose que c'est leur camp. J'espère qu'ils tueront un ou deux gros daims. J'ai envie d'une nouvelle couverture d'hiver.

– Et moi, j'ai besoin d'une tunique neuve, dit Petite Herbe en regardant la sienne qui était souillée et déchirée.

Le ciel, au-dessus d'elles, était bleu et immense. Çà et là, un nuage blanc comme une perle dérivait majestueusement. Un vent frais soufflait, imprimant à l'herbe courte et sèche des ondulations semblables aux vagues d'une mer calme. Les feuilles craquaient sous les sabots de leur monture. Puis les ombres des arbres s'allongèrent petit à petit, et les mouches et les guêpes qui avaient tourmenté les petites filles toute la journée les laissèrent en paix quand le vent du nord se leva.

Alors elles entendirent les cris de joie d'Ours Tacheté annonçant au Peuple que Petite Herbe était de retour en compagnie de Feuille de Saule.

2

Journal de Lewis.
Concerne l'expédition de Lewis et Clark, de Saint Louis au Pacifique, 1804-1806.

Dimanche 28 juillet 1805.

Notre camp se trouve actuellement à l'endroit exact où se trouvait celui des Indiens Agaidükas quand les Minnetarees de la Knife R (1) *les ont aperçus pour la première fois il y a cinq ans. Ils prirent la fuite, remontèrent la Jefferson sur environ cinq kilomètres et se cachèrent dans la forêt; les Minnetarees les poursuivirent, les attaquèrent, tuèrent quatre hommes, quatre femmes, de nombreux garçons et capturèrent toutes les femmes dont ils purent se saisir ainsi que quatre petits garçons. Sacajawa, notre jeune Indienne, faisait partie des captives enlevées ce jour-là.*

PRISONNIÈRE

Les jours raccourcissaient, mais ce n'était pas encore l'hiver. Pendant la moitié de leur voyage, les Agaidükas bénéficièrent de la tiédeur d'un été indien tardif.

La troupe ne restait jamais longtemps au même endroit. Les Shoshones Agaidükas étaient des nomades. Ils chassaient tout en se déplaçant. Souvent, les hommes rapportaient un daim, quelques antilopes ou un ours gras. Les femmes découpaient la viande et la faisaient sécher sur des charbons ardents pendant la journée. On n'allumait jamais de feu la nuit de peur

(1) R. = River (rivière).

d'attirer les pillards, et on en profitait souvent pour avancer vers les premiers contreforts des Montagnes Luisantes (1) où l'on serait enfin à l'abri des Pieds-Noirs et des Sioux.

Un soir, Petite Herbe se sentit encore plus seule que d'habitude. Elle regardait le ciel et se demandait si c'était l'esprit de Grand-Mère qui y traçait ces merveilleux jeux de lumières, ces vagues brillantes, roses et vert pâle.

– Où allons-nous dresser le camp? demanda-t-elle.

– Il faut d'abord franchir les montagnes et nous diriger vers la Grande Boueuse (2) que nous remonterons lentement jusqu'à l'endroit où la rivière se divise en trois, répondit sa mère.

– Est-ce qu'il y aura les Pieds-Noirs là-bas?

– Tu poses trop de questions, Petite Herbe. Cela ne convient pas du tout à une petite fille. Sois patiente. Regarde et écoute.

– Y seront-ils?

– Non. Le Peuple n'a encore jamais rencontré les Pieds-Noirs dans cette retraite.

– Mais s'ils y sont cette fois-ci?

– Il fera trop froid pour combattre ou voler des chevaux. Ils n'y seront pas.

La réponse de sa mère n'empêcha pas Petite Herbe d'essayer d'imaginer ce qui se passerait s'ils les rencontraient. Elle se représentait leurs yeux cruels, mais n'avait aucune idée de ce qu'ils pourraient bien faire.

Le lendemain matin, la température tomba si rapidement que, vers midi, de la glace se forma sur les naseaux des chevaux, et bientôt de grands vents de nord-ouest annoncèrent le premier blizzard de l'hiver. Le froid s'installait.

(1) Les montagnes Rocheuses.
(2) Le Missouri.

Des jours et des jours, ils suivirent les ravins, leurs jambières gelées du genou au pied. Ils avançaient péniblement, sans jamais perdre la rivière de vue. Finalement, un soir, ils choisirent d'établir leur camp d'hiver sous la faible protection d'un bouquet de cèdres.

L'hiver fut dur aux Trois Fourches. A l'abri du vent, il y avait de l'eau et de bons pâturages pour les chevaux près du camp, mais le Peuple n'avait pas tué suffisamment de bétail pendant l'été pour passer la mauvaise saison, et les réserves furent bientôt épuisées. Une inquiétude morne pesait sur le village, lorsqu'un après-midi, un éclaireur revint en criant :

– Des bisons! Des bisons! Il y en a beaucoup dans un petit cañon vers le sud!

Aussitôt, le froid, la fatigue s'envolèrent, la chasse s'organisa et les hommes partirent en direction du sud, armés d'arcs et de lances.

Le blizzard soufflait quand Ne-Recule-Jamais revint à la tête de sa troupe. Le vent du nord s'était levé, chargé de neige fondue, et ceux qui étaient restés au camp s'étaient mis à l'abri, bien au chaud dans les tipis. Cependant, une vieille femme, qui était allée ramasser des bouses de bison sèches en bravant les rigueurs de la température, n'était pas revenue. Sa famille la retrouva gelée, à demi enfouie dans la neige, le lendemain matin. Ours Tacheté revint avec sa troupe, juste après la découverte du corps. Il lança son cheval au galop dans le camp et cria :

– Les chasseurs sont de retour!

Malgré la violence du vent, tout le Peuple sortit des tipis pour les accueillir.

Ils rapportaient huit gros bisons. Ne-Recule-Jamais et sa troupe en avaient tué dix. Chaque famille eut donc droit à une demi-carcasse, et chacun se fit un devoir de vivre de peu. Le sol était gelé et les femmes ne pouvaient pas déterrer les racines. Dans les tipis, les enfants disputaient aux chiens les places auprès du feu.

Les bébés pleuraient. On consommait les graines d'herbes avec parcimonie. On faisait durer.

Les histoires de Grand-Mère manquaient à Petite Herbe. Grâce à elles, elle aurait pu oublier la faim dévorante qui lui tordait l'estomac. Grand-Mère l'aurait conduite loin, dans un autre temps merveilleux. Elle se souvint d'une histoire et la raconta à Petite Pluie :

– Il y a environ trois vies d'homme, une nombreuse tribu de Shoshones décida de ne pas quitter le pays des Montagnes Luisantes afin d'échapper aux Pieds-Noirs. Il y eut une tempête et Mère-Terre perdit toute sa chaleur. Les Shoshones moururent et il n'y eut plus le moindre signe de vie. La neige déposa une couverture aussi épaisse qu'un homme est grand. Les bisons disparurent.

– C'est une histoire horrible, remarqua Petite Pluie.

– Pourtant, elle est vraie, poursuivit Petite Herbe. La neige recouvrit le pays et ne fondit pas. Elle pesa lourdement sur les branches des pins et, quand arriva le temps de la fonte, il y en avait tant que l'eau recouvrit la terre. Tout fut submergé, sauf le sommet d'une haute montagne. Au sommet de ce pic, arrivèrent un Shoshone et sa femme dans leur canoë. Quand enfin l'eau se retira, il n'y avait plus qu'eux. Il ne restait plus de gros gibier, seulement des oiseaux petits et nombreux. Ils durent alors se construire un tipi de petites peaux de lapin et de plumes. Voilà pourquoi nous mettons encore des plumes sur nos tipis d'été. Ainsi, les oiseaux peuvent voir à quel point ils sont beaux et constater que nous leur sommes toujours reconnaissants d'avoir aidé notre frère et notre sœur il y a beaucoup, beaucoup d'hivers...

Ne-Recule-Jamais n'était presque jamais au camp. Il chassait le plus souvent à une journée de cheval, n'osant pas s'éloigner davantage de peur d'être pris dans le blizzard et de se perdre. Cette année-là Ne-

Marche-Jamais, son fils cadet, chassa avec les hommes. Ours Tacheté, lui, surveillait les chevaux. On ne gardait près du camp qu'un cheval de monte par famille et on laissait le gros du troupeau s'éloigner à la recherche d'herbe. Quand Ne-Recule-Jamais rentrait, il demandait :

– As-tu trouvé à manger?

Et Herbes Parfumées répondait :

– Non. As-tu rapporté quelque chose?

– Non.

Puis il ajoutait après un silence :

– Prenons une bonne nuit de repos.

Un matin, Petite Herbe s'immobilisa et tendit l'oreille. Un bruit, encore très faible, commençait à se répandre... Le murmure de l'eau, la neige tombant des arbres et, à peine distinct, un craquement sourd et lointain en amont de la rivière.

Chaque jour un peu plus, le soleil attaquait et cassait la glace de la rivière, et à mesure qu'elle fondait en surface et près des berges, l'eau se mettait à couler. Enfin des milliers de petits trous apparurent dans la neige. Dans la rivière, les derniers points d'appui cédèrent bientôt, les fissures devinrent crevasses, l'ensemble de la glace se mit en mouvement, fragments et blocs s'entrechoquant et se soulevant, et la Grande Boueuse mérita de nouveau son nom, avec son eau trop épaisse pour qu'il soit possible de la boire et trop claire pour faire une bonne peinture jaune.

Alors, les femmes purent déterrer les racines et les hommes repartir pour la chasse. Les Agaiküdas avaient perdu trois des leurs : la vieille femme dans la neige et deux bébés dont les mères n'avaient pas eu assez de lait. Trois chevaux aussi avaient servi de pâture aux vautours.

Un jour Ne-marche-Jamais, qui était parti au sud de Sego Creek, revint au camp au galop et cria :

– Ils sont revenus! Je les ai vus! Les bisons sont là!

Petite Herbe reprit le cri de son frère :

– Les bisons sont revenus! Ils sont revenus!

Tout en surveillant le troupeau, on se prépara aussitôt à installer un camp provisoire à proximité des bisons, rassemblant couteaux à découper, branches de saule et tout ce qui était nécessaire à la construction d'abris temporaires. Puis, on quitta le camp principal, et on se mit en route vers le sud. Les Agaidükas s'arrêtèrent près d'une crête. Là, les hommes se déshabillèrent, tendirent leurs arcs, et sans plus attendre sautèrent en selle.

Les femmes, elles, se postèrent au sommet de la crête, dissimulées parmi les buissons de genévriers. Déjà, un nuage de poussière s'élevait à l'horizon, semblant venir de derrière une petite éminence située à un ou deux kilomètres.

– Restez cachées, dit Herbes Parfumées, accroupie près de ses filles et de Feuille de Saule. Baisse-toi, Petite Herbe, tu vas faire peur aux bisons quand ils arriveront.

Elle agita son couteau à découper en direction de la petite fille qui s'allongea par terre, mais continua à épier entre les branches des maigres buissons. Si tout se passait bien, il y aurait bientôt de la viande en abondance. C'était trop beau pour être vrai!

Petite Herbe observa les chasseurs faire le tour par la droite, invisibles de la crête derrière laquelle s'élevait le nuage de poussière. A gauche, ils chevauchaient l'un derrière l'autre dans une ravine. On ne voyait que leurs têtes.

– J'espère que mon père tuera dix bisons, dit Feuille de Saule.

– C'est mon père qui en tuera le plus, répliqua Petite Herbe.

– Ne-Marche-Jamais aussi en tuera peut-être un, affirma Petite Pluie. Regarde comme il est plus à l'aise à cheval qu'à pied.

Herbes Parfumées se mit en colère :

– Restez tranquilles. Personne n'aura à manger si vous ne vous taisez pas. Pourquoi faut-il que toutes les filles de neuf ou dix hivers ne pensent qu'à bavarder comme des pies et à glousser comme des poules d'eau?

Petite Herbe se redressa mais elle ne put reconnaître son père parmi les cavaliers. D'un doigt, elle traça un cercle dans la poussière et cracha au milieu, pour qu'il ait de la chance et que ses flèches aillent droit au but. Maintenant on voyait distinctement des formes bouger sous la poussière qui s'élevait au-dessus de l'éminence. Petite Herbe, elle, vit un fraisier sauvage, puis un lis et un pourpier. Elle rampa en direction du pourpier et fouilla la terre meuble à la recherche du bulbe. C'était une de ses friandises préférées. Soudain, elle leva la tête et s'immobilisa, tendue, les yeux plissés. Ce n'étaient pas des bisons qui s'avançaient sous le nuage de poussière. C'étaient des chevaux et des cavaliers.

Pour donner l'alerte quelqu'un souffla dans un sifflet d'os et les étranges cavaliers dévalèrent la colline en direction de la vallée où se trouvaient les chasseurs. Les femmes s'étaient levées et hurlaient :

– Fuyez! Fuyez!

Herbes Parfumées poussa un petit enfant sous le couvert des buissons de genévriers.

– Baissez-vous! Cachez-vous!

Petite Herbe agitait à bout de bras un couteau à découper en regardant les cavaliers approcher. Ils fondaient maintenant sur les chasseurs du Peuple. Sombres, des lignes jaunes et noires battant leurs poitrines nues, ils virevoltaient en poussant des cris gutturaux. Petite Herbe laissa tomber le couteau et saisit la main de Feuille de Saule.

– Vite, cachons-nous!

Elles s'élancèrent derrière des enfants plus âgés qui suivaient Herbes Parfumées et Petite Pluie, sans se soucier de l'herbe glissante de la colline. Petite Herbe tomba. Un cri terrible résonna à ses oreilles, très puissant et tout proche. Un coup de feu retentit, puis un autre. C'était la première fois qu'elle entendait un mousquet, mais elle comprit immédiatement qu'il s'agissait du bâton de feu dont parlaient les guerriers Agaidükas.

Petite Herbe se mit à genoux et regarda en direction de la rivière. Feuille de Saule était toujours sur la rive. Puis, cherchant sa mère, elle l'aperçut vers le haut du talus qui fuyait devant une silhouette noire et jaune, le casse-tête levé, prêt à s'abattre.

– Non! hurla Petite Herbe en courant vers le sommet de la colline.

Toute sa vie, elle se souviendrait de l'affreux bruit de cette massue. C'était comme le son mou d'une outre de bison pleine d'eau qu'on laisse tomber sur une pierre plate.

D'un seul geste, l'homme découpa et arracha le scalp. Herbes Parfumées avait le visage couvert de sang; une de ses jambes s'agitait nerveusement avec une rapidité bizarre. Il avait coupé le scalp au-dessous d'une oreille et une seule natte sanglante pendait à sa ceinture quand Petite Herbe arriva près de lui.

En hurlant toujours, elle griffa le visage du meurtrier dans lequel ses ongles laissèrent trois profonds sillons rouges. Elle entrevit un visage avec un gros nez long et crochu comme un bec de vautour. Il était horrible dans la lumière pâlissante du crépuscule. Puis des doigts puissants se refermèrent sur son épaule et la repoussèrent brutalement comme si elle avait été aussi petite et légère qu'une poupée.

Autour d'elle il y en avait beaucoup d'autres, elle eut même l'impression qu'il y en avait partout. Leurs visages étaient peints de cercles rougeâtres. Ils poussaient de petits cris et agitaient les mains en signe de contentement. L'un d'eux tira sur les nattes de Petite Herbe. Elle frémit. Il allait certainement la scalper. Mais un autre poussa son cheval entre eux, et Petite Herbe se retrouva seule à côté de l'étrange cavalier.

Elle fit demi-tour et courut aussi vite qu'elle le pouvait vers le bord de la rivière où elle avait vu Feuille de Saule pour la dernière fois. Mais quand elle l'atteignit, elle ne la vit pas. Elle glissa dans la boue et tomba sans heurt dans l'eau froide. Petite Herbe nageait bien, mais elle n'avait jamais eu aussi peur et elle était essoufflée. Ses poumons s'emplirent d'eau; elle suffoqua. Finalement, elle se laissa porter par le courant et heurta une branche qui dérivait entre deux eaux. Elle avait vu quelque chose bouger dans le bouquet de saules, et elle s'accrocha à la branche, gardant la tête sous l'eau aussi longtemps que possible. Un bruit d'éclaboussement couvrit un instant les battements précipités de son cœur et elle reçut un coup violent derrière la tête. Alors, elle sombra dans une obscurité froide et humide.

Petite Herbe ouvrit les yeux. Sa tête lui faisait terriblement mal. Le ciel était gris, rayé de quelques traînées roses. Elle était attachée avec d'épaisses cordes de cuir sur le dos d'un poney. Elle tourna lentement la tête, et reconnut près d'elle un des chevaux bais de son père.

Emergeant progressivement de l'obscurité qui s'était abattue sur elle, elle respira une âcre odeur de peaux et de saule vert brûlés, et vit des colonnes de fumée qui s'élevaient du camp de chasse du Peuple. Quatre silhouettes jaunes et noires apparurent au sommet du talus, portant chacune un enfant. Petite Herbe reposa la tête sur la croupe du poney. Elle ferma les yeux et des larmes chaudes lui gonflèrent les paupières. Elle avait reconnu les enfants. Il y avait Petit Tambour, qui savait à peine marcher, Plume Bleue, d'un été plus âgé, les deux fils de Femme-Eau et de Corde Jaune; Petit Homme, qui donnait des coups de pied à son ravisseur, et enfin Quelque-Chose-de-Bon, fils de Vieux Sorcier et de sa plus jeune femme, Fiel.

Petite Herbe comprit alors qu'on avait attaqué le

Peuple pour lui voler des chevaux et des enfants. Les étrangers étaient bien venus pour chasser le bison, mais ils avaient trouvé mieux.

Prendre les chevaux de l'ennemi n'était pas considéré comme un vol; c'était une pratique tolérée, qui exigeait audace et habileté. Toutes les tribus initiaient leurs garçons à cet art. Mais le vol d'enfants et de femmes que l'on réduisait en esclavage était une chose beaucoup plus grave, un véritable acte de guerre.

La tête de Petite Herbe la faisait affreusement souffrir; elle sentait le sang couler de sa blessure et glisser le long de son dos. Elle avait perdu ses mocassins. Un homme au visage féroce saisit les rênes du cheval et la conduisit vers un groupe au pied du talus. L'homme eut alors un large sourire quand il leva la main pour lui signifier qu'il la frapperait si elle criait. Une cicatrice blanche et plissée lui barrait le front. Petite Herbe vit qu'on avait attaché les quatre petits garçons nus sur des chevaux volés au Peuple.

Elle tourna la tête, la laissa pendre pour tromper la douleur, puis ouvrit à nouveau les yeux. Devant elle se trouvaient des femmes agaidükas attachées sur de maigres montures appartenant à leurs ravisseurs, et elle allait leur parler quand elle reçut un coup de cravache sur le dos. Puis quelqu'un lui attacha les pieds sous le ventre du cheval avec une longue corde de peau. Elle comprit qu'on allait l'emmener et elle essaya de donner des coups de pied à l'homme qui la ligotait. Elle ne pouvait pas le voir, mais elle entendit son rire grave et profond. Deux autres guerriers s'approchèrent et se penchèrent sur elle; l'un d'eux était Bec de Vautour, qui lui désignait les trois sillons sanglants sur sa joue. Ils riaient et parlaient comme s'ils voulaient narguer Petite Herbe et la pousser à les attaquer.

Puis ils montèrent leurs poneys craintifs et maigres. Certains avaient des prisonniers en croupe; d'autres conduisaient les beaux chevaux agaidükas. Tandis qu'ils s'engageaient dans la vallée, Petite Herbe essaya de regarder derrière elle. Son mouvement réveilla la douleur du coup de fouet et elle poussa un cri. Quelqu'un la frappa au visage et sa blessure à la tête se rouvrit. C'était l'homme à la cicatrice sur le front, et il leva la main, faisant mine de la frapper de nouveau. Elle sentit le sang couler le long de son cou. Visage Balafré, comme elle décida de l'appeler, monta alors un cheval et s'empara des rênes d'un autre qui paraissait trop fatigué pour mettre un pied devant l'autre. Incrédule, Petite Herbe cligna des yeux. Feuille de Saule était là, bien droite sur le vieux cheval fatigué. Un bref instant leurs regards se rencontrèrent, mais elles n'osèrent pas ouvrir la bouche. De nouveau, les yeux de Petite Herbe s'emplirent de larmes. Elle avait des élancements dans la tête et le dos. Sa détresse était si grande qu'elle était même incapable de chanter le chant de mort de son peuple.

Toute la nuit ils chevauchèrent sans s'arrêter une seule fois. Ils franchirent des ravins, contournèrent des bouquets d'arbres, escaladèrent des collines, traversèrent des prairies et des rivières. Petite Herbe se demanda si son père et ses guerriers suivaient leur piste. S'il pouvait retrouver leur trace, il viendrait certainement, accompagné de ses fils. Cependant, il lui fallut mobiliser toutes ses forces pour ne pas sombrer dans l'abîme obscur et insondable qui l'attirait, pour ne pas se laisser aller au plus profond désespoir. Au petit matin, elle regarda autour d'elle, essayant de reconnaître Feuille de Saule et Petite Pluie parmi les cavaliers. Hélas elles n'étaient plus là.

Bientôt, le soleil devint plus chaud et les oiseaux se mirent à chanter. Petite Herbe constata qu'ils suivaient la Grande Boueuse en direction du nord-est, et elle s'endormit sans s'en rendre compte. Mais, sous la chaleur du soleil, elle se réveilla, la profonde coupure qui lui entaillait le dos s'étant mise à la brûler et à enfler. Quand le soleil fut au-dessus d'eux, ils s'arrêtèrent près d'une rivière. Bec de Vautour, le meurtrier de sa mère, la délia et lui découvrit les épaules, abaissant sa tunique qui était collée à sa blessure et la lui attacha à la taille. Quand il la posa par terre, c'est à peine si elle put tenir sur ses jambes meurtries. Il sortit de la viande séchée d'un sac et lui en proposa un peu. Elle se détourna. Il la poussa vers la rivière, et lui fit signe de s'agenouiller à la manière des squaws et de boire. L'eau lui fit du bien. Elle puisa de l'eau dans le creux de ses mains et s'en passa sur le visage, puis sur la nuque où le sang séché collait ses cheveux, mais quand elle atteignit le dos, juste au-dessous des épaules, la douleur devint insupportable. Feuille de Saule était agenouillée près d'elle. Petite Herbe fit mine de prendre son amie dans ses bras.

– Ne me touche pas, souffla Feuille de Saule, il nous frapperait. Il vient d'un grand village de l'Est, ajouta-t-elle à voix basse, c'est un Minnetaree.

– Comment le sais-tu? demanda Petite Herbe.

– Chut! pas si fort. Femme-Lune, la vieille Agaidüka, chevauche près de moi et elle me l'a dit pendant la nuit. Elle a reconnu leurs peintures de chasse et quelques mots.

– Où est Petite Pluie?

– La dernière fois que je l'ai vue, elle était derrière un genévrier avec quelques petits.

– Enfonce bien les genoux dans la terre pour montrer que des femmes ont bu à cet endroit, dit Petite Herbe.

Légèrement en amont, Visage Balafré buvait lui aussi à la rivière. Il se releva et balaya les traces de ses mocassins. Puis il s'approcha silencieusement des petites filles et donna à Feuille de Saule un violent coup de pied qui l'atteignit au flanc et l'envoya rouler dans la poussière. Puis il effaça l'empreinte de ses genoux, la releva brutalement et lui fit signe de rejoindre le cheval qui broutait un peu plus loin. Petite Herbe retourna elle aussi auprès de sa monture, mais elle fut incapable de s'y hisser. Son dos lui faisait trop mal. Bec de Vautour la jeta en travers du cheval et, tant bien que mal, elle parvint finalement à passer doucement une jambe de l'autre côté et s'assit. Déjà la caravane repartait.

Le soir venu, ils campèrent dans un taillis de bouleaux. Comme Petite Herbe était incapable de descendre de sa monture, Bec de Vautour l'avait transportée sans ménagement au pied d'un rocher. C'est là, au cours de la nuit, qu'elle apprit avec horreur, de la bouche d'une vieille femme de sa tribu qui avait réussi à se traîner jusqu'à elle, la mort de son père. Au terme d'un combat inégal et désespéré, il avait, lui aussi, succombé sous le nombre des assaillants.

Toute la nuit, Petite Herbe resta prostrée, la tête dans ses mains. Elle était maintenant toute seule. Jamais plus son père ne viendrait la chercher. Fallait-il abandonner tout espoir de fuite ou de délivrance?

3

Un peu en amont du Missouri, à l'embouchure de la Knife, non loin des villes actuelles de Washburn et Stanton, Dakota du Nord, à l'ouest de la route nationale 83, se trouvait Mahaha, village d'Indiens Wetersoons, ou Pieds-Noirs. En amont de la Knife, il y avait deux villages minnetarees : Metaharta et Hidatsa. Le grand chef des Hidatsas était un très vieux patriarche du nom de Omsehara, Mocassin Noir. Affaibli par l'âge, il régnait tranquillement, monarque incontesté de cette petite communauté : le Peuple des Saules. Il n'y voyait presque plus et pouvait à peine parler, mais les mouvements de ses mains étaient encore énergiques, juvéniles, et il ne craignait pas de parler le langage de son cœur. C'était le premier chef des Minnetarees.

HAROLD MC CRACKEN, *George Catlin and the Old Frontier*, 1959.

LE PEUPLE DES SAULES

Le lendemain matin, deux hommes distribuèrent de la viande séchée et des graines grillées en guise de petit déjeuner. C'était la première fois que Petite Herbe voyait du maïs grillé. Elle tripota les graines dans le creux de sa main.

Elle avait le dos et les jambes raides mais ses blessures commençaient à se cicatriser. Elle mâchonna le maïs en se demandant qui pouvait trouver cela bon.

Bec de Vautour s'approcha et passa le groupe en revue. Soudain, il pointa son mousquet sur le ventre d'une prisonnière. Ses lèvres dessinèrent un sourire méprisant. Petite Herbe, ayant remarqué qu'il portait des cicatrices sur les bras et la poitrine, le regarda effrontément pendant quelques instants. Puisqu'il devait être considéré comme un grand guerrier par son peuple, il devait respecter la bravoure des autres. Le mousquet se déplaça lentement et s'immobilisa devant son front. Effrayée, Petite Herbe retint son souffle. Elle eut envie de reculer, mais n'osa pas. Elle regarda alors Bec de Vautour droit dans les yeux, leva lentement la main, saisit le canon du mousquet et, tout aussi lentement, le détourna d'elle. Bec de Vautour prononça quelques mots dans son étrange langage, la poussa devant lui comme s'il voulait qu'elle l'accompagne, puis plaça soudain son pied devant elle. Quand elle trébucha, il éclata de rire et s'éloigna.

Petite Herbe s'évanouit. Quand elle revint à elle, elle avait du sang dans la bouche et son goût salé la surprit. Elle n'avait pas envie de s'asseoir, elle n'avait plus envie de rien. Elle se dit que ce devait être cela, mourir : s'enfoncer doucement, doucement dans l'obscurité.

L'après-midi était bien avancé quand elle reprit suffisamment conscience pour comprendre qu'elle était allongée, nue sur une couverture propre, et qu'on l'enduisait de graisse d'ours. Elle ne fut pas surprise que ce soit Bec de Vautour qui se charge de cette besogne. Il lui avait montré ce qui lui arriverait si elle essayait de s'échapper. Maintenant, il regrettait de lui avoir fait du mal. Il lui prit le pouls. Plusieurs guerriers se tenaient autour d'eux. Ils s'étaient lavé le visage et le corps et semblaient moins hostiles. Bec de Vautour hocha la tête et lui posa doucement la joue sur la couverture. Ce n'était pas une couverture de fourrure; elle était d'un bleu foncé comme le ciel d'une froide nuit étoilée. Petite Herbe passa une nouvelle fois la main sur la couverture : elle ne connaissait pas cette matière. Bec de Vautour entreprit de lui palper les flancs comme pour chercher des côtes brisées. Puis, il la retourna avec précaution, et montra aux autres les marques enflées que le fouet lui avait laissées sur le dos, et la bosse qu'elle avait derrière la tête, sous ses cheveux collés par le sang. Avec un rire grave, il enduisit généreusement ses blessures de graisse d'ours. Elle l'entendait parler mais n'avait aucune idée de ce qu'il disait. Effrayée, elle se sentait à bout de force. Les guerriers qui l'entouraient et la bizarre couverture bleue ne la rassuraient pas. Pourtant, c'est presque tendrement qu'ils l'enveloppèrent dans la couverture pour la laisser dormir.

Cinq jours plus tard, au milieu de la matinée, ils repartirent vers l'est en suivant la rivière. Petite Herbe se sentait un peu mieux, mais elle avait encore très mal à la tête. Quand ils s'arrêtèrent pour boire, il fallut une nouvelle fois la descendre de cheval et la pousser jusqu'à la rive d'une étroite rivière. Elle se laissa faire, s'allongea sur les feuilles mouillées et en frotta quelques-unes sur son visage brûlant et enflé. Elle se souvenait des propriétés médicinales des feuilles d'olivier sauvage et se dit que celles-ci feraient tout aussi bien l'affaire. Puis elle parvint à avaler quelques gorgées d'eau fraîche avant qu'on ne la remette en selle.

Une semaine passa. Jamais Petite Herbe n'avait trouvé le temps aussi long. Les feuilles auxquelles elle avait eu recours étaient des feuilles de lierre rampant, et maintenant ses blessures la démangeaient et la brûlaient sans relâche. Elle avait constamment envie de se gratter les bras, les jambes et surtout le visage, qui était enflé et desséché. Mais Bec de Vautour lui avait attaché les mains derrière le dos et l'avait prise sur son cheval. Quelle que fût sa position le corps de l'homme assis derrière elle lui faisait souffrir le martyre.

Cependant la guérison vint lentement, et un soir

l'herbe lui parut plus verte, les arbres plus hauts et plus droits, le sourire de ses amies plus large.

– Demain, dit Feuille de Saule pour l'encourager, tu seras assez forte pour chevaucher seule. Tu pourras venir avec nous. Tu ne seras plus obligée de rester auprès de Bec de Vautour.

Ce jour-là, au cours d'une halte, Petite Herbe et Feuille de Saule firent semblant de ramasser du bois, gagnèrent le sommet d'une colline et scrutèrent la campagne dans l'espoir de découvrir les traces des Agaidükas venus les libérer.

– S'ils suivent la rivière, ils nous trouveront tôt ou tard, fit Feuille de Saule. Nous allons les guetter, et chaque jour nous nous souviendrons de points de repère, comme lorsqu'on enfile des perles sur un fil. Aujourd'hui, il y avait un grand peuplier brisé par l'éclair. Hier, c'était l'eau du printemps suintant de la terre noire. Il nous a fallu la moitié d'une matinée pour traverser la boue. Avant, il y avait eu de grands rochers avec de la vigne vierge sur un côté et...

Feuille de Saule se pencha vers Petite Herbe.

– Je vais retourner auprès du Peuple, lui dit-elle à l'oreille. Mange, prends des forces et tu viendras avec moi.

– Mais je n'en suis pas capable, murmura Petite Herbe.

– Nous allons attendre que ces putois soient endormis, reprit Feuille de Saule. Nous prendrons deux chevaux et nous retournerons au village.

Dans le cœur de Petite Herbe une lueur d'espoir s'allumait. Oui, Feuille de Saule avait raison. C'était une bonne décision.

La nuit, la place de Petite Herbe était auprès de Bec de Vautour. Feuille de Saule dormait près d'elle, puis venait un autre Minnetaree, ensuite Femme-Eau, Petit Tambour et Plume Bleue, puis un Minnetaree et ainsi de suite.

Bec de Vautour sentait la sueur de cheval et la

crasse. Petite Herbe s'efforçait de s'éloigner de lui autant qu'elle pouvait et se serrait contre Feuille de Saule, mais il l'attirait contre lui. Elle avait envie de vomir, mais se retenait parce qu'elle avait chaud entre les bras du meurtrier de sa mère.

A demi endormie, elle se demanda où ils avaient attaché les chevaux. Un croissant de lune se leva sur la prairie, avare de lumière. Cela nous aidera, pensa-t-elle en se pelotonnant entre les bras puissants de Bec de Vautour qui respirait bruyamment.

Petite Herbe se souvint qu'elle avait entendu dire : « L'homme qui ronfle sur le sentier de la guerre n'ira jamais aussi loin que les autres braves, tout comme celui qui éternue à l'improviste. » De tels hommes étaient comme les chevaux qui trébuchent. Après tout, Bec de Vautour n'était peut-être pas tellement respecté par son peuple.

Un coup de pied dans le dos la réveilla en sursaut. Le jour n'était pas encore levé, mais les Minnetarees se préparaient à reprendre la route. Elle avait dormi trop longtemps. Feuille de Saule n'était pas venue. Petite Herbe la chercha des yeux. Etait-elle partie seule? Avait-elle vraiment réussi à s'enfuir? Personne ne semblait encore avoir remarqué son absence. Où était son amie? Petite Herbe se sentit tout à coup terriblement seule et désemparée.

Après avoir chevauché toute la journée, les Minnetarees s'arrêtèrent enfin pour la nuit, et Petite Herbe attendit l'occasion de demander des nouvelles de Feuille de Saule. Depuis le matin personne n'avait prononcé son nom. Visage Balafré, le visage déformé par la colère, se dressa soudain devant Petite Herbe. Il leva son fouet au-dessus de sa tête et l'abattit avec une puissance telle qu'il la renversa.

Les femmes et les enfants agaidükas se serrèrent les uns contre les autres mais n'osèrent pas crier, ni prendre sa défense. Enfin, Visage Balafré saisit le bras de Petite Herbe et lui parla par signes. Il voulait savoir où se trouvait l'autre petite fille et son cheval tacheté ou bien il la battrait encore. Etait-ce ce qu'elle voulait? Petite Herbe se tassa et fit non de la tête. Comme elle se relevait et expliquait, les mains tremblantes, qu'elle ignorait ce qu'était devenu le cheval, deux cavaliers arrivèrent au galop dans le camp, et mirent pied à terre auprès de Visage Balafré. Ils avaient été envoyés à la recherche de la fugitive, mais la fillette n'était nulle part. Elle avait disparu. Feuille de Saule retrouverait-elle jamais le Peuple? Petite Herbe se laissa alors vaincre par la douleur du fouet et le découragement. Le long hululement de mort montant régulièrement vers les aigus que poussa soudain l'une des prisonnières la réconforta un peu. Et bientôt une autre de ses compagnes reprit à son tour le chant plaintif des femmes agaidükas entonné pour saluer la mort d'une amie bien-aimée.

Petite Herbe avait la gorge nouée, et la plainte de son peuple résonnait douloureusement dans sa tête.

Avec ferveur elle se mit à prier le Grand-Esprit pour que Feuille de Saule arrive saine et sauve au village du Peuple.

Deux jours plus tard, ils s'engagèrent sur une longue pente qui descendait vers la rivière. Il y avait une large piste frayée par le bison, l'élan et les sabots d'autres animaux. Petite Herbe ne cherchait plus à savoir où ils se trouvaient. Indifférente aux tourments, elle se sentait faible. Elle avait perdu beaucoup de sang et avait l'impression de chevaucher dans un brouillard glacé, et un monde irréel.

– Es-tu malade, Petite Herbe?

La voix paraissait venir de très loin. C'était une des captives, Femme-Eau. Petite Herbe fit signe que oui.

– Ouvre les yeux, dit Femme-Eau, et regarde vers la rivière. Tu vois? Dans une cage de pieux, il y a des monticules semblables à des fourmilières.

Petite Herbe ouvrit les yeux et combattit sa nausée.

Il n'existe certainement pas de fourmilières aussi hautes, se dit-elle.

– Qu'est-ce que c'est?

– Le village des Minnetarees.

Sur une plate-forme dénudée les cavaliers laissèrent leurs chevaux souffler, les yeux fixés sur la prairie gris-bleu qui s'étendait devant eux, à l'est, par-delà le brouillard glacé. Soudain le vent du nord-ouest se leva, emportant les nuages gris et bas de ce début d'après-midi de printemps. La bise aigre apportait un peu de chaleur et les femmes sentirent qu'un événement exceptionnel se préparait.

Les hommes envoyèrent alors un jeune guerrier annoncer au village leur arrivée et se préparèrent à faire leur entrée : ils se couvrirent le corps et le visage de raies de peinture jaunes et noires, frictionnèrent leurs chevaux avec des touffes d'herbe séchée, polirent leurs lances et leurs mousquets rouillés. Bec de Vautour, comme s'il était fier de sa blessure, dessina un cercle vermillon autour des trois longues traînées sanglantes que les ongles de Petite Herbe avaient laissées sur son visage.

Puis les Minnetarees s'interpellèrent à grands cris, et poussant des hurlements qui résonnèrent dans la prairie, ils enfoncèrent les talons dans les flancs de leurs chevaux qu'ils lancèrent au galop vers le village.

Il se composait de plusieurs centaines de huttes de terre rondes, construites les unes à côté des autres suivant des cercles concentriques. Dans la faible lumière du jour, elles paraissaient sombres et tristes. La fumée stagnait en nuages bleuâtres au-dessus des toits plats. De l'autre côté du camp, au delà des pieux qui formaient une sorte de clôture autour du village, de grands troupeaux de chevaux broutaient, taches sombres sur la prairie grise. Un peu plus loin on apercevait une petite rivière, et un bois de saules. La prairie ne ressemblait à rien de ce que Petite Herbe connaissait. Elle était couverte de feuilles vertes dont certaines paraissaient plus claires que les autres. Elle s'arrêta pour regarder mais, Visage Balafré ayant fouetté les pattes arrière de son cheval, elle faillit être désarçonnée quand sa monture s'élança à la suite des autres.

A l'entrée du village, il y avait beaucoup de femmes et d'enfants devant les huttes. Les petits, plus jeunes ou du même âge que Petite Herbe, étaient nus. Ils avaient la peau lisse et marron foncé.

Quelques femmes entonnèrent alors un chant étrange. Petite Herbe les trouva hideuses. Elles portaient de sombres peaux de daim avec des franges sur les côtés de la jupe; des dents d'élan et des coquillages rouges pendaient à leurs oreilles et sur leurs tuniques. Certaines d'entre elles n'avaient qu'une courte jupe et des colliers. Leurs cheveux raides et courts étaient en désordre, et elles avaient du vermillon à l'intérieur des oreilles. Elles se baignaient sûrement rarement dans la rivière et leur odeur confirmait cette impression. Mais la joie éclatait sur leurs larges visages.

Petite Herbe fut jetée à bas du cheval et se retrouva à quatre pattes par terre. C'était Bec de Vautour qui l'avait poussée, et on la conduisit sans ménagement auprès des autres captifs. Les femmes minnetarees criaient des mots qu'elle ne comprenait pas. Un petit Minnetaree nu jeta une poignée de poussière au visage de Petite Plume, qui toussa et s'accrocha à sa mère.

Il y eut un éclat de rire général et un garçon plus âgé entraîna le petit Plume Bleue dans la foule des femmes hurlantes.

– Arrêtez! cria Femme-Eau. C'est mon enfant!

Trop faibles pour résister, les captifs étaient poussés vers le centre du camp, entre des huttes toutes proches les unes des autres et entre lesquelles s'entassaient des déchets animaux et végétaux dans un état de putréfaction avancé. Petite Herbe pensa à son village qui était toujours propre, et se boucha le nez pour exprimer son dégoût et pour ne pas respirer la fumée noire qui sortait des trous à fumée et lui brûlait la gorge.

Comme les squaws minnetarees emmenaient les chevaux, Femme-Eau se chargea de Petit Tambour et saisit la main de Petite Herbe qui trébucha dans une tranchée.

– Tiens-toi droite, souffla-t-elle. Je vois Plume Bleue dans les bras d'une jeune squaw. Elle est gentille avec lui.

Petite Herbe remarqua que les portes des huttes étaient faites de morceaux de bois grossiers fixés les uns aux autres et peints en bleu, en rouge et en jaune.

Il régnait partout une odeur de viande avariée. Des chiens à l'allure peu rassurante apparurent derrière les huttes. La salive qui coulait sur leur longue langue rouge tombait goutte à goutte sur le sol dur et mouillé. Ils se mirent à aboyer, mais heureusement s'éloignèrent quand le groupe approcha. Petite Herbe comprit furtivement qu'ils ne vivaient que de détritus entassés derrière les huttes, et qu'il ne s'agissait sûrement pas d'animaux familiers.

Maintenant, d'autres squaws accompagnées d'enfants nus couraient à leur rencontre en criant, et en leur jetant du crottin de cheval frais. Petite Herbe fut bientôt encerclée et couverte de crachats, chacun se poussant et se querellant pour la voir de plus près ou la toucher avant de s'enfuir en riant.

Petite Herbe se raidit.

– J'appartiens au Peuple, se dit-elle. Je suis une Agaidüka.

Et elle avança fièrement, en faisant mine de les ignorer.

Sans s'en rendre compte, elle se trouva vite séparée de Femme-Eau. Mais comme il lui était impossible de s'arrêter, elle poursuivit crânement son chemin au milieu de la foule. Une femme, qui serrait un bébé contre sa poitrine nue, lui enfonça ses doigts dans le flanc et lui hurla des injures au visage.

La procession avait maintenant atteint le centre du camp, où se trouvait dans un immense espace dégagé la hutte du conseil, qui faisait face au soleil levant. Petite Herbe n'avait jamais vu autant de gens rassemblés. Ceux qui étaient le plus près d'elle criaient des mots incompréhensibles et levaient des poings menaçants. Elle continuait bravement de les ignorer, mais la peur la gagnait de plus en plus. Qu'allait-il se passer?

Une brusque rafale de vent la fit frissonner. Comme le printemps semblait loin!...

Soudain, Visage Balafré se dressa entre elle et le soleil couchant. Il s'immobilisa et resta un moment silencieux. Puis il eut un profond rire de gorge et se mit à parler. Petite Herbe ne voyait que ses dents blanches et régulières, mais ne pouvait comprendre ce qu'il disait. Il fit des signes avec les mains et les hommes s'assirent en cercle autour du feu. On poussa alors brutalement Petite Herbe et les femmes sur le côté et on leur attacha les poignets et les chevilles. Visage Balafré lui lia si étroitement les mains que ses doigts devinrent insensibles.

Devant elles des Minnetarees passaient lentement, les regardaient, puis s'éloignaient sans un mot. Une merveilleuse odeur emplissait l'air. On avait pendu au-dessus du feu une marmite de fonte dans laquelle on faisait rôtir des morceaux de choix qui exhalaient un parfum que Petite Herbe avait presque oublié. Elle respira profondément. Les hommes assis en cercle se passaient la pipe comme au cours d'un conseil. Mais ils mangeaient au lieu de parler.

Quand les hommes eurent terminé, les femmes s'assemblèrent, se poussèrent et se bousculèrent autour de la marmite. On en apporta une nouvelle, puis une autre et une autre encore, afin que tout le monde puisse manger. Lorsque chacun fut rassasié, une petite femme aux jambes grasses fendit la foule des villageois qui s'écartèrent pour la laisser passer et s'arrêta devant les prisonniers. Elle tenait un grand plateau de bois chargé de morceaux de viande fumante et de grosses graines jaunes, qu'elle posa par terre. Petite Herbe se pencha sur le plateau... Ses mains attachées ne l'empêchaient pas de se servir de sa bouche, et elle se mit en devoir de manger. Enfin, elle se redressa. Les quatre femmes agaidükas, après l'avoir regardée avec étonnement, se mirent à rire et l'imitèrent en s'agenouillant et en poussant le plat avec leur menton vers les petits garçons, qui aspirèrent goulûment les morceaux de viande filandreuse. Soudain, une jeune femme souleva Plume Bleue, le serra contre elle et l'embrassa dans le cou en lui murmurant des mots tendres. Puis elle reposa le bébé sur les genoux de Femme-Eau, dont elle délia les poignets en murmurant quelque chose que la prisonnière ne comprit pas. Enfin, l'étrangère détacha des morceaux de viande pour Petit Tambour et les autres enfants, et fit signe à Femme-Eau qu'elle devait s'occuper de Plume Bleue. Elle dit encore quelques mots, puis s'éloigna discrètement.

Quand Plume Bleue se fut endormi sur les genoux de sa mère, Petite Herbe s'approcha de Femme-Eau qui desserra les liens étroits de ses poignets. Elle desserra aussi les liens de sa compagne Femme-Lune afin qu'elle puisse aider Petit Homme et Quelque-Chose-de-Bon à manger davantage de grosses graines jaunes et sucrées.

Soudain, le souvenir de la mort de sa mère revint à la mémoire de Petite Herbe. Elle avait essayé d'oublier, de repousser loin d'elle les affreuses images de sa fin. Quand elle retrouverait le Peuple, sa mère ne serait plus là. Elle ne respirait plus, elle ne voyait plus, elle n'éprouvait plus rien. Plus jamais sa mère ne ramasserait les graines d'herbes pour faire les galettes grasses. Elle ne connaîtrait jamais ces graines jaunes qui venaient d'assouvir sa faim. Plus jamais, elle ne pourrait aider le Peuple à coudre une tunique, ou dire à son père qu'il était « assis sur un nuage de fumée chaude » quand il vantait un peu trop ses qualités de chasseur. Mais son père, lui aussi, avait quitté le Peuple. Le désespoir et la colère l'envahirent de nouveau.

Elle haïssait Bec de Vautour et ses hommes. Elle mangeait leur nourriture, mais elle les haïssait. Elle les haïssait tant qu'elle se mit à trembler, submergée par une immense vague de rage et de dégoût.

– Tu as mangé comme un loup, gronda Femme-Eau. Allonge-toi un peu.

Petite Herbe se mit à pleurer en silence, mais ayant senti Plume Bleue bouger près d'elle, elle décida de se maîtriser. Les garçons ne pleuraient pas, et il était de son devoir de montrer à ces enfants qu'elle était une vraie Agaidüka pour que, eux aussi, puissent retenir leurs larmes. Il lui fallait être forte. Elle était la fille d'un grand chef et se promit de ne plus pleurer devant ces putois cruels et insensibles. Levant alors ses poignets aux liens lâches, elle prit Plume Bleue dans ses bras et le serra contre elle. Puis elle se pencha sur Petit Tambour et le caressa doucement avec le nez et le menton. Il ouvrit de grands yeux et lui sourit.

Dans l'obscurité glacée, un garde s'approcha des prisonniers et les fit lever. Il les poussa vers la chaleur d'un feu immense autour duquel étaient assis le grand chef des Minnetarees et sa famille. Il était très vieux. Son visage était aussi ridé qu'une poire sèche et ses cheveux grisonnants étaient empilés en spirale sur sa tête.

– C'est Mocassin Noir, souffla Femme-Lune, le chef de tous les Minnetarees.

Se balançant au rythme d'une psalmodie chantée par les femmes, Mocassin Noir se leva. Il se mit à parler lentement pour que tout le monde puisse entendre et comprendre. Sa voix était forte et assurée. Elle venait des profondeurs de sa poitrine, et on avait l'impression qu'il ne vivait encore que parce que son cœur refusait de vieillir. Il dit deux noms, et Femme-Lune expliqua :

– Ce sont les guerriers qui ne sont pas revenus de la chasse. Ils ont été tués pendant le raid contre les Agaidükas.

Les femmes des deux guerriers pleurèrent alors les disparus avec des cris stridents et plaintifs qui résonnèrent dans tout le village. Personne ne mentionnerait plus le nom des deux guerriers car, chez les Minnetarees aussi, il était interdit d'évoquer la mémoire des morts.

Puis, Mocassin Noir annonça de bonnes nouvelles au peuple. Beaucoup de chevaux étaient venus grossir son troupeau, de bons et robustes chevaux des Shoshones Agaidükas. Enfin, quatre petits Agaidükas remplaceraient les deux guerriers disparus. Il y avait aussi cinq femmes, et il leva les doigts de la main droite pour se faire mieux comprendre. Le moment venu, les hommes du Peuple des Saules pourraient les prendre. Elles donneraient de solides guerriers à la tribu.

Le feu éclairait le visage de Mocassin Noir quand il donna les noms de ceux qui auraient la garde des petits Agaidükas. Quelque-Chose-de-Bon fut confié à un couple dont les deux garçons avaient été emportés par la maladie de l'hiver; l'enfant se tint bien droit, le menton haut, comme le lui avait dit Petite Herbe, quand sa nouvelle famille vint le chercher pour l'emmener dans sa hutte. Petit Homme, quand le vieux chef tendit le bras vers lui, serra très fort la main de Femme-Lune. Un guerrier d'âge mûr le saisit par les bras et le leva bien haut pour le montrer à la foule. Il avait enfin un fils.

Quand le chef désigna Petit Tambour, Femme-Eau murmura quelque chose à son aîné avant de le pousser vers le vieil homme. Le petit garçon ne broncha pas.

Lui aussi garda la tête bien droite en fixant Mocassin Noir qui prit la parole.

– Que dit-il? demanda Femme-Eau.

– Je ne suis pas sûre, dit Femme-Lune, mais je crois qu'il veut garder Petit Tambour pour lui.

– Que veut-il faire de mon enfant? Faut-il que je lui arrache les yeux?

– Tais-toi. Quand ta bouche aboie, je ne peux pas entendre ce qu'il dit. Je crois qu'il veut également ton deuxième fils.

– Tu ne me dis pas ses vraies paroles. Il ne peut pas vouloir deux bébés. Tu n'es qu'un crapaud couvert de verrues!

Mais Petit Tambour revenait vers les prisonniers. La foule se tut. Le petit garçon prit alors la main de son frère et le fit lever, avant de l'entraîner vers le grand chef.

A nouveau Mocassin Noir dit un nom et tous les regards se tournèrent vers la jeune femme qui, debout près du chef, serrait Plume Bleue dans ses bras. C'était elle qui, un peu plus tôt, avait déjà pris l'enfant.

Rayonnant de joie, elle leva le petit garçon bien haut pour que tout le monde puisse voir qu'elle avait maintenant deux fils.

– C'est la plus jeune femme du chef, dit Femme-Lune, celle qu'il préfère. Elle s'appelle Tournesol. Tout le monde sait qu'il est trop âgé pour donner vie à des enfants, et le chef ne serait plus respecté si sa femme portait l'enfant d'un autre homme. Mais le peuple considère qu'il est bon qu'un vieil homme et sa jeune femme adoptent un enfant, ou deux enfants.

Femme-Eau sanglotait en silence. Femme-Pin et Femme-Poisson gémissaient doucement, quand le chef reprit la parole.

– Que dit-il maintenant? risqua Petite Herbe.

ttends, dit Femme-Lune.

'il veut une femme. Non, ce n'est pas lui, it qui en a besoin d'une. Sa femme,

Tournesol, ne saurait pas s'en occuper, aussi, pour faire plaisir à elle et à son nouveau fils, il veut prendre la mère de l'enfant dans son tipi.

Femme-Eau se leva, accablée.

– Moi! Etre une de ses femmes? Plutôt mourir.

Mais déjà un guerrier s'avançait vers elle et Femme-Eau dut obéir, tassée sur elle-même. Sans un mot, elle prit place auprès du chef. Son visage était de pierre.

Alors la jeune épouse, Tournesol, sourit, mit Plume Bleue dans les bras de Femme-Eau et poussa aussi Petit Tambour près de sa mère.

La foule manifesta bruyamment son approbation.

– Elle sera l'esclave de cette maison et s'occupera de tous les enfants, dit Femme-Lune. Je crois qu'elle comprendra vite que c'est une chance inespérée.

– Esclave, sanglota Femme-Pin, c'est affreux!

– C'est merveilleux, répliqua Femme-Lune les joues luisantes de larmes. Elle pourra élever ses enfants. Un enfant a besoin du lait de sa mère pour devenir fort.

D'un geste furtif, elle s'essuya le visage et fixa stoïquement les flammes.

4

Les villages des Cinq-Rivières, deux mandans, deux minnetarees (Hidatsa) et un wetersoon (Amahami), sur le Missouri supérieur, utilisaient un bateau rond, en forme de bassine, constitué d'une peau tendue sur une armature de saule. Les femmes transportaient ces bateaux sur la tête, de la hutte à la rivière. On s'y tenait debout et on les propulsait en plongeant en avant de l'embarcation une pagaie que l'on tirait à soi.

La même technique est utilisée aujourd'hui au Pays de Galles par ceux qui se servent pour pêcher d'un petit bateau rond, appelé « coracle ».

Les hommes et les femmes du Missouri supérieur étaient experts dans ce type de navigation. En été, ils tuaient le bison, chargeaient la viande dans leur frêle embarcation et rentraient chez eux à la rame, remontant, même par grand vent, le courant rapide et dangereux du Missouri.

RICHARD DEACON, *Madoc and the Discovery of America,* 1966.

FEMME-OISEAU

La nuit était tombée sur le grand village minnetaree d'Hidatsa. Femme-Lune, Femme-Pin et Femme-Poisson avaient été conduites dans la hutte vide d'une famille dont tous les membres avaient succombé à la dysenterie. N'ayant été données à personne, elles s[illegible]ient, pour le reste de leur vie, les servantes de tout [illegible] à moins d'être vendues à une autre tribu ou [illegible]ar un brave pour prendre place parmi les [illegible]s de sa hutte.

Petite Herbe, quant à elle, était un peu moins inquiète. Son sort serait certainement identique au leur : esclave de l'ensemble du village d'Hidatsa. C'était supportable. Et pour s'assurer que le vieux chef, qui n'y voyait plus guère, la prendrait effectivement pour une femme, la petite fille ramassa des poignées d'herbe sèche et, tournant le dos au feu, en bourra son ample tunique. Son tour étant venu d'approcher du brasier cérémoniel, Mocassin Noir se balança d'un pied sur l'autre, la fixa de ses yeux presque aveugles, et, d'un geste autoritaire, appela un brave. Stupéfaite, Petite Herbe vit Bec de Vautour s'avancer. Il brandit fièrement son mousquet et sa lance au-dessus de sa tête. Petite Herbe essaya de ne pas regarder la natte noire fixée à la crosse du mousquet, qui se balançait à la lueur des flammes. On raconta de nouveau l'expédition. La foule écoutait avec une sorte de frénésie silencieuse. Les yeux lançaient des éclairs et les poings se serraient tandis que Bec de Vautour revivait une nouvelle fois la bataille.

Quand un autre guerrier à la peau cuivrée reprit le récit, Bec de Vautour s'éloigna, et on poussa Petite Herbe face au vieux chef. Le nouveau venu leva alors son mousquet pour que tout le monde puisse voir le scalp pendu à la crosse. Une plume rouge restait accrochée à la longue chevelure. Un seul homme en portait une semblable chez les Agaidükas, c'était son père. Elle voulut crier, tendit les bras et s'évanouit.

Tournesol, la jeune squaw, la releva et essaya de la réconforter. Elle revenait à elle mais il lui sembla qu'une immense blessure s'était ouverte en elle. Sa famille avait-elle donc entièrement disparu? Ses deux frères et sa sœur aînée avaient-ils eux aussi subi le même sort?

Bec de Vautour saisit Petite Herbe par les épaules et lui parla durement. Elle frissonnait, incapable de se contrôler, et un filet d'urine coula le long de ses jambes. La tête lui tournait. Mocassin Noir lui fit signe d'approcher et elle se reprit un peu. Elle se souvint des paquets d'herbes glissés sous sa tunique et gonfla la poitrine.

– Je suis une femme agaidüka, déclara Petite Herbe en shoshone, d'une voix qu'elle voulait calme et uniforme.

Les mains du chef entreprirent de palper son corps maigre, en commençant par la poitrine. Le cœur de la fillette battit plus fort, mais l'herbe ne plissa pas. C'est presque fini, se dit-elle. Maintenant, ils vont me conduire dans la hutte. Mocassin Noir s'adressa à la foule qui hurla son approbation. Petite Herbe comprit. Elle ne rejoindrait pas les autres captives. Le vieux chef l'offrait à Bec de Vautour.

Avant de pousser Petite Herbe vers son nouveau maître, le chef lui frappa brutalement le ventre. Son estomac et sa poitrine se contractèrent. Elle vomit la viande et le maïs qu'elle avait ingurgités un peu plus tôt et les paquets d'herbes tombèrent. Honteuse, elle resta la tête baissée.

Le vieux chef sourit et les petits plis de peau, autour du menton, frémirent. Puis il eut un rire profond et chaleureux. Bec de Vautour poussa alors des cris stridents en sautant sur place, imité par les Hidatsas qui éclatèrent de rire en se donnant des claques dans le dos. Petite Herbe était désormais membre à part entière de la tribu des Minnetarees, du grand village Hidatsa, du Peuple des Saules.

La hutte de Bec de Vautour était affreusement enfumée. Il y fit d'abord entrer son cheval, puis ressortit et fit passer Petite Herbe près de l'animal, dans un étroit passage long à peu près comme deux hommes adultes. Elle frissonnait bien que la hutte de terre fût surchauffée. Un violent courant d'air rabattit la fumée à l'intérieur. Ses yeux la piquèrent. Ses jambes tremblantes refusèrent de la porter plus longtemps et elle tomba. Elle avait les cheveux collés par la sueur et la poussière, le corps couvert de cicatrices et de croûtes, sans compter les zébrures du fouet, maintenant à moitié guéries. Sa tunique et tout son corps dégageaient une forte odeur d'urine. Elle était fiévreuse et avait soif, incapable de prêter attention aux allées et venues qu'elle percevait dans une sorte de cauchemar.

Au matin, elle fut réveillée par des cris. C'était une des épouses de Bec de Vautour, Oie Bavarde, petite femme aux jambes grasses et pourvue d'une langue qui faisait frémir tout son entourage. Elle attisait le feu avec un bâton de saule écorcé en ordonnant à l'autre épouse de Bec de Vautour, Antilope, de mettre à chauffer la marmite de fonte contenant le ragoût. Plus jeune, agréable à regarder, Antilope s'assit par terre, près de Petite Herbe, et posa ses mains fraîches sur les joues brûlantes de la petite fille.

Le regard de Petite Herbe fit lentement le tour de la hutte, s'arrêtant sur les alcôves situées contre les parois tout autour de la pièce principale, et séparées par des rideaux. C'était là qu'on dormait. Des vêtements de peau soigneusement tannée et décorés avec goût, des armes de guerre et de chasse, et un sac de sorcier étaient suspendus à des crochets. Sur deux piquets fichés en terre, entre deux alcôves, était accrochée une coiffure compliquée, faite de la tête brune et laineuse d'un bison avec ses cornes. Petite Herbe ignorait la signification de toutes ces choses. Dans son demi-sommeil, elle éprouvait une immense curiosité pour ses ravisseurs. Antilope trempa les doigts dans le pot de terre plein d'eau qui se trouvait près d'elle et les passa sur les lèvres desséchées, les joues et le front de Petite Herbe.

Soudain une violente claque sur les fesses la sortit complètement de sa torpeur. Elle se tassa sur elle-même et cligna des yeux. Le ciel était bleu et le soleil déja haut. Chasse-pour-Deux (le véritable nom de Bec de Vautour, parce qu'il avait deux femmes) la tira hors de l'alcôve et appuya le canon de son mousquet sur sa poitrine. Petite Herbe se demanda s'il allait tirer, mais elle n'était plus capable d'une émotion aussi intense que la peur. Elle était trop fatiguée; ses jambes lui faisaient mal et cédaient sous son poids. Elle espéra qu'il allait tirer vite. Mais Chasse-pour-Deux abaissa son fusil, ricana et donna à Petite Herbe un coup de pied qui l'envoya rouler sur le sol poussiéreux. Elle se demandait ce qu'il voulait, mais elle était incapable de bouger.

Chasse-pour-Deux versa de la poudre dans le canon du fusil. Avec une baguette, il la tassa et y glissa enfin une balle de plomb. Puis il examina l'amorce, bascula le chien avec le pouce, et posa le canon glacé sur le front brûlant de Petite Herbe. Elle ferma les yeux et imagina une source d'eau fraîche.

Comprenant que la petite fille était réellement malade, Chasse-pour-Deux émit un grognement et, jetant Petite Herbe, insensible, sur son épaule, s'engagea dans l'étroit couloir avant de sortir dans l'air frais du matin. Antilope revenait avec une carapace de tortue pleine d'eau. Elle donna à boire à Petite Herbe, que Chasse-pour-Deux maintenait debout. Elle avait la gorge douloureuse et enflée; avaler était un supplice. Antilope fit comprendre au guerrier que Petite Herbe n'était pas en état de supporter la fraîcheur de l'air matinal, et qu'il fallait la reconduire dans l'alcôve. En grommelant, il jeta de nouveau Petite Herbe sur son épaule et la porta dans la hutte. Antilope posa des peaux chaudes et mouillées sur le front de la fillette, enduisit de graisse d'ours les marques suppurantes laissées par le fouet, peigna ses cheveux emmêlés avec une langue de bison séchée, nettoya sa tunique puante, lava son corps maigre et, entrouvrant doucement ses lèvres, lui fit boire un peu d'eau. Petite Herbe s'endormit.

Pendant plusieurs jours, elle resta dans l'alcôve, trop

faible pour bouger. Antilope la regardait avec compassion et lui apportait des morceaux de viande et de grosses graines jaunes qu'elle lui glissait entre les lèvres.

Bientôt, elle se sentit mieux et Antilope et Oie Bavarde lui confièrent de petits travaux. Il y avait beaucoup à faire. Outre Chasse-pour-Deux et les femmes, la hutte abritait la fille d'Oie Bavarde, Petit Lapin, sa vieille mère, qui avait une bizarre démarche déhanchée, et son vieux grand-père qui n'ouvrait presque jamais la bouche. Petite Herbe broya d'abord le maïs, puis alla chercher le bois et l'eau enfin, progressivement, aida les femmes à gratter la chair qui adhérait encore aux peaux de bison tendues par terre avec des piquets.

A mesure que l'été approchait, la force lui revint, mais elle ne riait plus et rien ne l'amusait. Tout lui semblait laid. Elle était trop maigre et, croyait-elle, plus disgracieuse qu'elle ne l'avait jamais été. Se sentant perpétuellement fatiguée, elle ne pensait jamais à hier, et rarement à demain.

Antilope essayait bien de l'égayer quand Oie Bavarde et Vieille Mère étaient sorties, et elle entreprit de lui apprendre des mots minnetarees. Cette langue fourmillait de sons gutturaux, de grognements et de « r » roulés. Petite Herbe la trouva difficile, mais elle était déterminée à comprendre ce qui se disait autour d'elle. Elle en sut bientôt assez pour savoir qu'elle habitait le grand village Hidatsa et qu'en aval de la rivière, qui s'appelait Knife (1), il y avait un autre village minnetaree du nom de Metaharta.

Un matin, alors qu'elle revenait du puits, Petite Herbe rencontra Mocassin Noir. Il la prit par le bras, la regarda dans les yeux et demanda :

– Te plais-tu ici ?

Elle eut trop peur pour répondre. Le chef ne prenait

(1) Couteau.

jamais le temps de parler à un esclave, surtout s'il s'agissait d'une femme.

– Ce n'est pas un endroit désagréable, dit-il, en lui posant ses doigts noueux sur la tête.

Antilope avait assisté à la scène et remarqué le signe que le chef avait fait au-dessus de la tête de la petite fille. Ce signe désignait un objet de valeur qui valait la peine d'être possédé, et Antilope fut stupéfaite car les hommes n'avaient pas l'habitude de se détourner de leur chemin pour complimenter les femmes. Le vieux chef retombe en enfance, se dit-elle, mais, au fil des jours, elle dut bien reconnaître que les yeux de Petite Herbe étaient aussi perçants que ceux du faucon et ses oreilles aussi longues que celles du lapin.

– Elle a autant de courage que le grizzly, dit Oie Bavarde en mangeant le ragoût aux haricots préparé par Petite Herbe.

– Non, son courage est parti, répliqua Antilope. Elle est comme endormie... et pourtant elle voit, elle entend.

– Elle n'est pas encore complètement remise, dit Oie Bavarde. Quand elle aura davantage de chair sur les os, tu verras que notre mari lui-même se retournera sur elle. Alors, je ne l'aimerai plus! Souviens-toi que notre mari nous a dit combien son peuple était redoutable et comme il s'était courageusement battu pour conserver son terrain de chasse. Nos braves n'ont pu chasser le bison qu'après avoir tué quelques hommes de son peuple. Ils étaient rusés, savaient se cacher, et se servaient avec une grande adresse de l'arc et de la flèche. N'oublie pas que nous avons perdu deux guerriers ce jour-là, et qu'il a fallu un dur combat pour capturer leurs chevaux et quelques esclaves. Oui, tu sais, elle est très forte!

Le lendemain matin, tôt, tandis que Petite Herbe faisait du pemmican sur une pierre plate, Oie Bavarde et Vieille Mère sortirent de la hutte avec des peaux de daim dont les poils avaient été rasés. Antilope apparut à leur suite et adressa un sourire à Petite Herbe. Elle tenait à la main un grand couteau à découper. Les femmes posèrent les peaux autour de Petite Herbe, puis en changèrent la disposition tout en bavardant. Petite Herbe cessa d'émincer les morceaux de viande séchée. Vieille Mère écarta les bras de Petite Herbe, sous lesquels Oie Bavarde tendit le bord d'une peau. Enfin, les femmes fixèrent les peaux par terre avec de longues épines et les marquèrent avec du charbon de bois. Elles confectionnaient une robe pour Petite Herbe, et semblaient heureuses de faire quelque chose pour elle.

La robe fut terminée le jour même. Alors Petite Herbe prit son petit sac de cuir dans sa vieille tunique, l'ouvrit et en sortit la pierre bleue. Elle se la mit au cou, juste dans l'échancrure du col.

– Elle est très belle, dit Antilope en touchant la pierre lisse et bleue.

Oie Bavarde ramassa les restes de peau et mit de côté les morceaux qui pourraient servir à tailler une tunique pour Petit Lapin. Vieille Mère emporta les vieux habits de Petite Herbe derrière la hutte et les jeta sur le tas de détritus.

Tout d'abord, elle se sentit bizarre dans ses nouveaux vêtements, mais la robe était confortable et fendue sur les côtés, ce qui permettait de marcher à grandes enjambées. Elle était plus longue que sa courte tunique shoshone et ne comportait pas de pantalon. Vieille Mère l'examina sous toutes les coutures.

– Bravo, bravo, dit-elle. Bonne fille. Maintenant, travaille bien.

– J'aimerais pouvoir me laver, dit Petite Herbe.

Vieille Mère émit un bruit de succion, puis un rire saccadé comme s'il s'agissait d'une bonne plaisanterie. Et Oie Bavarde s'exclama :

– Il est temps de travailler et elle veut prendre un bain! Si nous la laissons faire, elle voudra non seulement prendre un bain, mais aussi s'asseoir au soleil et bavarder avec les autres femmes. (Puis elle ajouta, avec un sourire :) Petit Lapin a besoin d'être lavée, elle aussi.

Petite Herbe prit la petite fille nue par la main et l'entraîna vers la rivière.

Petit Lapin avait presque deux ans et demi. Sa mère l'allaitait, jour et nuit, chaque fois qu'elle pleurait. A tout moment, on lui donnait de petits morceaux de viande tendre ou des légumes qu'elle mangeait avec délectation.

– Je viens avec vous! cria Antilope. Le reste de la couture attendra demain!

Oie Bavarde se tourna vers Vieille Mère et fit une réflexion à propos de ces deux squaws hidatsas si paresseuses qu'elles allaient laver leur sueur avant qu'elle ne soit là! Pour elle Petite Herbe n'était plus une Shoshone : elle était devenue une Hidatsa.

Il n'y avait pas de palissade entre le village et la rivière. Près de la berge flottaient de nombreuses embarcations utilisées pour pêcher ou traverser la rivière, et il y avait quantité de ces bateaux en forme de bassine, renversés sur la plage de sable, que l'on trouvait aussi sur le toit de presque toutes les huttes. Leur armature était faite de branches de saule pliées en forme de panier et fixées à un cercle d'un peu plus d'un mètre de diamètre, qui constituait le bord supérieur de l'embarcation. Une peau de bison était tendue sur l'armature, les poils à l'intérieur. La peau était séchée et l'extérieur enduit de suif.

Antilope quitta ses vêtements, puis mit un bateau à l'eau et fit signe à Petite Herbe de l'imiter. Petite Herbe assit Petit Lapin au bord de la rivière et poussa vers elle quelques graviers colorés pour que l'enfant puisse s'amuser toute seule pendant un moment. Elle se débarrassa rapidement de sa robe et de ses mocassins, monta à son tour dans une bassine et se balança d'avant en arrière pour garder l'équilibre car le bateau tournoyait sur lui-même.

Antilope se tenait moitié debout, moitié accroupie et ramait exactement sous l'embarcation qui décrivait un demi-cercle, puis un autre du côté opposé quand elle manœuvrait de nouveau la rame. Petite Herbe essaya elle aussi de ramer, mais le bateau tourna sur lui-même. Elle appuya la rame au fond de la rivière et poussa son embarcation, mais sans davantage de succès. Petit Lapin, sur la rive, riait et Petite Herbe ne tarda pas à l'imiter. Plus elle ramait, plus elle tournait!

Antilope sauta dans l'eau et nagea en direction de sa compagne pour lui venir en aide. Quand elles parvinrent sur la rive, Petite Herbe se rendit compte que c'était la première fois qu'elle s'amusait depuis qu'elle vivait parmi ce peuple. Petit Lapin gigotait dans l'eau fraîche, et elle frissonna en s'accroupissant dans l'eau pour se protéger du vent. La rivière était encore froide, mais elle était moins boueuse depuis que les pluies de printemps avaient cessé.

Debout dans l'eau peu profonde, Antilope qui croyait que personne ne savait mieux nager que les Minnetarees admira les qualités de nageuse de Petite Herbe. Elle venait de plonger, et après avoir touché le fond rapportait déjà une grosse coquille de moule pour Petit Lapin, qui la roula dans le sable en gazouillant. Antilope apprit le nom de la coquille à Petite Herbe qui savait déjà beaucoup de mots et pouvait se faire comprendre dans la hutte de Chasse-pour-Deux. Puis elle lui dit :

– Quand tu as mis le bateau à l'eau, j'ai eu envie de t'appeler Lanceuse-de-Bateau. Tu donnais l'impression de savoir exactement ce que tu voulais faire. Mais quand tu t'es mise à tournoyer en riant, sans rien faire, j'ai compris que cela ne te conviendrait pas.

– Un nom est quelque chose qu'on garde longtemps, dit Petite Herbe. C'est important.

– Je le sais bien. J'étais à peine plus âgée que Petit Lapin quand j'ai reçu le mien : un jour, j'étais montée au sommet d'une colline, et je l'ai descendue en courant. C'était la première fois que ma mère me voyait marcher. Elle a dit que je ressemblais tout à fait à une antilope qui bondit en agitant son derrière. Et maintenant, c'est parce que je m'appelle Antilope que je marche toujours à grands pas rapides et sautillants.

Petite Herbe sourit, car elle savait qu'un nom peut influencer toute une vie. Elle parla à Antilope d'un nommé Coyote qui jouait continuellement des tours à ses amis.

– C'est parce que tout le monde sait que le coyote est le plus malicieux des animaux.

Antilope regarda la petite fille et se demanda quel nom lui conviendrait. Un monde les séparait. Elle ne savait pas vraiment comment la petite fille avait été élevée, et il avait fallu un détail ou deux, comme son désir de se laver après avoir reçu une nouvelle robe, pour lui faire comprendre que Petite Herbe avait dû être l'objet de nombreuses attentions dans sa tribu. D'autre part, elle ne l'avait jamais entendue se plaindre des conditions dans lesquelles elle vivait actuellement. Elle mangeait ce qu'il y avait, travaillait aussi dur qu'une femme adulte, se salissait et sentait aussi mauvais qu'une autre, retirait la vermine de sa couche et conservait, le plus souvent, sa bonne humeur.

Cette petite fille semblait franchir la journée d'un coup d'aile et avoir encore le temps, quand venait le soir, de fredonner une chanson réconfortante, exactement comme un oiseau dans la forêt.

– J'ai trouvé! s'exclama Antilope. Oiseau! Tu dois t'appeler : Oiseau.

– Mais ce n'est pas un vrai nom, dit Petite Herbe. Oiseau quoi? Quel oiseau? Celui qui gazouille, celui qui grogne ou celui qui a de jolies plumes? (Petite Herbe se leva et se mit à courir, les bras tendus.) Me vois-tu courir partout comme ça? demanda-t-elle en riant.

Puis elle plongea dans l'eau et imita l'oiseau aquatique aux longues pattes, gracieux et luisant, qui plonge pour capturer le poisson.

– Oui, c'est cela : Sac-a-jaw-a! Femme-Oiseau! Tu ressembles exactement à un oiseau qui plonge dans l'eau. Sacajawa, c'est ton nom!

Antilope se mit à danser autour de Petite Herbe. Puis elle se tourna vers Petit Lapin et lui fit répéter : Sac-a-jaw-a deux ou trois fois, afin d'entendre comment le nom sonnait et pour que la petite fille n'oublie pas. Alors Petit Lapin se mit elle ausi à trotter autour des deux jeunes filles en répétant :

– Sacajawa, Sacajawa, Sacajawa.

Petite Herbe était radieuse. Elle sourit et remercia Antilope de lui avoir trouvé un nom. Sacajawa n'était pas le nom que sa grand-mère lui avait laissé, mais il était juste qu'elle en ait un nouveau, puisqu'elle vivait au sein d'un nouveau peuple. Et puis, c'était davantage un nom d'adulte et elle n'ignorait pas que l'on en changeait en vieillissant, en fonction de ses actes et de sa vie. Elle se souvint alors d'Aigle Jaune, qui s'était d'abord appelé A-Peur-de-son-Cheval, jusqu'au jour où il avait tué un grand aigle clair et rapporté ses plumes pour décorer les coiffures de guerre.

La journée s'avançait et de nombreuses femmes hidatsas étaient arrivées à la plage. Toutes nageaient à la manière hardie et élégante des Minnetarees, aussi habiles que les loutres, leur longue chevelure flottant derrière elles. Comme l'herbe se couvrait de la rosée du soir, Sacajawa entreprit de se frotter les cheveux avec du sable pour les débarrasser de la graisse rance et de la crasse. Elle les rinça dans l'eau et, dégageant son visage brun, les lissa. Puis elle les fit sécher au soleil couchant et ils devinrent d'un bleu-noir lustré.

Au crépuscule, Sacajawa, Petit Lapin et Antilope regagnèrent la hutte. Chasse-pour-Deux revenait de la prairie où il avait participé à des courses de chevaux avec les autres braves.

– Je suis affamé comme un ours au début du printemps, dit-il.

– Il n'y a rien à manger, siffla Oie Bavarde en jetant un regard noir à Sacajawa.

– Paresseuse! Il y a de la nourriture à profusion. Va chercher des citrouilles dans la réserve. Il est temps de les manger avant qu'elles ne pourrissent.

Comme personne ne bougeait, Chasse-pour-Deux les regarda l'une après l'autre. Les femmes, impassibles, lui rendirent son regard.

– Vous n'avez donc rien fait aujourd'hui? demanda-t-il.

– Elle est allée se baigner, répondit Oie Bavarde en désignant Sacajawa.

– Se baigner! rugit-il, en attirant brutalement Sacajawa à lui.

– Et tu as une nouvelle robe! Va chercher des citrouilles et fais-les bouillir! Dépêche-toi, déclara-t-il d'un ton cassant.

Sacajawa regarda désespérément autour d'elle car elle ignorait où elles se trouvaient.

– Elle aussi est allée se baigner, intervint Vieille Mère en pointant vers Antilope un ongle pointu et cassé. Elle sait que la graisse tient chaud, pourtant elle s'en est débarrassée aujourd'hui. Et elle a donné un nom à notre esclave. Maintenant, il faut l'appeler Sacajawa. Elle ne va pas tarder à se croire trop bien pour aller chercher de l'eau. Et elle aura la tête dans les nuages, comme les oiseaux. Et toi, ajouta-t-elle en se tournant vers Chasse-pour-Deux, tu as fait la course au lieu de rapporter de la viande.

Tournant le dos, Chasse-pour-Deux libéra Sacajawa.

– Maintenant, j'attends mon repas, grogna-t-il en s'asseyant les jambes croisées près du feu. Si vous ne vous dépêchez pas, les citrouilles auront le temps de moisir.

Un coup de vent rabattit la fumée dans la hutte, éparpilla les cendres et faillit éteindre le feu. Vieille

Mère reprocha ses mauvaises manières au vent, ses caprices au feu, replaça la marmite d'eau bien en équilibre, puis se remit à mesurer les morceaux de peau destinés à faire des mocassins pour Petit Lapin.

– Va chercher les citrouilles, souffla Antilope.

– Mais je ne sais pas où elles sont! gémit Sacajawa, qui sentait renaître sa vieille peur.

Antilope l'entraîna de l'autre côté de la hutte, près de l'alcôve où dormait Vieille Mère. Elle balaya la poussière sèche et le sable de la rivière. Des peaux tendues sur des perches dissimulaient un trou aux parois recouvertes de cuir. Sacajawa plongea dans l'obscurité et battit des paupières pour habituer ses yeux à l'absence de lumière. Elle vit alors les grosses citrouilles rondes, soigneusement alignées sur le sol. Elle en ramassa deux et, tout en remontant, caressa leurs flancs lisses et fermes. Elles étaient orange comme le soleil d'été. Sacajawa remit les perches et les peaux en place, puis Antilope l'aida à recouvrir le tout de poussière et de sable. Lorsqu'elles revinrent dans la hutte, Oie Bavarde gloussa et donna traîtreusement un coup de pied à Sacajawa qui s'étala dans la poussière. Les citrouilles s'étant brisées, Oie Bavarde l'accabla de nouveaux reproches.

Salissant ses vêtements neufs, Sacajawa entreprit alors d'essuyer les morceaux poussiéreux avec le bas de sa jupe, et mit les citrouilles dans la marmite.

– Ne mets pas les graines dans la marmite, cervelle d'oiseau, gronda encore Chasse-pour-Deux. Garde-les pour les planter. Fais-les sécher au soleil.

Sacajawa plongea la main dans la marmite bouillante pour récupérer les graines, et ne put retenir un cri de douleur en se brûlant les doigts.

Petit Lapin se mit alors à danser autour de la marmite en chantant :

– Femme-Oiseau, Femme-Oiseau, Femme-Oiseau, Oiseau, Oiseau, Oiseau, Sacajawa.

Chasse-pour-Deux éclata de rire.

– La fille maladroite se brûle les doigts, dit-il. Tu ne fais pas attention. Tu es presque une femme, tu devrais mieux te conduire.

– Il est difficile de contenter tout le monde, souffla Sacajawa.

Grand-Père ronflait et Vieille Mère tendit le bras au-dessus de sa tête pour attraper l'outre de bison. Grand-Père ouvrit un œil, donna une claque retentissante sur les fesses de Vieille Mère et se mit à rire. Elle repoussa sa main, riant avec lui, et tendit l'outre à Sacajawa.

– Il faut encore de l'eau pour la marmite.

Sacajawa tourna les citrouilles avec la louche avant de partir pour le puits. Quand elle passa devant lui, Grand-Père grimaça un sourire et lui fit un croche-pied. Comme elle tombait à quatre pattes, Grand-Père lui saisit les poignets et Chasse-pour-Deux poussa un long cri sauvage.

Alors, Oie Bavarde grommela quelque chose et Antilope se glissa dans son alcôve sans oser s'opposer aux hommes. Après tout, le devoir d'une esclave était de subir la volonté de son maître.

Grand-Père se souleva péniblement et se hissa sur Sacajawa. Elle avait les mains moites et la gorge sèche. Il baissa son pantalon. Le hurlement incrédule de la petite fille fut aussitôt noyé dans un éclat de rire général. Presque aussitôt, Chasse-pour-Deux imita Grand-Père et jeta Sacajawa sur ses couvertures. Il la voulait tout de suite. Mais Grand-Père le repoussa. Sacajawa frappait le vieil homme à la poitrine, mais il lui prit de nouveau les poignets, la réduisant à l'impuissance. Elle avait mal au dos et aux jambes. Grand-Père l'écrasait de tout son poids et elle ne pouvait plus respirer. Soudain, elle ressentit une douleur déchirante dans le ventre. Puis, Grand-Père la repoussa, se mit debout et remonta son pantalon. A son tour, Chasse-pour-Deux se hissa sur elle. Il avait le souffle court et elle sentit le feu brûlant de son haleine sur son visage. Un instant, la douleur la paralysa à nouveau et elle crut qu'elle ne pourrait plus respirer. Puis Chasse-pour-Deux fut secoué d'un long spasme. Il se releva enfin, prit un morceau de bois dans le feu et se mit à faire le tour de la pièce au pas de course en criant. Certaine qu'elle mourrait dans la nuit, résignée, Sacajawa releva les jambes et les couvrit avec sa jupe. Puis lentement, à quatre pattes, elle regagna sa couche pendant que les autres se régalaient du tendre repas de citrouille bouillie.

La frayeur qui s'emparait d'elle était plus grande que celle qu'elle avait ressentie quand elle avait cru sa dernière heure arrivée. Cette nouvelle menace était plus réelle, plus immédiate.

Sacajawa ne se souvenait pas d'avoir jamais désiré un homme, bien qu'elle eût entendu d'autres filles parler du désir. Mais l'agression de Grand-Père et de Chasse-pour-Deux était une abomination. Elle n'était pas prête. Tout cela ressemblait à une punition, à une blessure ignominieuse. Et maintenant, ils reviendraient aussi souvent qu'ils le voudraient.

Le feu était mort depuis longtemps quand la douleur de ses reins s'atténua, faisant place à un élancement sourd. Sacajawa se laissa glisser au bas de sa couche et se mit en quête de l'outre de bison.

Quand elle l'eut trouvée, elle se glissa dehors. Tout son corps la faisait souffrir. Un chien lui emboîta le pas. C'était un gros chien à poil court et elle aperçut, sous le clair de lune, des taches rosées de peau nue.

– Va-t'en, Chien!

Elle jeta l'outre dans sa direction et le manqua. Elle se baissa prudemment pour la ramasser espérant qu'il n'approcherait pas. S'il le faisait, elle le frapperait. Elle s'empara d'une pierre, mais le chien ne bougea pas.

– Va-t'en! répéta-t-elle.

Il flaira le sol puis tourna lentement autour d'elle, flairant ses pieds et sa robe. Il s'arrêta près d'un genévrier touffu et leva la patte. Sacajawa en profita pour s'échapper et courut vers la rivière. Mais soudain, au milieu du chemin, elle se retrouva face à face avec lui. Il grondait. Sacajawa leva le bras, prête à lancer la pierre. C'est alors qu'elle vit la vipère. Une grosse vipère cuivrée. Elle avait dû suivre le chemin, car Sacajawa vit une fine ligne ondulée dans la poussière. Le serpent s'était ramassé sur lui-même pour affronter son adversaire.

Le chien se déplaçait en aboyant, provoquait la vipère puis l'esquivait, n'évitant les crochets mortels que de quelques centimètres avant de se lancer de nouveau à l'assaut.

Le duel durait déjà depuis quelques minutes lorsque Sacajawa retrouva son calme. Comprenant alors que le chien essayait de l'aider, et qu'il pouvait être tué, elle écrasa, d'un geste vif et précis, la petite tête triangulaire de la vipère avec la pierre qu'elle n'avait pas lâchée.

Sacajawa était étrangement calme, heureuse même. Elle avait mis fin au combat. Elle avait tué la vipère porteuse de mort. Elle avait reconquis son honneur. La petite fille adressa au chien un regard de triomphe. Il baissa les yeux, renifla le sol, fit le tour du serpent, la regarda à nouveau et disparut dans les buissons.

Se demandant si la bête lui était reconnaissante ou bien au contraire si elle aurait voulu gagner seule le combat, Sacajawa gagna le bord de la rivière, remplit l'outre et s'aspergea l'intérieur des cuisses d'eau glacée pour endormir la douleur. Puis elle lava le sang qui avait coulé sur ses jambes, remplit de nouveau l'outre, la porta à la hutte et versa de l'eau froide dans la marmite. Le reste des citrouilles ne lui faisait plus envie. Elle souffla sur le feu qui se remit à crépiter, et se glissa dans ses couvertures, épuisée, pour attendre la venue du matin.

Cet été-là, Sacajawa reçut un râteau de roseaux, et

Antilope lui apprit à manier la binette faite d'une omoplate de daim. Chasse-pour-Deux possédait un acre (1) de maïs, de haricots et de citrouilles que ses femmes cultivaient. On laissait le kinnikinik pousser librement sur le terrain. C'était le tabac sacré que les hommes fumaient dans leur pipe, et les femmes n'avaient pas le droit d'y toucher.

Les lopins étaient séparés les uns des autres par des clôtures de buissons, de pierres ou de piquets. De temps en temps, Sacajawa réussissait à parler avec Femme-Lune, Femme-Pin et Femme-Poisson, qui travaillaient pour ceux qui avaient besoin d'elles. Elles étaient restées des esclaves publiques. Elles rencontraient rarement Femme-Eau, sauf à la plage des femmes. Femme-Eau semblait tout à fait heureuse, ses garçons étaient gras et joyeux. Femme-Lune n'était pas bavarde, mais Femme-Poisson et Femme-Pin se plaignaient de la grande hutte qu'il leur fallait entretenir et du dur travail qu'elles devaient effectuer chaque jour.

Sacajawa détestait le travail éreintant du jardinage. Son interminable et abrutissante monotonie la conduisit d'abord à se replier davantage sur elle-même. Elle se levait à l'aube, donnait à boire aux chevaux, piochait les rayons sans fin de maïs et de haricots, arrachait les aulnes et les racines dans un nouveau champ, transportait les pierres jusqu'aux longs murs gris qui entouraient les cultures, arrachait les tournesols dans les parcelles de citrouilles, passait les longes des chevaux à la graisse d'ours pour les rendre solides et souples et effectuait toutes les tâches réservées aux femmes.

Elle détestait prendre ses repas couverte de sueur et trop fatiguée pour pouvoir dire autre chose que : « Encore de la soupe ! »

Elle détestait les vagues d'épuisement qui la submer-

(1) Un acre = 4047 m^2.

geaient chaque soir. Dès qu'elle avait servi aux hommes leur ragoût, et que les femmes avaient mangé, elle ne pensait qu'à s'allonger pour dormir. Elle détestait les nuits où Grand-Père grognait et grondait, couché sur elle, et celles où Chasse-pour-Deux lui écartait les jambes, se glissait entre elles, jouait avec les petits boutons de ses seins et faisait entrer son gros pénis gonflé dans son ventre.

Certains jours, elle n'avait pas le temps de regarder ce qui l'entourait, bien que sa curiosité fût souvent éveillée : l'eau de la rivière qui s'écoulait lentement vers les rapides, les bateaux-bulles avec lesquels les hommes et les enfants allaient à la pêche, la prairie plate avec ses quelques arbres et ses étendues de sauge bleue et odorante dont le parfum pénétrant lui rappelait toujours sa mère, le ciel bleu et clair, les ombres du matin, de midi et du soir.

Une seule chose rendait son esclavage un peu moins pénible : la présence du chien.

Un après-midi, alors qu'elle piochait les haricots à la lisière du champ, elle se rendit compte qu'il la regardait et restait là, immobile, à l'observer. De l'autre côté de la clôture, Femme-Lune lança une motte de terre qui atteignit la bête au flanc et le fit disparaître en gémissant, dans le bois de saules.

– Est-ce que tu as eu peur? demanda-t-elle en s'approchant de la clôture.

– Non, c'est un proscrit et il est encore plus seul que moi, murmura la fillette en regardant droit devant elle.

Femme-Lune baissa les yeux et s'éloigna. Puis, quand elle fut à quelque distance, elle se retourna et cria en shoshone :

– Tu crois peut-être que tu vas pouvoir t'en faire un ami. Fais attention à ne pas te faire mordre. C'est plus un loup qu'un chien!

Pour Sacajawa c'était sans importance, et régulièrement elle récupérait des morceaux de viande pour les lui jeter. Après l'avoir ainsi nourri pendant quelques semaines, elle put l'approcher suffisamment pour mieux l'observer. Il avait les oreilles pointues et couvertes de poils, des yeux rapprochés au regard intense qui ne vacillait jamais. Un jour, enfin, il se mit à remuer la queue en la voyant. Mais lorsqu'elle s'approcha pour le caresser, il recula prudemment.

Cependant, de plus en plus on pouvait le voir la suivre à distance, mais assez près pour qu'elle puisse parfois lui chuchoter d'une voix tendre :

– Viens, Chien, viens. Je t'ai apporté de la viande.

Les nuits devinrent plus froides. Les feuilles des peupliers jaunirent et tombèrent. Le chien continuait à suivre Sacajawa quand elle allait au champ, et il restait là, à la regarder, pendant la plus grande partie de la journée. Parfois, il disparaissait entre les saules et revenait quand il était temps pour elle de regagner la hutte. Un jour, il se coucha à la lisière du champ de maïs, la tête sur les pattes, observant tous ses gestes. Elle ramassait les épis et les mettait dans de profonds paniers de saule.

Soudain, elle leva la tête. Visage Balafré se tenait devant elle, un mauvais sourire sur les lèvres.

– Puisque tu as terminé dans le champ de Chasse-pour-Deux, viens chez moi ramasser les citrouilles, dit-il.

– Je ne comprends pas, répondit Sacajawa, tu n'es pas mon maître.

– Non, mais j'ai capturé une fille pour cultiver mon champ et tu l'as aidée à s'échapper.

– Elle n'est pas morte? demanda Sacajawa. Feuille de Saule n'est pas morte?

– Qu'est-ce que j'en sais? grommela-t-il en s'approchant.

– Alors elle conduira le Peuple ici et nous serons bientôt libérées, dit Sacajawa en le regardant dans les yeux.

– N'y compte pas, c'est beaucoup trop loin. Les Shoshones ne viennent jamais ici. Maintenant, va travailler dans mon champ.

Que fallait-il faire? Chasse-pour-Deux ne l'avait pas prévenue qu'elle devrait travailler pour Visage Balafré, et Antilope l'aurait certainement mise au courant si tel avait été le cas.

– Je ne peux pas, dit-elle timidement.

Sans avertissement, Visage Balafré frappa de toutes ses forces et Sacajawa alla rouler entre les pieds de maïs.

Femme-Lune et quelques femmes, qui travaillaient tout près, entendirent alors ce qui n'était ni un aboiement ni un jappement, mais quelque chose qu'elles décrivirent plus tard comme un véritable rugissement, puis elles virent le chien fendre l'air et se jeter à la gorge de Visage Balafré. Instinctivement, celui-ci tendit le bras, mais il fut jeté à terre. Déjà le chien y enfonçait ses crocs et cherchait à nouveau à le prendre à la gorge. Les femmes accourues n'eurent que le temps de se jeter sur le chien, armées de binettes et de râteaux, mettant en fuite l'animal qui disparut dans les arbres. On transporta Visage Balafré dans la hutte du sorcier, où l'hémorragie fut enrayée à grand renfort de psalmodies, dans le tintamarre des crécelles, des calebasses et grâce à la peau de la queue du castor. Le chien étant revenu rôder en grondant furieusement, le conseil se réunit et Mocassin Noir décida qu'il était dans son droit, puisqu'il avait vu un homme essayer de contraindre l'esclave d'un autre à travailler pour lui. Il nomma la bête protectrice des droits de Chasse-pour-Deux, et ordonna qu'on le laisse en paix.

Adopté par le village, Sacajawa avait désormais un ami qui suivait tous ses pas.

Un matin qu'il pleuvait trop fort pour travailler dans les champs, Grand-Père entreprit de questionner Sacajawa. Sans lui répondre, elle continua de surveiller la marmite de ragoût, tout en se disant qu'elle ne savait presque rien de lui en dehors de l'odeur de moisi que dégageait son corps quand il était sur elle et de son souffle court et puant. Peut-être se fit-il la même réflexion, car il posa soigneusement sa pipe près de lui et demanda :

– Ton peuple possède-t-il d'aussi belles marmites de fer?

Mais elle avait décidé de ne pas répondre et sans même lever la tête, tranquillement, elle continua de tourner le ragoût.

Grand-Père la regardait, accroupie près du feu, s'interrogeant sur le mécontentement de la fille. Pourquoi était-elle de si mauvaise humeur? Que pouvait-elle bien avoir? Etait-elle mécontente de lui réchauffer le sang? Mais c'était une esclave, et il n'existait pas d'homme digne de ce nom qui n'en ait deux ou trois, ou même une douzaine au cours de sa vie. Ainsi, Kakoakis, le grand chef de tous les Minnetarees, en avait beaucoup, et il en faisait des choses avec elles! Il les pinçait, les fouettait, les attachait, leur donnait des coups de couteau, les mordait, les léchait... et ces femmes travaillaient dans ses champs sans discuter. Grand-Père ne comprenait pas. Cette femelle acceptait-elle donc si mal ce qu'il faisait avec elle sur sa couche, pour son plaisir?

– Je suppose, reprit-il, que tu voudrais apprendre à faire des pots de terre et à te servir du four à verre.

Sacajawa termina le ragoût puis, de guerre lasse, jeta la louche de bois par terre, en murmurant :

– Pourquoi?

– Eh bien... commença Grand-Père d'une voix mal assurée... Je veux dire : tu peux apprendre, reprit-il. Je te montrerai.

– Mon peuple fabrique des pots étanches avec du saule, des roseaux et de longues aiguilles de pin enduites de résine. On les remplit d'eau et on ajoute des pierres chauffées au rouge pour faire bouillir l'eau qui sert à cuire la viande, les racines, ou pour faire infuser des herbes, dit-elle, heureuse de pouvoir vanter les talents de sa tribu.

Mais Grand-Père étant resté muet, elle se dit qu'elle avait trop parlé et n'y pensa plus.

Cependant, quelques jours plus tard, elle apprit avec lui à fabriquer des vases de céramique en forme de panier en façonnant l'argile mouillée du bord de la rivière. Ils firent également des mortiers pour écraser le maïs, de couleur grise, qui tenaient bien le feu, et Sacajawa accompagna Grand-Père et Antilope à la recherche de sable de rivière propre et fin. Mélangé à certaines roches crayeuses pulvérisées et cuit dans un moule, il servirait à la fabrication de perles de couleur rouge brique, jaune moutarde, gris-vert ou bleu foncé.

– C'est une chose dont nous pouvons être fiers, dit Grand-Père, et que les autres tribus viennent nous échanger. Nous avons la bonne roche crayeuse et si les Utes nous apportent du sable blanc, les perles sont presque transparentes. Elles sont magnifiques.

– Je préfère les bleues, dit Sacajawa.

Grand-Père la regarda et s'éclaircit la gorge.

– C'est la couleur des chefs, parce qu'elle est comme le ciel sans nuage ou la rivière calme et profonde.

Il grogna et poursuivit :

– Tout comme ta pierre bleue, celle que tu caches mais que tu regardes et touches secrètement. Est-ce que le tipi de ton père se trouvait au centre du village ?

La brutalité de la question et le fait qu'il connût l'existence de la pierre bleue déconcertèrent Sacajawa. Elle détourna les yeux et baissa la tête.

– Regardez, dit-elle pour changer de sujet, les pierres que j'ai faites sont rouges, mais pas claires comme vos peintures ou les fleurs de digitale. Il y a un oiseau à l'intérieur. On dirait qu'il s'envole. Je crois qu'il essaye de sortir.

Elle rit en silence. Les pierres translucides étaient à peu près de la taille d'une petite noix.

– J'aimerais faire des perles d'un bleu profond. Les bleu clair seraient les plus belles.

Grand-Père ne se laissa pas démonter.

– Ta pierre a été trouvée parmi les roches. Nous ne pouvons pas en faire de semblables. Elle a été mise dans les rochers par le Grand-Esprit qui a décrété que seuls les grands chefs peuvent la posséder. Les pierres de ciel viennent d'un pays qui s'étend très loin vers le sud.

C'était le plus long discours qu'elle l'eût jamais entendu tenir.

Comme Sacajawa avait découvert que de nombreuses femmes hidatsas fabriquaient des bijoux dans les fours construits à flanc de colline, et que ces bijoux servaient à faire des colliers, des boucles d'oreilles et à orner les chevelures et les vêtements, sur le chemin du retour elle demanda si le rouge rouille était également réservé aux chefs.

– Bien sûr que non, répondit Grand-Père en riant. Rien de ce qu'il est possible de faire dans les fours n'est assez brillant pour eux. Tu peux porter tout ce que tu fabriques. Mais ne montre jamais ton autre pierre. Cette pierre bleue serait un outrage à notre chef. La vie te serait retirée plus vite que je ne peux couper la tête d'une truite.

Sacajawa mit alors une pierre rouge dans le sac où se trouvait déjà sa précieuse pierre bleue et donna l'autre à Antilope.

– C'est parce que tu m'as donné un nom, expliqua-t-elle. Tu vois l'oiseau qui essaye de s'échapper du verre?

Antilope était très étonnée. Les esclaves n'avaient pas coutume d'offrir des cadeaux.

– Je me suis servie de morceaux qu'on avait jetés, expliqua Sacajawa. Je n'ai pris le sable et la peinture de personne.

Antilope était heureuse, mais gênée aussi, pas tout à fait prête à reconnaître qu'elle acceptait le cadeau que lui faisait une esclave en signe d'amitié. Et pour cacher sa confusion, elle donna des ordres à Sacajawa pendant toute la soirée.

Cela n'échappa pas à Grand-Père.

– Tais-toi un peu, ma fille, lui dit-il. Sacajawa sait que tu es contente. Ce n'est pas bien de le cacher.

Il n'en dit pas davantage. Un sentiment nouveau prenait forme dans son esprit, un sentiment aussi élémentaire que les roches grises des montagnes, que l'eau sauvage des cañons. C'était comme un cadeau en échange duquel on n'attendait rien. C'était l'amour. Tout d'un coup le vieillard se sentait profondément attaché à la petite fille, comme un père à son enfant.

Désormais il lui serait impossible de considérer Sacajawa comme un simple objet sexuel.

Un lien étrange venait de les unir. Il était heureux et se sentait moins seul.

5

LE CHIEN SAUVAGE

L'hiver n'était plus très loin. Pendant la nuit, une épaisse couche de glace se forma sur le marais. Sacajawa avait gardé l'espoir que les Shoshones viendraient la délivrer. Maintenant, elle écoutait le bruit de crécelle des tiges sèches, fourreaux vides désertés par l'été le long desquels se laissaient glisser les mésanges, et son espoir diminuait à mesure que les jours s'écourtaient.

Un matin, elle se rendit compte qu'un grand événement se préparait dans la hutte. On aiguisait les haches et les couteaux sur un morceau de grès. Chasse-pour-Deux, accroupi près du feu, chauffait, tordait et redressait ses flèches. Sacajawa se demanda s'il se préparait pour une bataille et s'approcha d'Oie Bavarde qui donnait le sein à Petit Lapin.

– Que fait-il? demanda-t-elle en montrant Chasse-pour-Deux qui examinait ses flèches une à une pour s'assurer qu'elles étaient bien droites.

– Nous allons pêcher, répondit Oie Bavarde. Les perches sont rassemblées, maintenant. Nous allons les fumer et les sécher pour les échanger aux Sioux pendant la Lune des Citrouilles.

– Echanger? demanda Sacajawa.

– Oui. Ils viennent échanger des peaux de bison et d'autres animaux contre nos légumes et notre poisson. C'est une occasion de faire la fête et de se réjouir.

Ce soir-là, au milieu du village, on dansa au son des

tambours et des chanteurs. Les hommes portaient leurs vêtements de tous les jours et deux d'entre eux se détachèrent pour danser comme le poisson qui remonte le courant. Quelques enfants les imitèrent et les vieux frappèrent dans leurs mains en balançant la tête au rythme du tambour. Sacajawa, qui observait le spectacle de loin, regagna la hutte sans voir le chien, qui l'avait suivie jusqu'à la lisière du village, et s'endormit au battement monotone des tambours.

Le lendemain matin, Grand-Père décida de les accompagner. Seule Vieille Mère resterait pour s'occuper de Petit Lapin. Antilope se chargea des filets de saule, Oie Bavarde des lances, Sacajawa des arcs et des flèches. Au bord de la rivière, la gelée blanche rendait l'herbe glissante et fondait aux premiers rayons du soleil. Ils déposèrent leur matériel près des bateaux de Chasse-pour-Deux et Grand-Père s'assit au soleil pour fumer sa pipe.

Alors on s'installa dans les embarcations et on commença à descendre le courant. Sacajawa avait pris place derrière Antilope, de manière à pouvoir imiter ses manœuvres. Les deux kayacs qui arrivèrent les premiers au coude de la rivière hésitèrent, et leurs occupants crièrent à ceux qui les suivaient de faire attention : il y avait de l'eau blanche qui bouillonnait. Antilope commanda donc à Sacajawa de tendre le filet dans l'eau entre leurs deux bateaux et elles le traînèrent un moment. La pêche s'organisait et bientôt certains commencèrent à faire des prises. Oie Bavarde et Chasse-pour-Deux en avaient une douzaine, et plusieurs perches se débattaient à leurs pieds.

Sacajawa se raidit quand son embarcation franchit la courbe et se mit à danser dans le courant. A un endroit particulièrement dangereux, où un bloc rocheux jaillissait hors de l'eau, Antilope lui jeta une corde de cuir et la fillette eut toutes les peines du monde à l'attacher au bateau et à la rame. Elle avait abandonné son filet aux eaux blanches déchaînées, et dérivait maintenant au fil d'un courant beaucoup trop fort, quand Antilope tendit la corde trop brusquement. Le bateau heurta le rocher, se retourna, et Sacajawa, éjectée, fut entraînée vers la partie la plus dangereuse des rapides.

Chasse-pour-Deux cria alors à Antilope de lâcher la corde.

– Elle est perdue, hurla-t-il. Inutile de combattre le rapide! (Puis il se tourna vers Grand-Père devenu aussi blanc qu'un vieil os exposé aux intempéries, en disant :) Ce n'est qu'une femme, une Shoshone en plus, elle n'a aucune valeur!

S'emparant de la corde il la jeta alors dans l'eau et elle ne tarda pas à disparaître.

– O Grand-Esprit! s'exclama Grand-Père, tends la main à cette enfant! Viens-lui en aide!

– Est-ce que tu deviens fou? l'interrompit Chasse-pour-Deux. Ce n'est qu'une esclave. J'en amènerai une autre dans notre hutte. Les jeunes femelles ne valent rien. Viens, occupons-nous du filet emmêlé et continuons de pêcher.

C'est à ce moment que le gros chien sauta dans l'eau et rejoignit Sacajawa dans les tourbillons sauvages de l'eau blanche. Elle lui saisit la queue et le chien prit la direction de la rive, nageant de toutes ses forces. En aval s'élevait le rugissement de l'eau pulvérisée par les rochers qui se dressaient au-dessus de la surface comme les côtes brisées d'un gigantesque animal, et Sacajawa comprit qu'il lui serait impossible d'atteindre la rive. Elle s'égratigna douloureusement sur un rocher, se cogna contre un autre et s'écrasa avec violence contre un troisième. Elle plaqua alors ses mains sur la pierre glissante, libéra le chien et hurla par-dessus le grondement furieux de l'eau :

– Va-t'en, Chien!

Le chien tenta de résister, mais en vain. Déjà le courant l'entraînait irrésistiblement,et quand Sacajawa répéta son ordre, il leva bien haut la tête hors de l'eau, lui jeta un dernier regard, puis se dirigea vers la rive. Il parvint à la regagner en quelques instants et fut tiré à terre par Chasse-pour-Deux.

Les Hidatsas savaient que la petite fille ne pourrait pas tenir plus de quelques minutes, et ils coururent aussi vite que possible en amont de l'endroit où Sacajawa se retenait au rocher. En temps ordinaire, ils ne se seraient pas dérangés pour sauver une femme, surtout une esclave, mais le chien avait changé le cours des choses, et chacun se livrait à des paris sur les chances de sauver la fillette. Les femmes, quant à elles, se cachaient les yeux pour ne pas voir le moment où elle s'enfoncerait dans les tourbillons pour disparaître à jamais.

Empruntant alors une corde à un brave au large visage qui portait des boucles d'oreilles faites de coquilles de palourde, Chasse-pour-Deux la passa rapidement autour du cou et des épaules du chien, en s'assurant qu'elle ne l'étranglerait pas et ne l'empêcherait pas de nager. Puis il poussa l'animal dans la rivière.

Le chien nagea courageusement, mais il lui était impossible de progresser en ligne droite et lorsqu'il parvint à la hauteur de la petite fille, alors qu'il n'était plus qu'à quelques brasses d'elle, il fut irrémédiablement entraîné et la dépassa.

Au milieu des cris d'encouragement, Chasse-pour-Deux hala la corde, mais quand elle se tendit, l'animal, pris à contre-courant, coula à pic. Quand on le ramena, il était à demi mort. L'homme aux boucles d'oreilles en coquillages se jeta sur lui et appuya de toutes ses forces pour faire sortir l'eau de ses poumons.

C'est alors qu'ils entendirent le son étouffé et lointain de la voix de Sacajawa, mais ne comprirent pas ce qu'elle disait. D'ailleurs, ils n'y faisaient plus guère attention car ils savaient qu'elle ne pourrait plus lutter longtemps. Mais quand il entendit les cris de la petite fille, le chien, lui, dans un suprême effort, parvint à se remettre sur ses pattes et courut le long de la rive, jusqu'à l'endroit où il était entré dans l'eau quelques instants plus tôt. Chasse-pour-Deux, qui maintenant pariait sur le chien, attacha de nouveau la corde et jeta l'animal dans la rivière. Le chien cette fois résista au courant et, quand il fut exactement au-dessus de Sacajawa, se retourna d'un bloc et, à la vitesse de l'éclair, fondit sur elle. Elle le regardait venir et quand, projeté par le courant, il la heurta avec la force d'un bélier, elle tendit les bras et s'accrocha au cou de son sauveur. Sur la rive, Chasse-pour-Deux passa alors la corde autour d'un peuplier et tira de toutes ses forces. Le chien et la petite fille disparurent sous l'eau. Suffocants, projetés contre les pierres du fond, ils apparaissaient par intermittence, rebondissant parmi les écueils et les souches. Enfin, ils furent péniblement tirés sur la berge.

Quand Sacajawa revint à elle, Chasse-pour-Deux la secouait violemment d'un côté et de l'autre. Sa première pensée fut pour le chien. L'homme aux boucles d'oreilles de coquillage était accroupi au-dessus de l'animal apparemment sans vie. Meurtrie, épuisée, Sacajawa s'allongea contre lui et enroula sa robe de daim bien serrée autour de la poitrine de l'animal avant de sombrer dans un profond sommeil.

Bientôt, les belettes blanchirent et les ajoncs, au bord du marais, se couvrirent de gelée.

Au village, depuis qu'elle avait échappé à la mort, on ne voyait plus Sacajawa sans le chien. Bien qu'il ne fût pas admis dans la hutte, il semblait vivre derrière la porte, attendant la sortie de la petite fille qui continuait à lui donner à manger à l'insu d'Oie Bavarde. Elle avait appris à se servir sans demander.

Le soir, quand Chasse-pour-Deux s'approchait de sa couche, elle faisait semblant de dormir. Souvent, il n'insistait pas et rejoignait Oie Bavarde ou Antilope. Mais, un soir, il lui dit qu'elle faisait naître dans son ventre une flamme qui brûlait comme un feu de prairie. Lui caressant doucement les cuisses il ajouta :

– On pourrait se rencontrer au bord de la rivière ou au puits, et tu te coucherais pour moi chaque fois que je te le demanderais. Tu y réfléchiras et tu sentiras le même feu.

Sacajawa sentit son cœur se soulever, mais resta parfaitement immobile. Il était inutile de le repousser, car elle savait qu'il la battrait jusqu'à ce qu'elle ne puisse plus bouger.

– Tu me dois reconnaissance, car je t'ai capturée et sauvée de l'eau blanche de la rivière, lui souffla-t-il à l'oreille.

Elle haussa les épaules, et tourna la tête pour qu'il ne puisse pas voir son visage dans la lueur du feu.

Elle sentit alors contre elle sa peau rugueuse. Souples et rapides, tous ses gestes avaient l'aisance gracieuse d'un animal. Mais seule importait pour elle l'odeur rance qui se dégageait de lui et qu'elle détestait. Ses mains maintenant glissaient sur elle, sur ses épaules, sur son dos, sur ses hanches, sur ses seins, et elle se mit à haleter quand il se perdit brutalement en elle.

Quand il se redressa, il resta debout, les bras ballants. Dans la pâle lueur du feu, elle ne vit que ses yeux marron-jaune, durs et inflexibles, rivés sur elle et elle eut la certitude qu'il pensait vraiment chacun de ses mots quand il murmura :

– Tu seras toujours mon esclave.

Dès lors, Sacajawa prit bien soin de ne jamais aller seule à la rivière ou dans les bois. Le soir, elle laissait son corps fatigué se détendre, mais se raidissait bientôt à l'idée qu'il pourrait revenir, avec ses yeux comme deux charbons ardents. Il ne fallait surtout pas que son amie Antilope, qui allait bientôt mettre au monde son premier enfant, soit au courant du désir de Chasse-pour-Deux.

Sacajawa faisait désormais venir le chien dans la

hutte pour la nuit. Elle le laissait dans l'entrée et le faisait sortir tôt le matin, avant que les autres ne se réveillent. Elle restait un moment à le caresser, la tête posée sur celle de l'animal, avant de le lâcher pour qu'il aille l'attendre patiemment dehors.

Cependant la glace épaississait en amont des cours d'eau et, lors d'un bref réchauffement, un filet d'eau glissa dans le marais, ouvrant les cavernes et faisant étouffer les poissons tandis que les corbeaux attendaient tranquillement que leurs cadavres remontent à la surface.

Les réserves étaient pleines de vivres et à aucun moment les Hidatsas n'eurent véritablement faim. Mais, vers le milieu de l'hiver, leur âme se languit des petites pousses d'herbe et de la chaleur du soleil printanier. Les prairies étaient couvertes de neige et les femmes donnaient du maïs à manger aux chevaux. Sacajawa comprit alors qu'il était utile de cultiver et de conserver la récolte en prévision de l'hiver, et se souvint vaguement des graines d'herbes sauvages que sa mère avait voulu garder pour le long hiver.

Bien au chaud dans la hutte, Chasse-pour-Deux confectionnait un nouveau bouclier de guerre et plusieurs longs javelots pour la chasse à l'élan. Grand-Père restait parfois absent plusieurs jours de suite et rapportait des souris des champs et des écureuils qui venaient enrichir la soupe de légumes. Les femmes, elles, faisaient des vêtements et réparaient les mocassins.

Ce printemps-là, le Chinook souffla sur les pays de l'Ouest et l'eau de la fonte des neiges gronda dans les ravines de la prairie inondée. La glace de la rivière céda avec des claquements plus forts que ceux des mousquets et se fractura en énormes blocs blancs qui se mirent en mouvement, s'entrechoquant, se brisant les uns contre les autres, s'entassant et déposant d'énormes masses sales sur les rives inondées. Des familles entières, lasses de l'atmosphère enfumée des huttes, recommencèrent à chasser.

Quand les premières tempêtes hivernales avaient balayé les plaines, les bisons avaient entamé leur longue migration vers la Yellowstone et le Missouri, trouvant refuge au pied des falaises, dans les taillis ou les futaies. Souvent, ils s'aventuraient sur la glace fragile qui cédait sous leur poids et se noyaient par milliers. Au printemps, les énormes cadavres réapparaissaient; ils étaient rejetés sur les berges sur des centaines de kilomètres, la chair verdâtre sous la peau et toute prête, au premier jour de chaleur, à grouiller de millions de mouches, dans une puanteur écœurante que seuls les vautours, les Minnetarees et les Mandans pouvaient supporter. Quand le soleil sortait les mouches de leur sommeil hivernal, la chair était en effet si tendre qu'elle semblait prête à se désagréger. C'était une aubaine qu'il fallait saisir quel que soit son état.

C'est pourquoi les Minnetarees allèrent au bord de la rivière. Les jeunes hommes bondirent d'un bloc de glace à l'autre, se jetèrent à l'eau, réapparurent un peu plus loin, tirant les carcasses sur la rive. Les femmes se débarrassèrent de leurs robes de daim et plongèrent, nues, dans l'eau glacée afin de ramasser le bois mort qui dérivait, car le combustible était rare dans la prairie. Leur nudité ne gênait personne. L'important, c'était le bois mort et cette friandise recherchée, la viande pourrissante.

A l'exception des très vieux et des très jeunes, tout le monde était armé d'un couteau à découper et d'une cuillère de corne. Certains avaient des sacs de cuir pour rapporter la viande chez eux; d'autres de grandes plaques d'écorce qu'ils faisaient glisser sur la neige molle comme des traîneaux. D'innombrables ruisseaux dévalaient la colline et on entendait le souffle mou et chuintant que produisaient les congères en s'effondrant. Les enfants riaient et les femmes chantaient. L'hiver était bien fini.

Sacajawa lança joyeusement des poignées de neige molle à Antilope et s'enfuit en courant. Antilope essaya en vain de la rattraper.

– Ne me fais pas courir. Cet enfant dans mon ventre est aussi lourd qu'une grosse pierre.

– Est-ce que ta pierre a des jambes de grenouille? demanda Sacajawa, plissant les yeux dans la lumière du soleil.

– Oui, ce sera le coureur le plus rapide du village.

– Tu veux dire la couturière la plus rapide, plaisanta Sacajawa.

– Quand prendras-tu un mari? demanda soudain Antilope.

Le cœur de Sacajawa s'arrêta de battre.

– Je ne veux devenir la femme de personne, répondit-elle, la tête baissée.

– Pourtant, tu seras bientôt une femme et Chasse-pour-Deux te prendra peut-être pour épouse, dit malicieusement Antilope. Cela n'a pas que du mauvais. Chasse-pour-Deux est un bon mari, comparé à Kakoakis, le chef de Metaharta. Celui-là est une bête. Il frappe ses femmes avec une lanière mouillée quand elles ne lui obéissent pas et les oblige à se soumettre à tous ses guerriers. Il te materait.

– Je suis promise au fils cadet de Daim Rouge, dit Sacajawa.

– C'est un Shoshone? Tu peux être sûre qu'il a maintenant une femme qui marche en se dandinant et qu'il a oublié celle qui lui était promise.

– Je ne veux pas de mari, répéta Sacajawa d'un air buté.

– Et moi, je veux que tu sois la femme de Chasse-pour-Deux, déclara Antilope. Je veux que tu restes dans notre hutte. Vieille Mère dit que tu es la fille la plus assidue au travail de tout le village et que tu comprends vite. Tu rends notre tâche légère et tu apportes du bonheur à Grand-Père. Il raconte encore comment le chien t'a sortie de la rivière. Depuis que tu es là, il parle davantage qu'il ne l'a fait pendant de nombreuses années, et il a repris goût à tout ce qu'il peut faire à l'extérieur de la hutte.

– Je ne veux pas rester toute ma vie une squaw esclave.

– Mais les squaws libres n'en demandent pas plus. Servir leur mari et porter ses enfants suffit à leur bonheur.

Sacajawa leva la tête.

– Je ne veux pas vivre comme un oiseau en cage.

– Tu as des idées étranges. Chasse-pour-Deux te battrait s'il savait.

Sacajawa frémit, moins de peur qu'à cause de l'odeur de chair putréfiée qui imprégnait l'air. Elle se boucha le nez et fit quelques pas pour voir les Minnetarees dévorer avidement la viande tendre, enfonçant leurs cuillères dans la chair prête à se décomposer. Les enfants eux-mêmes en absorbaient de grandes quantités, le plus naturellement du monde.

Soudain, le spectacle et la puanteur l'écœurèrent. Elle s'éloigna d'Antilope et se dirigea vers les femmes qui ramassaient du bois mort. Elle se débarrassa de sa robe, plongea dans l'eau glacée et aida Oie Bavarde à attacher une corde de cuir autour d'un tronc, puis à le tirer vers le rivage. Quand elles eurent ramassé une grande quantité de bois, Sacajawa remit sa robe et reprit le chemin de la hutte tiède et enfumée.

Un bras lui enserra la taille. C'était Visage de Taureau, celui qu'elle avait baptisé Visage Balafré au moment de sa capture. Il avait une vilaine cicatrice au cou, là où le chien l'avait mordu.

– Viens! lui dit-il. Allons nous tenir chaud dans ma hutte.

Visage de Taureau eut un rire profond tout près de son oreille. Puis il la prit dans ses bras et ses mains glissèrent jusqu'à ses fesses. Il la serra contre lui.

Elle le repoussa avec dégoût. Il empestait le cadavre faisandé. La puanteur était dans son haleine et dans ses cheveux, et elle avait l'impression de respirer sous l'eau dans un marais plein de vase.

Soudain, tout près, s'éleva un grondement grave. C'était le chien.

– Sale putois à foie jaune! cracha Visage de Taureau. Cet animal est aussi collant qu'une teigne dans les cheveux.

Et il frappa Sacajawa qui roula à terre.

– Le chien est mon ami, gémit-elle en tendant le bras vers l'animal.

Mais déjà Visage de Taureau se jetait sur elle et lui posait une main sur la bouche, tandis que de l'autre il lui bouchait les narines. Sacajawa se débattit un instant, lui griffa le visage, mais le souffle lui manqua et elle dut cesser toute résistance.

C'est alors que le chien gronda de nouveau, plus près. Visage de Taureau se retourna et, le voyant s'approcher, les crocs découverts, les yeux brillants, tout son corps raidi prêt à bondir, il prit peur et détala à toute vitesse en direction des bisons morts, pourris et puants.

Mais malgré la présence et la protection du chien, Sacajawa restait sur ses gardes. Elle savait que Chasse-pour-Deux la fouetterait s'il la trouvait avec Visage de Taureau; et qu'il la fouetterait aussi si elle se soustrayait à ses désirs à lui. Le fouet était un châtiment courant chez les Minnetarees, mais pour une Shoshone, même esclave, c'était ce qui pouvait arriver de plus dégradant.

Elle se replia donc sur elle-même, confectionnant des mocassins pour les habitants de la hutte, lavant leurs vêtements dans la rivière glacée. Mais son cœur était devoré d'inquiétude. Il y avait longtemps qu'elle avait appris à refouler ses larmes, et elle savait garder un visage impassible en toutes circonstances; il lui fallait maintenant maîtriser la peur qui s'emparait d'elle chaque fois que Chasse-pour-Deux pénétrait dans la hutte. Elle n'avait que le chien. Il était sa seule consolation, l'objet de toute sa fidélité, de tout son amour, et pourtant il était complètement sauvage.

Sacajawa essayait de comprendre. Il semblait qu'il n'y eût pas de moyen terme pour lui. Il fallait qu'il soit le dompteur ou le dompté. Il n'avait aucune pitié : la pitié pouvait être confondue avec la peur, et de telles confusions entraînent la mort. Tuer ou être tué, manger ou être mangé, telle était la loi à laquelle il se conformait. Cette loi venait de temps immémoriaux. Elle était plus ancienne que le souffle qui lui donnait vie; il était enchaîné au passé qui lui imprimait son rythme puissant, et il se balançait à ce rythme, comme se balancent les marées et les saisons.

Et quand il accompagnait Sacajawa jusqu'au puits, derrière lui suivaient les fantômes de tous les loups, se repaissant de la viande qu'il mangeait, assoiffés de l'eau qu'il buvait, humant le vent avec lui, écoutant les bruits que fait la vie dans les buissons, lui dictant ses humeurs, dirigeant ses actes, dormant avec lui quand il se couchait, rêvant avec lui, et devenant eux-mêmes la matière de ses rêves. Ces loups sauvages de l'éternité l'appelaient si péremptoirement qu'il se sentait souvent poussé à tourner le dos à la fillette et à la viande qu'elle lui offrait pour s'enfoncer dans la forêt. Mais dès qu'il atteignait la terre souple, vierge, et l'obscurité verdâtre, l'amour qu'il lui portait le ramenait à l'humanité.

Seule Sacajawa le retenait. Les autres pouvaient toujours lui parler ou le caresser, il se levait et s'en allait.

Vint un matin où Sacajawa emmena le nouveau-né d'Antilope à la plage. Quand il le vit, le chien gronda et fixa le petit importun avec des yeux d'un rouge sinistre. Sacajawa sortit l'enfant de la hotte et déroula une fine peau de daim, lui tenant un long discours comme font les femmes avec les bébés. Le chien grogna de nouveau. Mais Sacajawa, sans lui prêter attention, lui tourna le dos et baigna tendrement le bébé dans l'eau peu profonde. L'enfant battait des bras, agitait les jambes et se mit à pleurer quand elle versa sur lui de l'eau froide. Elle le posa alors sur la peau de daim et l'enveloppa étroitement afin qu'il ne puisse pas bouger. S'étant assurée qu'il ne risquait pas de rouler le long de la rive, elle retira l'herbe sale de la hotte et la remplaça par de la fraîche. Elle ajusta la peau de daim qui enveloppait l'enfant et le remit dans la hotte.

Sur le chemin du retour, elle rencontra Chasse-pour-Deux à la lisière du village.

Ses yeux pleins de désir la fixaient méchamment.

– Je vais me rembourser de ta dette, dit-il en glissant la main entre ses jambes nues et en la débarrassant vivement de la hotte qu'il suspendit à une branche basse et sèche d'un peuplier proche du chemin.

Le bébé dormait. Chasse-pour-Deux prit Sacajawa par le bras et l'entraîna dans une profonde ravine à l'abri des regards. C'est alors que une nouvelle fois, le chien intervint en faveur de Sacajawa, en grondant d'une façon si menaçante que Chasse-pour-Deux n'eut que le temps de disparaître, sans demander son reste, au plus profond des fourrés.

Quelques jours plus tard, Sacajawa avait pris le bébé afin qu'Antilope puisse se reposer. Elle était assise devant la hutte, sur un monticule de poussière durcie et fredonnait une mélopée tout en berçant l'enfant. Soudain, le chien qui sommeillait à ses pieds bondit sans avertissement, en essayant de lui arracher le bébé. Le remettant précipitamment entre les bras tremblants d'Antilope, Sacajawa se jeta furieusement sur la bête en la frappant de toute sa force avec un morceau de bois mort qu'elle venait de saisir.

– Ne recommence jamais, cria-t-elle entre les coups. Si jamais tu touches encore au bébé, je te tue!

Le chien semblait comprendre, se tassant sur lui-même et fermant les yeux, sous l'avalanche des coups. La punition terminée, il se redressa très lentement, posa sur sa fragile maîtresse un regard sombre et fixe, et sans se retourner, s'éloigna en direction des bois.

Il resta absent toute une semaine. Grand-Père affirma qu'il l'avait vu dans l'ombre des saules, et qu'il s'était accouplé avec une louve de la prairie.

Chasse-pour-Deux fit alors le malin et exposa les plans qu'il avait imaginés pour se débarrasser de l'animal.

Comme Sacajawa murmurait qu'il reviendrait, Antilope s'écria :

– Non! Ce chien est un monstre. Il tuera mon bébé.

– Il ne fera aucun mal à ton bébé, répondit Sacajawa. Il est seulement un peu jaloux. Regarde, il n'a jamais touché Petit Lapin.

– Petit Lapin était déjà là quand il est arrivé, continua-t-elle. Ce sont les nouveaux venus qu'il n'aime pas.

Et un matin, Sacajawa le rencontra au bord de la rivière. Il était sombre, méfiant, semblant se demander comment il serait accueilli. Sacajawa lui jeta de l'eau, lui prit la tête entre les mains et posa tendrement la tête sur la sienne. Alors pour la première fois, furtivement, il lui lécha le visage, d'un bref coup de langue.

Quand il revint au village, un peu plus tard, il alla droit au bébé qui était suspendu à un arbre dans sa hotte. Après l'avoir flairé, il lui jeta un regard interrogateur comme s'il essayait seulement de comprendre ce que pouvait bien avoir de séduisant une créature aussi petite et désarmée, et, s'étant détourné, n'y prêta plus aucune attention.

Aussi, petit à petit, Antilope devint moins méfiante et accepta même que la hotte de l'enfant fût appuyée contre un arbre quand le chien était allongé par terre, à condition que Sacajawa ne soit pas loin.

Un jour, après avoir fait le grand nettoyage de la hutte, Antilope sortit pour ramener le bébé à l'intérieur, mais il avait disparu. La hotte était vide... Sacajawa tannait des peaux d'élan de l'autre côté de la hutte. Oie Bavarde et Petit Lapin plantaient du maïs et des haricots dans le champ. Vieille Mère prenait le soleil, à demi assoupie, et non loin de là, le chien dormait à l'ombre d'un peuplier. Quant à Grand-Père, il était allé regarder les jeunes gens faire galoper leurs poneys dans l'herbe à bison toute neuve.

Affolée, Antilope regarda d'un côté et de l'autre de la hutte. Sa gorge se serra et elle poussa un hurlement.

Chasse-pour-Deux sortit de la hutte en courant. Il tenait encore les plumes qu'il était en train de fixer à l'empennage de ses flèches neuves. Antilope, pâle comme une morte, se précipita vers lui en sanglotant, folle d'une peur hystérique, lui martelant la poitrine de ses poings, lui faisant comprendre entre ses cris et ses larmes qu'un coyote s'était sûrement emparé du bébé et l'avait dévoré vivant.

– C'est impossible, s'exclama Sacajawa en jetant un regard au chien, aucun coyote n'a pu approcher puisque le chien montait la garde.

A ces mots Antilope courut vers le chien. Il avait le poitrail et la gueule couverts de sang, et semblait gronder, non de colère mais plutôt de surprise, comme si on l'avait tiré d'un lourd sommeil.

– Affreuse bête! hurla Chasse-pour-Deux en s'approchant pas à pas.

Mais le chien les regardait avec indifférence, et s'étant remis sur ses pattes leur tourna tranquillement le dos et s'éloigna.

Ebahie, Sacajawa qui regardait l'un, puis l'autre, se dirigea vers le chien pour le rattraper. Mais Chasse-pour-Deux fut plus rapide. Il bondit sur la bête, plongea son couteau dans la poitrine tendre de l'animal en le tournant plusieurs fois pour l'enfoncer plus profondément.

Frappé à mort le chien s'effondra, secoué de violents

tremblements et ne bougea plus. Le couteau dans la poitrine, il gardait ses grands yeux ouverts pleins de tristesse et d'étonnement.

Dans le silence, on entendit soudain un petit cri qui fit se retourner tout le monde. A quelques pas, un coyote mort baignait dans une mare de sang juste derrière l'endroit où s'était trouvée la hotte. Sain et sauf, le bébé, sale et crotté, pleurait. Il avait faim, et était là, presque entièrement caché sous un vieux bateau au rebut. Le chien l'avait sauvé.

A l'instant même où Antilope, sanglotante, courait éperdument vers l'enfant, Sacajawa se jetait sur Chasse-pour-Deux avec la fureur de ceux qui n'ont plus rien à perdre. De toute la force de son désespoir, elle se mit à le frapper, le forçant à reculer et à s'éloigner du cadavre du chien.

Puis, se détournant de lui avec dégoût, comme folle, elle se jeta sur le corps de son chien, serrant convulsivement sa grosse tête entre ses bras. On avait tué en elle toute raison de vivre.

– L'esclave qui bat son maître et laisse un chien sauvage souiller sa hutte est impardonnable, déclara Vieille Mère, les yeux sombres et fixes.

Sans un mot, Sacajawa se releva. Elle alla chercher sa couverture dans la hutte et y étendit le cadavre du chien, et comme Chasse-pour-Deux s'asseyait par terre et se mettait à rire doucement, d'un rire incontrôlable, elle se retourna vers lui et avec un calme effrayant dit simplement :

– Si tu dis un seul mot, je te tue. Les autres aussi.

Son rire s'arrêta net.

– Jamais aucune femme n'a parlé ainsi à un guerrier hidatsa, déclara-t-il entre ses dents.

Mais il n'ajouta rien.

Avec le plus grand soin, Sacajawa entreprit alors d'attacher la couverture avec des cordes trouvées dans la hutte. Après quoi, traînant son lourd fardeau, elle traversa le champ et se dirigea vers le bois de saules. Là, elle le hissa sur les branches d'un vieux sycomore. Elle s'arracha les cheveux par poignées, se griffa le visage jusqu'au sang et déchira sa tunique. Puis, en gémissant, elle ramassa de la poussière et s'en recouvrit le crâne et les joues. Elle s'accroupit enfin et, en se balançant, sans cesser de pleurer, les yeux révulsés, elle cria tout le jour, en se lacérant la chair et les vêtements.

Le soir venu, Chasse-pour-Deux décida qu'il fallait s'en débarrasser. Elle ne pouvait plus rester ici.

– Mais où peut-elle aller? demanda Antilope.

– Je crois que Mocassin Noir, notre vieux chef, la prendrait, dit Grand-Père qui avait jusque-là prié en silence pour le repos de l'esprit du chien mort.

– Il a déjà beaucoup d'esclaves, remarqua Vieille Mère.

– Donne-là à Visage de Taureau. Le désir de posséder une esclave le dessèche, glissa Oie Bavarde.

– C'est la Lune de la Grande Foire, dit Chasse-pour-Deux qui paraissait inquiet. Il y a beaucoup à faire et il ne serait pas bon que la fille garde le deuil. Le village n'aimera pas cela. Si elle ne revient pas à la raison, nous devrons mettre un terme à ses allées et venues.

– C'est ton affaire, conclut Vieille Mère en regardant attentivement Chasse-pour-Deux. C'est toi qui nous l'a amenée.

Dehors on entendait toujours les hurlements de Sacajawa.

Antilope serra son fils contre elle.

– L'esprit de la bête sauvage va-t-il nous tuer parce que nous n'avons pas cru en lui? demanda-t-elle.

C'était une idée nouvelle.

– Qu'en penses-tu, Vieille Mère? dit Oie Bavarde.

– Je n'en sais rien, répondit l'aïeule. Mais les forces qui ont fait agir le chien seront peut-être mécontentes de sa mort. Peut-être serait-il sage de faire une offrande, pour que l'esprit du chien sache que personne, dans notre hutte, ne fera plus jamais de mal à un chien sauvage. Si nous entassons beaucoup d'os d'animaux dans le bois de saules, sous l'arbre où la fille a mis le corps de la bête, le soleil, la lune, les arbres et les animaux vivants verront et comprendront que nous voulons du bien à son esprit.

– Et pourquoi comprendraient-ils? demanda Grand-Père.

– Ils comprendront, répliqua Vieille Mère.

Aussi, les femmes de la hutte de Chasse-pour-Deux firent-elles un tas d'ossements aussi haut que les branches qui soutenaient les derniers restes terrestres de l'animal et posèrent-elles un gros morceau de viande fraîche d'ours au sommet du monument pour que jamais plus l'esprit du chien ne connaisse la faim.

Au matin, on trouva Sacajawa assise entre les rayons de maïs. Elle répétait que le chien la regardait, assis à sa place habituelle près du bois de saules.

6

Si les Indiens ne se trompent pas, c'est à la fin des années 1630 qu'ils commencèrent à se rendre à la grande foire à la fourrure de Montréal et à en revenir avec les marchandises des Blancs. Progressivement, les tribus apportèrent de la viande et des fourrures aux villages du Missouri supérieur pour les échanger contre du maïs, des haricots et des citrouilles. En dépit de la concurrence et des guerres fréquentes entre tribus, les Hidatsas parvinrent à conserver le contrôle d'une grande partie des échanges, grâce à la position favorable qu'ils occupaient sur le cours supérieur de la rivière. Depuis de nombreuses années, les Britanniques faisaient transiter leurs marchandises par chez eux, ce qui augmenta l'importance de leurs villages qui rivalisèrent bientôt avec les premiers comptoirs de la fourrure du lac Supérieur, du lac des Pluies et du lac des Bois. La foire, organisée par les Indiens, s'y déroulait à intervalles réguliers.

MARIA SANDOZ, *The Beaver Men,* 1964.

LA GRANDE FOIRE

Bien avant l'aube, le battement des tambours s'éleva au centre du village. La Lune de la Grande Foire était à moitié passée. Pendant la nuit, les Sioux Yankton avaient dressé leur camp dans les environs. Les Hidatsas envoyèrent des éclaireurs leur souhaiter la bienvenue et leur offrir l'hospitalité. Un grand camp de Sioux arriverait trois jours plus tard et d'autres tout de suite après. Les femmes du village étaient très occupées, car il fallait préparer la nourriture et les cadeaux de bienvenue pour les milliers de participants à la grande foire des villages du Haut-Missouri.

Autrefois, les tribus de chasseurs venaient des vallées, des montagnes lointaines et de la baie d'Hudson. Les Canadiens français apportaient des couvertures de laine, des haches, des poinçons et des bandes d'étoffe multicolores, les Ojibwas des médailles décoratives, des maillets, des pointes de lance, des couteaux et des pointes de flèche de cuivre, les Utes des peaux de mouton et de chèvre des montagnes et les cornes pleines du sable blanc et cristallin qui servait à la fabrication des perles. Les Crees présentaient des peaux de martre et de lion des montagnes, et une quantité de plantes et d'herbes médicinales : sauge rouge, bergamote, menthe, valériane, camomille, armoise, aulnée, aigremoine, sanguinaire, sassafras, aconit, cascara, digitale, stramoine, lobélie, catalpa et pirole. Les Apaches offraient de l'obsidienne pour les pointes de javelot et de flèche, d'autres tribus des coquillages marins et de l'ivoire de phoque. Celles du Nord, enfin, venaient avec de la viande séchée, du loup d'hiver, et parfois même des bois de renne, des peaux d'ours blanc, de renard et de caribou.

Et tous repartaient avec du maïs, des haricots, des citrouilles, des courgettes, du tabac, des peaux d'élan et de bison finement travaillées, des billes, des perles de verre... et l'espoir de revenir là où tout le monde vivait en paix pendant une lune entière.

Le cinquième jour après la mort du chien, Grand-Père réveilla Sacajawa avant le lever du soleil. Elle avait encore le visage couvert de cendres de deuil et, bien qu'elle se fût remise aux tâches domestiques, on l'avait encore aperçue dans le bois de saules pendant la nuit, et elle ne voulait plus parler à Chasse-pour-Deux.

– Coiffe tes cheveux en deux nattes, dit Grand-Père, et sépare-les par une ligne rouge. Mets aussi du rouge dans tes oreilles. Lave-toi le visage, dessine des ronds jaunes autour de tes yeux et rejoins-moi devant l'entrée de la hutte du conseil. Si tu as des choses de valeur ou des bijoux auxquels tu tiens, mets-les dans un sac et cache-le sous ta tunique. Tu viens à la foire avec moi.

Tandis que Sacajawa se préparait, Grand-Père s'allongea, la tête sur les cuisses d'Antilope. Avec une grande dextérité, elle le débarrassa de la vermine qui grouillait dans ses cheveux. Elle écrasait les énormes bêtes rampantes entre ses dents et les gardait dans la bouche jusqu'à ce qu'il y en ait assez pour former une boule grosse comme une noix, qu'elle crachait. Puis elle lui colla les cheveux en mèches avec de la résine de pin et enduisit le tout d'argile blanche, de graisse et de raies de peinture rouge.

Sacajawa était heureuse que Grand-Père l'eût choisie pour rapporter à la hutte le produit de ses échanges. Peut-être la foire allégerait-elle son cœur lourd. Mais elle se demanda pourquoi il prenait la peine de se faire aussi beau et pourquoi il lui avait ordonné de se parer elle aussi et d'emporter ses trésors.

Discrètement, elle sortit le petit sac de sous sa couche. A l'intérieur, se trouvaient la pierre bleue sur son fin lacet, la pierre rouge rouille et une plume d'oie canadienne, presque noire, qu'elle avait trouvée au bord de la rivière au printemps précédent. Elle avait des reflets verts au soleil, et Sacajawa se demandait si l'oie était allée au sud du couchant, là où vivait son peuple.

Grand-Père et Sacajawa traversèrent le camp et se dirigèrent vers la foire, installée dans la prairie. Non loin de la hutte, une caille siffla dans l'herbe; un souffle de vent frais fit frémir l'herbe à bison couverte de rosée, puis mourut. Une troupe de nuages gris arriva par le nord. Lentement, une partie du ciel prit une teinte gris perle. Plus bas, il restait une étroite bande claire, verte comme un lac profond. Au-dessous, exactement sur l'horizon, s'étendait une mince ligne jaune. Sacajawa regarda le soleil se lever et la paix de l'aube pénétra en elle.

La fièvre des jours précédents, la mort, la peur, lui parurent soudain irréelles. Elle eut l'impression de pénétrer dans un monde sans conflits. La brise lui rafraîchit le visage; une odeur de sauge la revigora. Les bruits familiers de la prairie, malgré le murmure inhabituel des hommes qui s'assemblaient pour la journée, la calmèrent. Les Chippewas charriaient des sacs de riz; partout, il y avait des Indiens chargés de paquets. Puis elle entendit des cris, des ordres, des avertissements : « Place! », « Attention où tu mets les pieds », « Montre ton grain ». Il y avait des hordes d'enfants aux pieds nus, aux yeux immenses, des éclats de rire, des yeux brillants d'excitation, des dents blanches dans des visages bruns, des corps souples, nus jusqu'à la ceinture, des chevelures ébouriffées par le vent...

Sacajawa suivit Grand-Père à la distance prescrite, jusqu'à un cercle de braves qui avaient déjà commencé les échanges. Elle s'approcha pour voir ce que les hommes avaient à proposer. Grand-Père examina les hommes, puis s'approcha d'un Ahnahaway au visage rude, aux cheveux sales enduits d'argile rouge et de suif. Les Britanniques appelaient les Ahnahaways, cousins des Minnetarees, Westersoons, et les Français les nommaient Souliers-Noirs. Grand-Père tira l'Ahnahaway par la manche de sa chemise et, quand il eut attiré son attention, montra Sacajawa en faisant des gestes évocateurs avec les mains. Sacajawa s'immobilisa. Le visage de L'Ahnahaway s'éclaira, puis après l'avoir examinée pendant un moment il dit :

– Viens, j'ai quelque chose qui te plaira.

L'Ahnahaway sortit une cage de saule tressé d'une pile de peaux d'élans. Elle contenait un corbeau noir qui fit : « Haw » sur un ton rauque et moqueur quand l'homme lui enfonça un doigt dans le flanc.

Il y avait comme une lueur vicieuse dans l'œil rusé de l'oiseau et un monde de sournoiserie dans l'inclinaison malicieuse de sa tête. L'Ahnahaway lui donna des petits morceaux de viande séchée et des graines de tournesol. Tout autour, on entendait le bourdonnement des conversations et des marchandages. Sacajawa se tourna alors, comme pour s'en aller, mais Grand-Père lui saisit le poignet.

– Le corbeau vit aussi longtemps que l'homme, dit l'Ahnahaway en regardant la petite fille. As-tu une idée de l'âge de celui-ci?

– Il a l'air assez vieux pour renoncer à chasser sa nourriture, dit Grand-Père. Rejoindra-t-il ses congénères à l'automne?

– Non, pas lui. Il sait ce qui est bon. Il est devenu paresseux.

– Haw! railla le corbeau prisonnier.

Manifestement l'oiseau plaisait à Grand-Père.

– Mon petit-fils le portera sur l'épaule et on l'appellera Corbeau Noir dans sa tribu. Peut-être lui apprendra-t-il à parler. C'est un jour à ne pas oublier.

– Oui, c'est un oiseau intelligent. Il sera facile de lui apprendre.

– Alors, c'est entendu, conclut Grand-Père. Cette esclave shoshone est à toi et l'oiseau est à moi.

– Ce n'est pas possible, dit Sacajawa, tremblante. J'habite ta hutte. Que dira Chasse-pour-Deux?

Grand-Père prit un air de chien battu :

– Lui et Vieille Mère auront beaucoup à dire, je sais.

– Et Antilope? Et Oie Bavarde? demanda Sacajawa.

– Elles s'y feront. Tu dois aller avec lui.

– Est-ce que mon travail ne te convient pas?

– Non, ce n'est pas ça. Mais Vieille Mère a pris une décision, et Chasse-pour-Deux devait la mettre à exécution ce soir. Celle qui pleure la mort d'un chien sauvage comme celle d'un parent est tabou. On parle beaucoup dans le village. Si tu rentres avec moi ce soir à la hutte, tu dormiras pour toujours auprès de ton chien.

Et pour qu'il n'y ait pas d'équivoque, il se passa le doigt devant la gorge.

Sacajawa resta un long moment silencieuse. Ses jambes tremblaient.

– Tout ce que je sais des Ahnahaways, c'est qu'ils mangent des vers.

– Ce n'est pas comme les Hidatsas qui se mangent entre eux, répliqua Grand-Père.

Soudain, Sacajawa remarqua qu'il avait les yeux cernés par le manque de sommeil et les lèvres rouges.

– Il faudra qu'elle me traite avec respect, dit l'Ahnahaway.

– Elle ne te critique pas, grogna Grand-Père en baissant les yeux. Tu ferais mieux de t'en aller avant que je ne change d'avis.

Alors, comme s'il craignait de voir fléchir sa propre détermination, il prit la cage contenant l'oiseau et, ayant tourné les talons, s'éloigna sans un mot.

Sacajawa le regarda disparaître dans la foule.

– Allez, viens, dit l'Ahnahaway.

– Est-ce que tu m'emmènes dans ton village?

– Oui, mais pas tout de suite. Je suis venu pour m'amuser. Nous aurons tout le temps de parler. Prends les peaux d'élan et suis-moi.

Ils allèrent assister alors à un jeu de flèches. Il s'agissait d'en tirer le plus possible en l'air avant que la première ne retombe par terre. Sacajawa, en dépit de son trouble, éprouva avec étonnement une légère sensation d'excitation. Quant à l'Ahnahaway, il manifestait bruyamment son admiration pour les participants.

– Le gagnant emporte tout! cria quelqu'un en plaçant quatre magnifiques flèches à l'intérieur d'un cercle tracé dans la poussière.

Aussi quand un joueur Ojibwa mit en jeu une boîte

de kinnikinick mélangé à du suif, son tabac et un couteau de cuivre à longue lame luisante, l'Ahnahaway fut incapable de se contenir :

– Mets les peaux dans le cercle, dit-il.

– Toutes? demanda Sacajawa.

– Oui. Et assieds-toi dessus, répondit-il.

– Pourquoi? Je ne vais pas me sauver.

– Tu es la femme la plus bavarde que j'aie jamais rencontrée. J'aime qu'une femme n'ouvre la bouche que pour manger, et encore, pas trop grande.

Quand Sacajawa fit ce qui lui avait été ordonné, il y eut un tonnerre d'acclamations dans l'assistance. Sans plus attendre, l'Ahnahaway se saisit de l'arc et décocha sept flèches vers le ciel. C'était la meilleure performance. Il passa donc le couteau dans sa ceinture, rangea les quatre flèches dans son carquois de cuir et dit à Sacajawa de le suivre avec le reste du butin.

– Un moment! cria un homme qui avait des poches sous les yeux et la peau détendue sur les méplats sombres de son visage.

Le nouveau venu posa deux magnifiques queues de belette dans le cercle puis demanda à l'Ahnahaway de remettre en jeu le grand couteau de cuivre, les peaux et la fille. Le concours n'était pas terminé. L'homme s'empara de l'arc et éprouva plusieurs fois la tension de la corde. Il y avait dix flèches dans le carquois qu'il portait sur le dos. Alors il écarta légèrement les jambes et fléchit les genoux. La foule se tut quand il décocha ses flèches. Une, deux, trois, quatre, cinq, six, sept, huit, neuf... et la première se ficha dans le sol. L'homme parcourut l'assistance du regard, attendant que quelqu'un se propose de faire mieux.

Personne ne bougea. Il ramassa ses queues de belette, les leva vers le ciel, puis les abaissa vers la terre avant de les tendre lentement vers chacun des points cardinaux. Puis il partit d'un grand rire et d'innombrables petites rides s'entrecroisèrent sur son visage en un réseau complexe et doux.

Cet homme était le nouveau propriétaire de Sacajawa.

Le couteau de cuivre parut lui plaire et il le glissa sous sa ceinture de cuir. Il posa la boîte de tabac au centre de la peau de bison avec les quatre flèches à pointe métallique, puis le tout au milieu des peaux d'élan. Il roula soigneusement l'ensemble et tendit le paquet à Sacajawa.

L'Ahnahaway les regarda faire.

– J'ai entendu son propriétaire hidatsa l'appeler Sacajawa, dit-il. C'est un nom qui lui convient, elle jacasse comme une pie. Je te souhaite la santé.

Sacajawa suivit son nouveau propriétaire parmi les groupes de marchands. Ils dépassèrent les jeux de hasard et quelqu'un cria :

– Flèche Rapide, viens nous montrer comment tu fais !

Il fit un signe de la main, mais poursuivit son chemin. Ils traversèrent le camp des Assinibouins, puis celui des Sioux Oglalas. Au village suivant, ils s'arrêtèrent près d'une source, burent, puis se remirent en route sur la terre meuble.

Le visage de Sacajawa restait impassible, mais ses pensées se bousculaient et les mouches la tourmentaient. Elles ne semblaient pas gêner le Metaharta. Peut-être avait-il une bonne couche de graisse d'ours sur le corps. Antilope, les enfants et Oie Bavarde, Vieille Mère, Grand-Père et même Chasse-pour-Deux allaient lui manquer. Elle se demanda si les femmes agaidükas apprendraient qu'elle avait été échangée contre un corbeau, puis gagnée par un Metaharta à un jeu de flèches. Probablement pas... Soudain, elle se rendit compte que l'espoir d'être libérée par son peuple venait encore de s'amenuiser un peu plus.

Le soleil était au milieu du ciel quand Sacajawa aperçut un troupeau de chevaux près d'un village de huttes rondes semblable à celui qu'elle venait de quitter, et lui aussi entouré d'une clôture de pieux. Flèche Rapide lui fit franchir la porte et la guida dans un labyrinthe de sentiers qui serpentaient entre les monticules de terre, jusqu'à une hutte où il la fit entrer.

La pièce était obscure. Trois femmes travaillaient près du feu de bouse de bison qui brûlait au milieu de la pièce. Il y avait également un vieil homme et plusieurs enfants. La disposition intérieure de la hutte était familière, avec les couches en cercle le long des murs noirs de fumée. Devant chaque lit se dressait un pieu surmonté d'une tête d'antilope, de daim ou de bison. Sacajawa posa les gains de Flèche Rapide près de lui lorsqu'il s'assit sur un siège fait de courtes bûches recouvertes de peau d'élan.

Les enfants cessèrent de faire du bruit et les adultes s'assirent, les jambes croisées, autour du feu, les yeux fixés sur Flèche Rapide. Alors il se leva, dénuda sa poitrine aux tatouages bleus et se mit à tirer sur une pipe ornée de nombreuses plumes d'aigle, avec un sourire satisfait, mais sans cruauté ni lubricité.

– Ma mère et mon père, ma sœur et ma femme, mes enfants, ce guerrier, commença-t-il en se désignant, a rapporté un nouveau couteau avec lequel ma femme pourra plus facilement dépecer le bison. J'ai aussi la peau d'un jeune bison, elle est pour Suce-son-Pouce.

Un garçon d'environ trois ans leva la tête des genoux de sa mère, sortit son pouce de sa bouche, trottina vers Flèche Rapide et rapporta la peau sur les genoux de sa mère.

– Voici une boîte de tabac. Elle est pour ma mère.

Une squaw entre deux âges tendit deux mains durcies par le travail, et s'empara de la boîte. Un large sourire éclaira son visage. Son nez aplati, sa bouche pleine et son front bas étaient typiquement metahartas, mais le brun intense de sa peau était tempéré par de chauds reflets cuivrés. Du sang blanc coulait dans ses veines. De nombreux Mandans et quelques Minnetarees portaient la marque de la graine des marchands français, peut-être même des Gallois qui étaient venus longtemps auparavant.

– Je garderai pour moi les quatre belles flèches à pointe métallique. Les peaux d'élan, je les donne à ma sœur qui pourra se faire des mocassins et une robe. Et voyez-vous cette fille qui n'est pas de notre peuple, mais qu'on appelle Sacajawa? Je la donne à mon vieux père pour qu'elle apporte un peu de lumière dans sa vie. Quand il n'aura pas besoin d'elle, ma jeune femme, qui a beaucoup de mal à garder tous ses enfants auprès d'elle, pourra l'utiliser.

Quelqu'un ricana : c'était la sœur. Elle se cachait le visage avec les mains et se balançait lentement d'un côté puis de l'autre. Sacajawa regarda la jeune fille qui se balançait, puis le père qui frémissait de satisfaction et fixait sur Sacajawa un regard plein de convoitise. Elle eut un haut-le-cœur.

– Elle me lavera tous les matins, dit le vieillard, elle me frottera le dos et les pieds avec des herbes douces. Elle m'apportera ma pipe et me tiendra chaud aux os. Ce sera beaucoup mieux qu'une peau de bison à la Saison des Vents Froids. (Il eut un rire plaintif et haut perché :) *Yeeewooo,* nous allons voler sur ce vent.

Sacajawa frissonna, une colère brûlante s'emparait d'elle. Jamais elle ne réchaufferait ce vieillard! Elle en serait incapable.

D'une voix douce, la jeune femme, Bouton de Rose, la rassura :

– Il te fait marcher. Viens prendre le bébé.

Son visage paraissait amical. Sacajawa la fixa un instant puis prit lentement place parmi les enfants et berça le bébé aux cheveux noirs, qui cessa de pleurer quand elle lui posa la tête au creux de son épaule. Elle se détendit un peu et remarqua que le bébé serrait un de ses doigts dans sa petite main. Sacajawa regarda la jeune mère qui tressait en souriant de longues tiges d'herbe qu'elle attachait autour de la taille de la petite fille afin de tenir sa courte tunique. Chacun semblait avoir repris son occupation et Flèche Rapide était sorti de la hutte. La mère tournait le contenu d'un grand pot de terre posé sur le feu. Bouton de Rose prit une autre petite fille sur ses genoux et souffla à Sacajawa que la mère s'appelait Sauterelle et le père Pipe Rouge. Pipe Rouge était tourmenté.

– Tourmenté par qui? demanda Sacajawa.

– Par les esprits. Il est hanté. (Elle montra sa tête.) Il ne sait pas toujours ce qu'il fait. Notre peuple a beaucoup d'estime pour lui. Il parle au monde des esprits. Il est respecté parce qu'il ne parle pas avec son intelligence. Traite-le bien.

Sacajawa regarda de nouveau le vieil homme ratatiné.

– Il parle aux esprits dans la colère, et alors il dispute et frappe tous ceux qui sont près de lui, poursuivit Bouton de Rose. Mais ce sont les esprits qui frappent, pas lui, et quand il ne leur parle plus il redevient lui-même.

– Tiens, petite, porte cela à Pipe Rouge, dit Sauterelle en tendant à Sacajawa une citrouille sèche à demi pleine de soupe.

La fillette prit l'écuelle et se dirigea vers le coin où le vieil homme suçait sa pipe. Son cœur se mit à battre quand il la regarda avec ses yeux entièrement bordés de blanc et qui semblaient presque lui sortir de la tête.

Sacajawa servit de la soupe dans des bols de citrouille à Bouton de Rose et à ses enfants, à la sœur, Trèfle Sucré, qui n'avait pas cessé de se balancer, puis à Sauterelle. Quand l'homme eut terminé, les femmes commencèrent à manger. Puis on donna un bol à Sacajawa. Elle remarqua alors que Sauterelle était belle avec sa tunique ornée de perles et d'épines de porc-épic colorées, avec aux poignets ses bracelets de roseau tressé teints de couleurs vives.

Sacajawa croyait qu'elle n'avait pas faim, mais

quand elle porta la cuillère à sa bouche, elle ne put résister à l'odeur, douce et parfumée. A son tour, elle vida son bol en quelques cuillerées. Elle savait, cette fois, qu'après avoir mangé la soupe de maïs, elle serait considérée comme membre à part entière du village.

– Veux-tu encore de la soupe? demanda Sauterelle. Je crois que tu as eu une journée bien remplie. Il faudrait que tu te reposes. Ce lit est inoccupé et Trèfle Sucré a une couverture de trop.

Un instant plus tard, la couche était prête et Sauterelle retirait les mocassins de Sacajawa. Surprise, Sacajawa regarda la femme du coin de l'œil.

– Tu es si petite et fragile, s'exclama Sauterelle. Ces hommes n'ont pas de cœur. Tu mourais de faim et ils ne pensaient qu'à jouer! Je suis contente que tu sois ici. Regarde, tu as les mains couvertes de corne. Tu as travaillé dans les champs des Ahnahaways?

– Non, dans ceux des Hidatsas.

Sauterelle fit claquer sa langue et caressa la joue de Sacajawa.

– Ce sont des sauvages, tous autant qu'ils sont. Tu seras mieux chez nous. Maintenant, dors.

7

Toussaint Charbonneau naquit à Montréal, aux environs de 1759, d'une mère sioux et d'un père canadien français. Son frère et lui furent marchands et trappeurs pendant quelque temps, du lac Ontario au lac Supérieur et dans la région de la baie de James. Finalement, parti du lac des Bois, il descendit le bras nord de la rivière Rouge, gagna le Missouri supérieur, à l'ouest, et s'installa chez les Minnetarees.

Le premier portrait que l'on ait de lui, dans le journal du marchand John Mac Donnell, le montre déjà très porté sur les jeunes femmes indigènes. Il était l'un des trois hommes qui, quelques années plus tôt, étaient partis courtiser « la fille de Foutreau, une véritable beauté ». Deux mois plus tard, une vieille Indienne, surprenant Charbonneau alors qu'il violait sa fille, lui donna un coup de pagaie si bien appliqué que c'est à peine s'il put regagner son propre canoë.

Il y avait environ dix ans que Charbonneau se trouvait dans la région de Winnipeg et du Missouri supérieur, et presque cinq ans qu'il habitait le village minnetaree de Metaharta quand Mac Donnell le rencontra. Les Indiens de la région le connaissaient bien et lui avaient donné au moins cinq noms, tous légèrement ironiques : Chef-du-Petit-Village, Celui-Qui-Possède-de-Nombreuses-Bouteilles, Grand-Cheval-Venu-De-Loin, Ours-De-La-Forêt et un autre, assez grossier, que l'on traduit en général par Homme-A-Femmes mais qui signifie littéralement : Partie-Virile-Jamais-Molle.

JOHN BAKELESS, *Lewis and Clark, Partners in Discovery,* 1947.

TOUSSAINT CHARBONNEAU

Sacajawa fut autorisée à se reposer jusqu'à ce qu'elle ait retrouvé toutes ses forces. Elle passa la matinée à rêvasser sous les couvertures et se rendit compte qu'elle aurait pu tomber plus mal. Elle examinait le nouveau monde qui l'entourait. La hutte était propre, le sol recouvert de sable de rivière frais. Les vêtements étaient soigneusement pendus à des chevilles fixées aux quatre piliers soutenant le toit. Autour du feu ne traînaient ni légumes pourris ni restes de viande. Tout le monde travaillait, sauf la grande fille, Trèfle Sucré, qui se balançait toujours, le regard vide.

Les yeux de Trèfle Sucré étaient semblables à ceux du père, entourés de blanc et prêts à sortir de la tête. Ses mouvements étaient lents et sans but. Ses oreilles n'entendaient pas ce qui se passait autour d'elle et elle riait sans raison.

Au début de l'après-midi, Sauterelle apporta à Sacajawa un plateau chargé de viande séchée et de citrouille cuite.

– Mange, dit-elle. Maintenant, tu es des nôtres.

Sacajawa enfila sa tunique et se mit à manger. Trèfle Sucré vint s'asseoir sur sa couche. Tout en tenant un discours sans suite, elle prit un peu de la viande de Sacajawa. Elle sourit et dévisagea la petite fille. Par signes elle indiqua que Sacajawa était jolie.

– Allez, dehors! dit Sauterelle. Va jouer avec les enfants.

Trèfle Sucré fit la grimace, mais elle s'en alla. Les enfants, Suce-son-Pouce, Demi Lune, Cheval Affamé et Mésange la suivirent. Mésange, encore très jeune, rampait plus qu'elle ne marchait.

– C'est ma fille cadette, dit Sauterelle en pointant son index vers la porte que Trèfle Sucré venait de franchir. Elle ne grandira jamais.

– Est-ce qu'elle est hantée? demanda Sacajawa.

– Oui, mais son tourment n'est pas venu avec l'âge, comme pour Pipe Rouge. (Sauterelle passa la main sur ses yeux humides.) Ne t'approche pas de Kakoakis, notre chef borgne.

– Pourquoi est-il borgne?

– Je crois qu'une de ses femmes lui a arraché l'œil.

Le visage simple et large de Sauterelle s'éclaira d'un sourire qui allait d'une oreille à l'autre.

– Je veux que tu sois ma fille, reprit-elle impulsivement. Qu'est-ce que tu en dis? Cela te fait-il plaisir?

Sacajawa avait onze étés et terriblement besoin d'amour. Pourtant, elle resta sur ses gardes. Alors Sauterelle prit le plateau et le posa par terre. Elle fit signe à Sacajawa de s'asseoir plus près d'elle et serra l'enfant contre sa poitrine plantureuse.

– Il fait bon vivre dans notre hutte, ma fille. Il n'y a qu'une chose... Ecoute bien. Cet animal de Kakoakis s'est dressé contre notre hutte. C'est le chef, et certains le croient sage. Il est plein de santé et d'énergie. Un jour, il est venu demander à notre fille cadette de rendre visite à sa jeune femme. Selon lui, elle se sentait seule. Avec la gentillesse dans nos cœurs et de la reconnaissance pour le chef qui nous faisait un honneur particulier, nous avons habillé Trèfle Sucré de ses plus beaux vêtements et l'avons laissée partir avec lui. Elle fut remplie de peur quand elle découvrit qu'il avait la langue fourchue. Il y avait plusieurs hommes dans sa hutte, et Loup, le chef des Mandans. Son épouse ne se sentait pas seule : il y avait d'autres femmes dans sa hutte. Mais ce jour-là Kakoakis était le seul homme sans femme et il choisit Trèfle Sucré. Il nous avait trompés.

Sauterelle se tut un instant. Puis elle poursuivit :

– Trèfle Sucré ne se démonta pas et regarda autour d'elle, cherchant une arme, et elle frappa Kakoakis avec son propre casse-tête de guerre. Elle se dressa devant lui, grande et forte. Jamais coup n'eut une telle puissance !

Elle reprit son souffle :

– Ç'aurait été le premier d'un grand nombre de coups mémorables, mais un homme blanc l'arrêta et lui attacha les mains et les pieds. C'est tout ce qu'elle a pu nous raconter, car elle a oublié le reste. Mais elle est restée absente trois soleils.

– Mais... Si Kakoakis est plus brutal qu'une bande de Pieds-Noirs, pourquoi le peuple de ton village ne choisit-il pas un autre chef?

Sauterelle regarda Sacajawa et se mit à rire.

– Il s'entend bien avec les marchands blancs du Nord, dit-elle, et les Hidatsas et les Mandans le craignent. Même les Sioux, les Assiniboins et les Chippewas ont peur de ses colères, si bien qu'il protège notre village. Grâce à lui, certains vivront plus longtemps.

– Et Trèfle Sucré?

– Elle est devenue un placement. Elle a donné du bonheur à notre chef, et maintenant, pour s'acquitter de sa dette, il nous fait des cadeaux de temps en temps. Mais je ne souhaite pas faire un nouveau placement. Je ne veux pas.

Elle cracha dans le feu, eut un rire étouffé et continua son histoire.

– Kakoakis aime les jolies femmes et il en a beaucoup dans sa hutte. Il les donne aux hommes blancs en échange de l'eau de feu. Kakoakis a une grande soif de cette eau de feu et une faim insatiable pour les jeunes femmes. Je crois que son sang est continuellement en ébullition, qu'il ne refroidit jamais.

– Et les marchands blancs?

Sauterelle haussa les épaules.

– Ils croient que Kakoakis est un chef puissant, surtout quand il leur fournit les fourrures et les peaux qu'ils recherchent. Je n'essaye pas de t'effrayer, ma fille, mais de t'avertir. Tout le monde sait qu'une nuit, Kakoakis a pénétré dans un village assiniboin sans autre déguisement qu'une couverture sur la tête. Ayant surpris une jeune squaw seule dans une hutte, il s'est introduit de force en elle et, dans le même temps, l'a tuée et scalpée. Puis il s'est retiré sans difficultés et a raconté son exploit à tout le monde. C'était une ennemie, mais qu'arriverait-il si les Assiniboins faisaient de même? Cet homme s'amuse des jeunes femmes. Je sais qu'il a fait boire de l'eau de feu à ma petite Trèfle Sucré et qu'il a joué à l'animal avec elle pendant qu'elle était attachée. Quand son avant est devenu inutilisable, il s'est introduit plusieurs fois de force dans son arrière. Puis il a invité les hommes blancs à l'imiter, l'un après l'autre. L'esprit de Trèfle Sucré s'est échappé de son corps et les esprits ont pris sa place. Ils ne sont jamais repartis.

Une larme glissa sur le menton de Sauterelle. Elle resta silencieuse, sans cesser de bercer Sacajawa sur ses genoux. La petite fille examina attentivement la hutte propre.

– Trèfle Sucré est ma sœur, dit-elle d'une voix à peine audible.

– Le Grand-Esprit nous a fait une faveur. Si on te demande qui tu es, tu es la fille cadette de Sauterelle. Je suis ta mère. Je vais te faire une robe neuve ornée de dents d'élan et des mocassins avec de fins coquillages et des franges au talon.

Bientôt, Sacajawa travailla avec les femmes. Elle accompagna les ramasseuses de baies, les moissonneuses d'herbe, les bineuses de jardins. Ses nouveaux vêtements et son nouveau foyer, dans la hutte de Flèche Rapide, lui plaisaient. Elle aimait les broderies de ses tuniques, les coquillages semblables à de petites clochettes de ses mocassins et les franges du talon. Le soir, elle se joignait aux porteuses d'eau, mais restait réservée avec les garçons et les jeunes hommes, qui semblaient parfaitement naturels pendant la journée, mais tout à fait étranges au crépuscule.

En très peu de temps, tout le village connut la fille de Sauterelle et de Pipe Rouge. Elle posait des questions à tout propos.

Elle demanda aux enfants de lui apprendre à se servir de leurs petits arcs. Elle demanda pourquoi les femmes avaient toujours un couteau à découper à la ceinture et fut bientôt elle-même capable de tirer une flèche droit au but et de porter à la ceinture ce couteau nécessaire pour déterrer les racines et se défendre.

Chez les peuples du Haut-Missouri, toute femme non réduite en esclavage avait le devoir de se défendre si elle était attaquée ou si on essayait de forcer la bande de chasteté, de daim souple, qu'elle portait obligatoirement lorsqu'elle s'éloignait de la hutte. De tels actes étaient extrêmement rares avant l'arrivée du whisky. Et même après, le coupable ne faisait jamais une seconde tentative, car le coup de couteau l'attendait toujours, même de la part de très jeunes filles. Quand cela se produisait, l'homme n'était pas chassé du village, mais il vivait seul dans une hutte isolée et personne ne lui adressait plus la parole.

Néanmoins, si le chef Kakoakis demandait à une jeune fille de l'honorer dans sa hutte, personne ne pouvait refuser; vouloir y échapper aurait signifié une mort certaine pour l'élue ou pour un membre de sa famille.

Quelques semaines plus tard, l'heure arriva pour Sacajawa d'aller dans la hutte où se retiraient les femmes. Elle s'y rendrait ensuite périodiquement et resterait séparée des hommes pendant sept soleils. Quand Sacajawa revint de son premier séjour, un crieur parcourut le village pour inviter tout le monde à la fête donnée en l'honneur de celle qui était maintenant devenue femme.

Sauterelle aimait vraiment cette petite Shoshone comme sa propre fille. Et le moment était venu de montrer sa fille vêtue de beaux vêtements et de mocassins neufs, avec de longs colliers de coquillages dans les cheveux, belle et grave, et peinte comme l'étaient les femmes. Elle demanda à ses amies de l'aider à confectionner ces atours.

Pendant son séjour dans la hutte des femmes, Sacajawa écouta les conversations. Les Barbus, les hommes blancs qui vivaient à la lisière du village, y tenaient une grande place. On parlait des magnifiques cadeaux que ces hommes faisaient à leurs épouses quand ils revenaient de leurs voyages dans le Nord : couvertures, peignes, bonbons acidulés. Un homme que les guerriers metahartas appelaient Chef-du-Petit-Village s'était récemment rendu chez les Assiniboins et avait rapporté à son épouse, une Mandan, une ceinture de cuir ornée de perles et une autre femme pour l'aider à entretenir la hutte. La nouvelle venue était encore une enfant. Il l'avait achetée à des Pieds-Noirs malades qui avaient eu faim pendant l'hiver et avaient été contents de se débarrasser d'elle. Elle n'était pas de leur peuple, c'était une Shoshone. Et elles firent le signe signifiant tresser, car les Shoshones construisaient des abris d'herbe tressée pendant l'été.

– Cette jeune Shoshone vient-elle dans la hutte des femmes? demanda Sacajawa.

Les femmes gloussèrent. La squaw shoshone n'était encore qu'une enfant. Elle était beaucoup trop jeune pour venir avec elles.

Sacajawa posa d'autres questions, mais n'en apprit pas davantage. Apparemment, on ne savait pas grand-chose du barbu nommé Chef-du-Petit-Village.

Une autre Shoshone! Ici, dans son village! Sacajawa fut mécontente d'elle-même, car elle avait perdu la notion du temps. Elle eut soudain l'impression que c'était très important. Depuis combien de soleils était-elle séparée de son peuple? Elle était incapable de distinguer les étés et les hivers passés dans la hutte de Chasse-pour-Deux du temps écoulé auprès de Sauterelle. Y avait-il trois ou quatre hivers qu'elle avait été enlevée? Elle savait seulement qu'elle devait avoir onze étés.

Elle eut envie de parler à cette nouvelle petite Shoshone, et s'en voulut parce qu'elle avait oublié des choses qu'elle s'était promis de se rappeler. Jusqu'à ce jour, elle ne s'était pas rendu compte qu'elle oubliait. Il y avait des mots qu'il lui était impossible de retrouver. Elle murmura pour elle-même :

– *Umbea* (1) Sauterelle n'est pas ma véritable umbea, c'est ma...

Mais le mot shoshone lui échappait. Où avait-elle ramassé, pour la dernière fois, des graines pour l'hiver? Elle ne s'en souvenait plus. Elle essaya alors de se représenter l'image de sa mère cultivant son jardin, mais en fut incapable.

Sauterelle chantonnait tout en préparant la tunique de Sacajawa. Au centre de la tunique, le symbole de l'oiseau aquatique, dont Sacajawa portait le nom, était composé de piquants de porc-épic colorés, jaunes pour la plupart. Sous l'oiseau, s'étendait une bande de coquillages. Le bas de la jupe était garni de franges de peau de daim teinte en jaune, couleur du pollen et symbole de fécondité.

Quand Sacajawa revint de la hutte des femmes, les amies de Sauterelle la lavèrent. Tout en gloussant, en agitant les mains et en souriant, elles l'habillèrent et la firent asseoir à la place d'honneur dans la hutte qu'elles avaient décorée. Juste avant la cérémonie, Sacajawa offrit à Sauterelle une plume d'aigle blanche. A partir de ce moment, elle appellerait Sauterelle

(1) Maman, dans la langue de Sacajawa.

« Mère » et Sauterelle l'appellerait « Fille ». Elles seraient proches l'une de l'autre pendant le reste de leur vie.

Le grand sorcier arriva portant une coiffure de plume et vêtu d'une longue robe de peau de daim richement ornée d'épines de porc-épic. Représentant la plus haute autorité religieuse, seul habilité à diriger le rituel, il affichait une grande dignité. Il était capable de se mettre en transe et entrait alors directement en communication avec le Grand-Esprit, dont il transmettait les paroles de sagesse à la Fille-Qui-Est-Devenue-Femme.

– Le début de l'écoulement de cette jeune fille marque son entrée dans la féminité, déclara-t-il. C'est le début de sa vraie vie. Cette jeune femme a des mocassins voyageurs. Elle vivra longtemps. Elle verra beaucoup de choses. Ce qu'elle voit est incroyable. Les mots pour le décrire me manquent.

Puis le sorcier se dirigea vers la hutte, invitant l'assistance à le suivre à l'intérieur. Sacajawa l'accompagnait, au milieu des félicitations, des cadeaux, des chants d'éloge et d'espérance. Pipe Rouge prononça à son tour un discours soigneusement préparé dans lequel il rappela les devoirs d'une femme metaharta. Il exalta d'abord la grandeur du village, puis celle de sa famille, enfin les obligations de Sacajawa envers tous ses membres.

– L'honneur d'un peuple repose dans l'empreinte des mocassins de ses femmes. Suis le bon chemin, ma fille, et les troupeaux de bisons, immenses et sombres comme l'ombre des nuages sur la prairie, te suivront. Le printemps apportera nombre de jeunes à fourrure jaune et la terre d'automne tremblera à l'arrivée des adultes à la fourrure épaisse et chaude comme le soleil d'été sur la porte de la hutte. Sois fidèle, respectueuse, douce et modeste, ma fille. Et marche la tête haute. Si les femmes perdent leur fierté et leur vertu, le printemps viendra toujours, mais les pistes du bison se couvriront d'herbe. Que tes bras soient puissants, cœur puissant de la Terre. Aucun peuple ne peut disparaître à moins que ses femmes ne soient faibles et sans honneur, ou gisent mortes sur le sol. Sois forte, et célèbre la puissance du Grand-Esprit en toi et autour de toi.

Puis Sacajawea fit ce qui lui avait été ordonné. Elle sortit et se tourna vers le soleil. Elle leva les bras vers le ciel, les abaissa vers la terre et les tendit vers les quatre points cardinaux. Chacun s'accorda pour la trouver tout à fait jolie.

Son visage avait la forme de la lune, couvert d'un blanc uni avec des cercles jaunes sous les yeux. Ses cheveux noirs, qui tombaient plus bas que ses épaules, avaient des reflets bleu nuit quand ils bougeaient au soleil. L'intérieur de ses oreilles était rouge. Ses lèvres étaient pleines, relevées aux coins. Elle avait des yeux foncés, très espacés, le nez droit, les pommettes hautes et la peau soyeuse. Ses longues jambes nues tendaient le bas de sa tunique. Elle avait la voix douce, pleine et retenue. Sa démarche était souple et tranquille et personne ne pouvait voir les cicatrices blanchâtres que le fouet de son précédent maître lui avait laissées sur le dos.

– Tu es belle, ma fille, dit Sauterelle à voix basse. Ton corps est droit et fort. Ce qui arrivera entre ce moment et la fin de la cérémonie donnera la mesure de ta vie. Ce que tu sens maintenant dans ton cœur marquera tes sentiments pour toujours. Ce qui te plaît maintenant te plaira jusqu'à la fin de tes jours. Si tu manges bien maintenant, tu trouveras toujours à boire et à manger. Observe-toi attentivement, car il t'est maintenant donné de te connaître, de savoir ce qui se cache en toi, dans ton corps et dans ton cœur.

Sacajawa joignit les mains; ses lèvres frémirent.

– Oui, mère, souffla-t-elle.

– Tu ne dois pas trop parler, car alors tu aurais toujours la langue trop bien pendue. Tu ne dois pas trop rire, car alors ton visage deviendrait vieux et ridé avant l'âge.

– Oui, mère.

– Tu dois écouter ce que dit le chanteur et le croire. Si tu ne crois pas ce qu'il dit, tu n'en tireras aucun profit. Tu ne dois pas te mettre en colère ou mal parler, car si tu agis ainsi, telle sera ta nature pendant le reste de ta vie.

Sauterelle posa les mains sur la tête de la jeune fille et dit :

– Maintenant, je dois te demander une chose : un homme est-il déjà entré en toi et t'a-t-il détournée de la chasteté?

– Mère, répondit Sacajawa d'une voix tremblante, je ne savais pas que tu me demanderais cela.

– Un homme de la tribu des Metahartas t'a-t-il touchée?

– Non, non, personne dans ce village, mais j'étais une esclave captive chez les...

– Alors tu es prête, l'interrompit Sauterelle, évitant ainsi à Sacajawa de dire toute la vérité.

Puis elle la conduisit au sud de la hutte où elle la fit asseoir sur une peau. Le sorcier surveillait la construction de la cabane cérémonielle, mêlant sa voix à celle du chanteur tandis que l'on finissait d'en dresser et d'en ajuster les piliers.

– Plantez une pensée, chantaient-ils, vous récolterez une action; plantez une action, vous récolterez une habitude; plantez une habitude, vous récolterez un trait de caractère; plantez un trait de caractère, vous récolterez un destin.

Les femmes sortirent alors de la cabane voisine où elles avaient fait la cuisine avec des plateaux d'argile chargés de feuilles de sagittaire et de cresson, d'amélanches fraîches, de prunes sauvages et de raisin. Il y avait une marmite de soupe et des cuillères de corne, de la viande et des côtelettes rôties sur des plateaux de bois, des bols de maïs, de citrouille et de courgette. Tout le monde fut invité à festoyer, tandis que le père, Pipe Rouge, et ses amis fumaient assis en cercle.

Un groupe d'étranges barbus apparut soudain sur le théâtre des festivités.

– Ainsi te voilà! s'écria l'un d'eux.

Sacajawa n'avait jamais vu ces hommes et, pourtant, elle eut tout de suite la certitude qu'il s'agissait des marchands blancs dont les femmes avaient parlé pendant son séjour dans la hutte. Son cœur se mit à battre très fort. Un de ces hommes possédait peut-être la jeune Shoshone!

Celui qui avait crié s'approcha et dévisagea Sacajawa. Ce n'était pas un marchand blanc, mais il apparut immédiatement à Sacajawa comme l'individu le plus brutal qu'elle eût jamais vu. Bâti comme un géant, il ne portait qu'un pantalon et autour du cou un collier de queues de belette à bout noir. Ses cheveux avaient été coupés à hauteur des épaules avec un instrument mal aiguisé, et son visage, d'un rouge si violent qu'on l'aurait cru sans cesse sur le point d'exploser de rage, était marqué par la petite vérole. Il avait un œil d'un jaune foncé, l'autre, couvert d'une membrane blanchâtre et opaque, qui disparaissait à moitié sous une paupière tombante. Il avait aussi un énorme nez crochu comme le bec d'un aigle et une cicatrice qui fendait sa joue de la pommette jusqu'à l'oreille, elle-même coupée en deux lambeaux réunis par un lacet de cuir crasseux. Ses bras sales étaient si longs qu'ils lui descendaient presque jusqu'aux genoux, et légèrement penché en avant, les coudes fléchis, on avait l'impression qu'il allait se jeter sur le premier venu pour l'étrangler.

Soudain, il fut tout près de Sacajawa.

– Je souhaite faire un cadeau à la fille de Pipe Rouge, tonna-t-il.

Avant que Sacajawa ait pu répondre, Bouton de Rose s'interposa.

– Je vais prendre ton cadeau à la place de Pipe Rouge et de sa fille, dit-elle, presque aussi blanche que le blanc qu'elle avait sous les yeux.

– Non! la fille cadette de Pipe Rouge doit accepter elle-même ce présent, fit-il. Ce n'est pas toi.

– Hé, *le Borgne* sait où cueillir les jolies fleurs, dit un des barbus dans un minnetaree hésitant.

– Dis, chef! Tu crois qu'elles vont venir nous amuser un peu? lança un autre en sautillant sur place et en agitant les bras.

– Silence, gronda le géant avec colère, et toi, rugit-il en s'adressant à Bouton de Rose, porte ceci à celle qu'on nomme Trèfle Sucré. C'est un présent du chef Kakoakis, ajouta-t-il en retirant son collier de belette et en le lui tendant.

Sauterelle respirait avec peine.

Kakoakis se tourna alors vers elle et la fixa de son œil unique.

– Je ne savais pas que tu avais une troisième fille. Je vois qu'elle est maintenant assez mûre pour faire une femme. Envoie-la à ma hutte et tu auras un cadeau magnifique. Tu aimes les cadeaux, n'est-ce pas, Vieille Mère?

– Nous avons eu assez de cadeaux aujourd'hui pour combler nos cœurs, cracha Sauterelle, en protégeant de toute sa taille Sacajawa et Bouton de Rose.

– Mes amis ont envie de danser, reprit Kakoakis en montrant les Barbus. Je vais leur dire que leur présence t'enchantera.

Il tourna les talons et disparut dans la foule qui se referma sur lui.

Le visage de Sauterelle était couleur de cendre.

– Kakoakis! répéta-t-elle d'une voix tremblante.

Elle fit une grimace et s'essuya les mains sur sa tunique.

– Donne-moi les queues de belette! ordonna-t-elle à Bouton de Rose en lui arrachant le collier.

Puis, sans un mot, elle se dirigea vers le tas de détritus et, sans quitter Sacajawa des yeux, roula le collier en boule et le jeta sur la pile d'os et d'épluchures. Personne n'avait paru remarquer son geste. Mieux valait ne pas attirer la colère du chef.

Un peu avant le coucher du soleil, quand les hommes qui devaient jouer le rôle de danseurs masqués eurent revêtu leurs chemises et leurs mocassins rituels, le sorcier roula une feuille de tabac doux, souffla de la fumée dans les quatre directions et fit signe de commencer.

Au battement des tambours, ils se dirigèrent vers le centre du village où brûlait le feu du conseil, en décrivant un cercle qui tantôt s'en approchait et tantôt s'en éloignait. Les spectateurs parlaient et plaisantaient, puis les jeunes gens se joignirent aux danseurs, les jeunes filles cherchant anxieusement la main – peut-être pas n'importe laquelle – qui les inviterait à entrer dans la danse.

Sacajawa savait qu'elle était censée y participer elle aussi, mais la vue de Kakoakis et des hommes blancs installés près de Pipe Rouge, de l'autre côté du feu, l'emplissait de crainte et elle préféra regarder le spectacle tranquillement assise sur une couverture.

La fête terminée, le retour aux huttes se déroula sans incident. Les jeunes gens marchaient par petits groupes, suivis par les vieilles femmes, qui se plaignaient de l'heure tardive et de la fraîcheur de la nuit.

Quand Sacajawa franchit le seuil de la hutte, Sauterelle lui demanda :

– Est-ce que tu t'es bien amusée?

– Oui, merci. C'était très bien.

Elle montra ses cadeaux à Sauterelle : on lui avait offert de la peinture, une ceinture ornée de coquillages, un couteau à gratter les peaux, un poinçon métallique et quelques dents d'élan jaunies.

– Je suis heureuse que Kakoakis ne nous ait pas

ennuyées, soupira Bouton de Rose, mais tu n'as dansé avec personne!

– Laisse-la tranquille. Elle ne voulait pas danser, c'est tout, l'interrompit Sauterelle en venant s'asseoir près de Sacajawa.

– Est-elle vraiment ma fille ou bien est-ce toujours une esclave? gronda Pipe Rouge en glissant ses jambes maigres sous les couvertures. Qu'elle soit restée assise était gênant pour moi. Kakoakis m'a demandé ce qu'elle avait. Et comme on ne la voyait pas parmi les danseurs, il s'est moqué de moi : « Hé! Hé! elle est déjà dans les buissons avec un homme... » Et il m'a donné une grande claque dans le dos, si forte que j'ai failli rendre mon morceau de bison.

– Alors tu as montré où elle était assise? demanda Sauterelle.

– Non! Un des hommes blancs barbus s'en est chargé. Il l'avait surveillée. Ces hommes blancs sont esclaves de besoins qui semblent les consumer. Mais ils ne se sont pas approchés de notre nouvelle fille et sont rentrés chez eux avec des femmes prêtées par Kakoakis. Je crois qu'ils ont vu que tu étais auprès de notre fille, et ils ont eu peur de ta langue bavarde.

– Grand-Esprit, viens-nous en aide! murmura Sauterelle. (Puis elle poursuivit à voix haute :) Oui, c'est une chose que j'ai remarquée chez les Blancs. Une seule idée les ronge... ils veulent nos femmes.

– Mère, intervint Bouton de Rose, les marchands blancs de notre village ne sont pas réellement si mauvais. Il y a bien cinq étés qu'ils habitent ici et leurs femmes ne se plaignent pas d'eux. Elles ont de nombreux cadeaux et ne travaillent pas dans les champs. Et eux nous achètent des légumes. C'est notre chef, Kakoakis, qui sème le mal dans notre village.

Pipe Rouge se tourna sur son lit.

– Taisez-vous, femmes! Il ne faut jamais dire à voix haute que notre chef vous déplaît. Il peut répandre le malheur sur notre foyer quand il le veut.

Sauterelle se souvint alors du collier de queues de belette dont elle s'était débarrassée quelques heures auparavant, se demandant si on l'avait vue le jeter sur le tas de détritus et si quelqu'un oserait la dénoncer. Obéissant à une impulsion, elle se leva et se rendit derrière la hutte, là où l'on jetait les déchets. Elle s'immobilisa, stupéfaite. Une squaw fouillait le tas. Mais après tout, il était possible que sa famille ne lui donne pas suffisamment à manger pour empêcher son ventre de gronder, et Sauterelle lui dit :

– Viens, je vais te faire de la soupe!

Mais avant que Sauterelle ait pu la reconnaître, l'inconnue, qui était jeune et agile, se redressa et s'enfuit d'un bond. Elle avait roulé quelque chose sous le devant de sa tunique, et elle serrait son butin contre sa poitrine tout en courant. Sauterelle s'élança à sa poursuite, mais la femme avait disparu. L'esprit de Sauterelle fut pris dans un tourbillon. Elle regarda les nuages dans le ciel et s'efforça de réfléchir, de se souvenir de la silhouette qu'elle venait d'apercevoir. La connaissait-elle? Sauterelle se frotta les mains : elles étaient moites de transpiration.

– Elle a pris le collier de queues de belette, soufflèrent ensemble Sacajawa et Bouton de Rose.

Elles se tenaient derrière Sauterelle, qui ne les avait pas entendues arriver.

– C'est peut-être une des femmes de Kakoakis, dit-elle lentement. Mais je ne le pense pas. Ses femmes sont bien habillées et jolies. Je n'ai pas vu son visage, mais elle n'était pas propre.

Soudain elle prit une décision :

– N'y pensez plus. Nous n'y pouvons rien. Nous n'en entendrons sans doute plus jamais parler. Le collier a disparu et je dis : bon débarras!

Elle eut un rire étouffé, écarta les mèches qui lui couvraient le visage et regagna la hutte.

– J'espère que Sauterelle a raison et que nous n'en entendrons plus parler, soupira Bouton de Rose.

– Oui, répondit Sacajawa. Je n'ai pas envie que Kakoakis rôde dans les parages. Il donnerait des cauchemars aux enfants.

Cette nuit-là, Sacajawa dormit peu. Depuis qu'elle était devenue femme, elle se sentait partagée entre l'idée, irréalisable, de s'enfuir et celle d'épouser tranquillement un guerrier mataharta.

– Pourquoi pas, se dit-elle, puisque mon peuple n'est pas venu me libérer.

Puis il y eut en elle une boule ronde et dure qui lui monta à la gorge... Il lui était impossible d'oublier, et elle se répéta plusieurs fois :

– Je suis une Agaidüka. Ils ne peuvent pas faire de moi une Minnetaree.

Elle s'imagina alors en train de suivre la Grande Boueuse à travers la prairie, jusqu'aux montagnes... Mais si elle était reprise, elle serait livrée à Kakoakis, puis tuée ou vendue à une autre tribu. Sauterelle était bonne et la vie n'était pas dure comme elle l'avait été dans le grand village hidatsa. Peut-être valait-il mieux après tout chasser cette idée.

Elle resta éveillée jusqu'aux premières lueurs de l'aube venues par le trou à fumée, et elle put distinguer les silhouettes sombres des membres de sa nouvelle famille couchés tout autour de la pièce. Alors, elle se leva silencieusement et sortit, serrant une ceinture d'herbe tressée autour de sa taille pour maintenir en place les pans de sa tunique. Aucun bruit ne troublait la paix du village. Dans la fraîcheur du matin, elle marcha tranquillement jusqu'à la plage et suivit la rive. Elle regarda les pluviers plonger vers la rivière pour attraper les insectes en vol. Ils poussaient de petits cris en s'élevant dans le ciel et en rasant la prairie herbue. Puis elle nettoya son corps des peintures de la cérémonie de la veille. Elle se sentit plus légère et l'esprit plus clair.

Sacajawa reprit le chemin poussiéreux qui conduisait au village. Elle pensa au chien sauvage et se demanda s'il y en avait d'autres, dans les buissons de sauge, prêts à accepter son amitié, et elle entra dans le bois. Elle n'avait pratiquement pas eu d'enfance, mais Mère-Terre était son amie; les choses qui poussaient et changeaient chaque jour, les rochers immuables, on pouvait compter sur eux. Ce qui appartient à Mère-Terre ne me prend jamais au dépourvu, se dit-elle. Elle est parfois cruelle, mais sa cruauté est nette. Elle ne torture pas les autres avec ses faiblesses. Puis elle se demanda ce qu'étaient devenus Vieille Mère, Grand-Père, et Chasse-pour-Deux, Antilope, et Oie Bavarde. Elle pensa à sa nouvelle famille : Pipe Rouge le tourmenté, Trèfle Sucré et l'abominable chef Kakoakis. Celui-là était capable de bouleverser votre vie sans jamais réfléchir à ce qu'il faisait. On ne peut se fier à personne, se dit-elle, et un petit sourire désabusé joua sur ses lèvres.

Seule, ce matin-là, elle se laissa reprendre par les rêveries de son enfance, regagna le royaume magique dont sa nouvelle famille se serait moquée si elle avait pu lui en parler. Les adultes faisaient en sorte de tout oublier pour être adultes, précisément, et ne pouvaient imaginer qu'après plusieurs années d'esclavage, elle pût encore s'abandonner à des joies enfantines. De plaisir, elle sourit en secret, enfant oublieuse de tous les hiers.

Plusieurs heures elle se promena jouant comme elle avait oublié qu'on pouvait le faire. Sacajawa retrouvait son enfance. Longtemps, elle rivalisa avec les écureuils dans la découverte des noix, avec les mésanges dans la recherche de cachettes introuvables, avec les grosses grenouilles vertes dans l'exploration des étangs perdus. Elle avait si rarement et depuis si longtemps respiré les parfums, regardé les couleurs, écouté les bruits, humé les joies, dans l'air de l'été!

Elle se glissa dans un arbre creux et entendit un son étouffé, bizarre, au-dessus d'elle. Elle leva la tête et vit deux yeux brillants qui la fixaient au sommet du puits obscur, et elle dit bonjour au hibou. Un peu plus loin, en traversant un bois de sapins, elle rencontra un gros lynx gris, couché sur une branche, à moins de cinq longueurs d'homme d'elle et n'éprouva aucune peur.

Au milieu de l'après-midi, elle atteignit une large rivière. Elle confectionna de petits bateaux d'écorce qu'elle découpait en fines lamelles avec son couteau. Elle les lança alors dans le courant furieux, les regardant s'enfuir vers les rivages lointains. Leurs équipages étaient en pommes de pin et elle chantait, chaque fois qu'un bateau quittait la rive, le chant ancestral des Agaidükas. Son chant n'appartenait pas à ses souvenirs; elle l'inventait sur l'instant, librement.

Soudain le sentiment inquiétant qu'elle n'était pas seule, que des yeux hostiles la guettaient, s'empara d'elle. C'est à peine si elle y prit garde au début, mais comme l'impression persistait, elle se leva et scruta l'ombre bleue et noire.

Son cœur se mit à battre plus fort. Un mouvement presque imperceptible, comme le glissement d'un nuage, lui fit jeter un regard derrière elle et là, entre les branches d'un arbre déraciné, elle vit une tête aux cheveux noirs en broussaille, un visage couvert de fourrure, des yeux sombres et elle reconnut un des trappeurs blancs du village!

Il y avait longtemps qu'il était là. Tout en posant des pièges pour les castors, il avait regardé Sacajawa jouer. Ce n'était pas la première fois qu'il s'attachait aux pas de la jeune fille. Il l'avait vue dans le grand village hidatsa, puis retrouvée ici plus d'une lune auparavant, et il s'était mis à l'épier, mais toujours de loin car il savait qu'il ne pourrait pas la toucher sans s'exposer à recevoir un coup de couteau. Bien souvent il avait suivi, comme une ombre, la jeune fille mince et élancée, mais sa peur instinctive des très jeunes femelles lui avait jusque-là interdit de l'approcher.

Aujourd'hui cependant, dans cet endroit isolé, il avait décidé d'agir. Et, comme la soif de sang du loup de la prairie, son désir, devenu incontrôlable, avait quelque chose d'irraisonné. Ne la quittant pas des yeux, il savourait d'avance le plaisir que lui procurerait sa tendre proie.

La tête hirsute disparut brusquement, puis se montra de nouveau, quelques mètres plus près. Quand elle vit le corps large et trapu, les épaules puissantes, Sacajawa sentit une peur glacée s'emparer d'elle.

Elle fit volte-face et s'enfuit en suivant la rivière. En se retournant, elle aperçut l'homme sortant des taillis. Il courait vite, et la distance qui les séparait diminuait rapidement.

Progressant par bonds, en restant à couvert, il fut bientôt tout près d'elle. Par chance, elle savait exactement où elle se trouvait : le cours d'eau conduisait à la porte du village. Il fallait absolument qu'elle arrive jusque-là.

Pipe Rouge arpentait tristement la clairière déserte qui s'étendait devant la porte du village, à la recherche de flèches oubliées et de vieux morceaux de silex. Il leva la tête en entendant un cri qui venait de la lisière du bois, et reconnut Sacajawa.

Elle venait juste d'atteindre la clairière. L'homme blanc aussi, mais il se tenait toujours à couvert, profitant de tous les buissons qui se trouvaient sur son chemin.

Essoufflée, presque à bout de force, le Barbu à deux longueurs d'homme derrière elle, Sacajawa fonça vers la porte. Elle était ouverte, mais elle fut de nouveau prise de terreur en apercevant la frêle silhouette de Pipe Rouge qui venait droit sur elle, à courtes enjambées vacillantes. Elle franchit l'entrée d'un bond au moment précis où le Barbu se redressait et plongeait, pour atterrir dans les pieds de Pipe Rouge.

Au milieu de l'après-midi, Flèche Rapide, contournant le village après une chasse errante, tomba sur les empreintes de mocassins d'un homme blanc à pieds plats, sur la rive du petit cours d'eau. Il examina le piège à castors immergé, et le chiffon roulé en boule et fiché sur un bâton au-dessus du piège lui indiqua le propriétaire. Les habitudes des Barbus éveillaient toujours sa curiosité, et il suivit les empreintes. Elles étaient toutes fraîches. Il remonta la piste, qui suivait le cours d'eau, et remarqua que l'homme s'était arrêté de temps en temps pour épier et attendre. Que pouvait-il bien traquer?

Il hésita quand les traces s'éloignèrent de la rivière et constata avec étonnement qu'elles se mêlaient tout d'un coup à celles d'une squaw minnetaree.

Flèche Rapide accéléra le pas. Les empreintes d'orteils devenaient plus marquées encore et il comprit que la squaw fuyait à toute allure. Elle était petite; son pied ne s'enfonçait pas dans le sol. L'homme suivait en longues foulées... Le cœur de Flèche Rapide battit plus fort, et il se mit lui aussi à courir.

Traversant le taillis, il se dirigea vers la clairière par le chemin le plus court, et arriva juste au moment où le Barbu heurtait violemment son beau-père, Pipe Rouge.

D'habitude, Pipe Rouge et ce Barbu s'évitaient, car ils éprouvaient l'un pour l'autre un solide mépris. Aussi quand le vieillard apparut soudain dans la clairière, le Barbu eut-il l'impression qu'il essayait délibérément de lui ravir le plaisir qu'il avait si patiemment traqué... Il bondit aussitôt dans l'intention bien arrêtée de se débarrasser de ce vieil importun.

Sous le poids de cent kilos lancés à toute vitesse, Pipe Rouge mordit la poussière. Aussitôt, une rage meutrière s'empara de lui. Une forte odeur de castoréum (1) imprégnait son assaillant, Homme-à-Femmes, Toussaint Charbonneau, et cette constatation le rendit fou.

Mais, comme il se relevait avec un grondement de colère et jetait toute la puissance de son corps frêle dans la bataille, la bouche ouverte et le visage grimaçant, soudain, cherchant son souffle, les yeux révulsés, une crise d'épilepsie le terrassa.

La fureur de Charbonneau retomba. Il s'assit et examina son bras profondément griffé du coude au poignet. Puis, découvrant Flèche Rapide debout près de lui, il se releva brusquement.

– Le vieux Pipe Rouge est toujours un guerrier, dit-il en respirant bruyamment, dans un minnetaree hésitant ponctué d'expressions françaises. Il s'est jeté sur moi au moment où je franchissais la porte.

– Homme-à-Femmes poursuivait ma sœur, dit Flèche Rapide gravement, en se penchant sur Pipe Rouge.

Il tremblait et bavait comme un loup pris au piège.

– *La jolie femme?* dit Charbonneau. C'est ta sœur?

– Oui, et tu l'as poursuivie comme une esclave.

– Esclave... *Oui.* Tout le monde sait que tu l'as gagnée à un Ahnahaway.

– Cette fille se nomme Sacajawa; c'est la fille de ma mère. Ce n'est la femme de personne. Tu mens comme un chien galeux.

– Elle, une femme! Elle ne sait même pas se servir de son couteau pour se défendre, et elle joue dans l'eau comme une petite fille. Ce n'est qu'une petite femelle sans importance, une chose dont il faut se débarrasser. Donne-la-moi. Je t'offrirai une hache en échange. Tu

(1) Excrétion sébacée du castor, souvent utilisée comme remède antispasmodique. (N.d.T.).

auras moins de bouches à nourrir dans ta hutte, et tu seras mon ami.

Mais pour Flèche Rapide la conversation avait assez duré! Il plissa les paupières avec mépris et dit seulement :

– Si tu as de la chance, tu arrêteras peut-être une flèche avant la nouvelle lune.

Puis tournant le dos à Charbonneau, il se pencha de nouveau sur le vieillard.

8

D'anciens textes gallois et anglais prouvent que le moine gallois Madoc et ses hommes découvrirent l'Amérique en 1170 et ancrèrent neuf ou dix navires dans la baie de Mobile (1). Ces Gallois quittèrent la côte pour échapper aux Indiens hostiles et atteignirent finalement les montagnes de l'ouest du Tennessee. On ignore combien d'années ou de mois passèrent jusqu'au moment où ils furent contraints de quitter leurs villages fortifiés attaqués par un grand nombre d'Indiens Cherokees. Ces hommes blancs regagnèrent le Mississippi qu'ils remontèrent lentement en direction du nord-ouest et des pays du Missouri et construisirent des fortifications autour de leurs villages de huttes en terre. Ils ne portaient pas les mêmes vêtements que les tribus du Missouri supérieur. Certains d'entre eux parlaient et comprenaient le gallois, possédaient des parchemins qu'ils étaient incapables de lire et des pièces d'or romaines et galloises, devenues au fil des années, en quelque sorte le talisman de leur nation. Ils disaient en outre se souvenir que leurs ancêtres venaient de loin et avaient traversé une immense étendue d'eau avant d'atteindre le Missouri supérieur. Ils s'appelaient alors les Mandans et occupaient la vallée du Missouri.

Vérendry écrivit en 1736 qu'il avait été très impressionné par leurs fortifications perfectionnées qui n'avaient rien d'indien. Selon lui, beaucoup d'entre eux avaient les cheveux blonds et les yeux bleus ou gris.

Par ailleurs, la mythologie mandan expose clairement que l'ancêtre de ce peuple était un homme blanc qui, à une époque reculée, arriva en canoë. Quand les premiers missionnaires entrèrent en contact avec eux, ceux-ci connaissaient déjà, dit-on, un Dieu d'amour et de bienveillance né d'une vierge et mort pour le salut du monde. Ils racontaient un miracle très proche de celui de la Cène, connaissaient l'histoire de la première mère de l'humanité et de sa chute, de l'arche et de la colombe tenant un rameau vert dans son

(1) Sud de l'Alabama.

bec. Ils croyaient aussi à un démon cherchant à conquérir et à asservir le monde des hommes. Les caractères européens existant chez les Mandans au milieu du XVIIIᵉ *siècle ne peuvent provenir d'un contact épisodique avec les hommes blancs; ils sont certainement la conséquence d'un métissage beaucoup plus profond. Quelle immense aventure cache cette tribu aujourd'hui disparue?*

PAUL HERRMANN, *Conquest by Man,* 1954.

LES MANDANS

Tous ces derniers jours, le village minnetaree de Metaharta avait bourdonné de préparatifs. Les guerriers mandans, éclaireurs envoyés sur la piste du bison, allaient bientôt arriver et, comme chaque année, inviter les Metahartas à leurs chasses de printemps et d'automne.

Assise sur sa couche, Sacajawa avait ouvert les rideaux de peau et se peignait paresseusement quand un bruit d'agitation frénétique lui parvint de l'extérieur.

Cette fois, les Mandans Rooptahees étaient là.

Elle s'habilla aussi vite qu'elle le put. Elle avait très envie de les voir, car Bouton de Rose lui avait vanté leurs cheveux blancs comme neige et leurs yeux bleus comme un ciel d'été.

Quand elle arriva sur la place du conseil, celle-ci était noire de monde. Chacun voulait voir de plus près les cavaliers lourdement chargés de peaux de bison, les yeux gris ou bleus cerclés de blanc, le visage et les cheveux presque complètement peints. Impossible de savoir s'ils souriaient ou s'ils montraient les dents, mais ils faisaient peur avec leurs chemises sales et déchirées, leurs pantalons flottant au vent, leurs mocassins gris de poussière. Et, lorsqu'en brandissant leurs lances meurtrières ils se penchaient pour saisir les mains des jolies filles, chantant et criant leur puissance et leur joie, la foule, effrayée et ravie à la fois, reculait, fascinée.

Agitée par des sentiments qu'elle n'aurait su exprimer, Sacajawa regardait le spectacle avec passion. Elle partageait l'exaltation des guerriers et des chasseurs et aujourd'hui se sentait fière d'être Minnetaree.

Elle aperçut Bouton de Rose dans la foule, non loin d'elle, et lui dit en souriant :

– Ils sont effrayants, n'est-ce pas?

– Effrayants? Tu veux dire qu'on n'a jamais vu une telle collection d'horreurs! reprit gaiement Bouton de Rose. Peut-être auront-ils l'air plus humain quand ils se seront lavés et habillés pour la danse du bison. Mais comme c'est beau! Nous irons à cheval avec Flèche Rapide et Pipe Rouge. (Puis, baissant la tête, elle ajouta à voix basse :) Il vaut mieux que tu saches que notre chef sera de la partie. Il est invité par les chefs mandans. Mais nous essayerons qu'il ne nous voie pas, Flèche Rapide sera avec nous.

Le lendemain, Trèfle Sucré alla chercher quatre chevaux au pâturage. Les deux premiers pour Flèche Rapide et Pipe Rouge, le troisième pour Sacajawa et Bouton de Rose, le quatrième pour le transport de la viande et des peaux.

– Il ne faudrait pas que Pipe Rouge se fatigue, il pourrait être de nouveau malade, souffla Sauterelle. Dites-lui de rester chez son vieil ami Quatre Ours au lieu d'accompagner les jeunes à la chasse.

– Je le lui dirai, promit Bouton de Rose, mais il a des idées bien arrêtées.

– Il est entêté, dit Sauterelle. Seul Pipe Rouge sait ce qui est bien. D'ailleurs, il te le dira lui-même, ajouta-t-elle d'un ton sarcastique.

– Je vais essayer de m'arranger pour qu'il se repose,

Mère, déclara Sacajawa. Si Bouton de Rose et moi avons soif et devons nous arrêter près d'une rivière, il faudra bien qu'il nous attende. Nous boirons souvent.

Le trajet jusqu'au village des Rooptahees était long, mais facile une fois franchie la vallée de la Knife. A partir de là, la troupe chevaucha sur un terrain sablonneux en direction de la Grande Boueuse. Ils traversèrent la rivière à gué et arrivèrent bientôt près d'un village abandonné. Des buissons y poussaient jusqu'à hauteur de la poitrine. Les huttes de boue s'écroulaient et de nombreuses portes de bois avaient disparu ou battaient au vent.

– Où sont les habitants? demanda Sacajawa. Pourquoi ont-ils abandonné leurs foyers?

– La maladie qui fait tousser est venue sur le dos du vent du nord, répondit Bouton de Rose. La moitié de la population du village a succombé. Les autres ont fait ce qu'ils pouvaient et, le cœur lourd, ont traversé la rivière et se sont installés au village de Mahawa, où vivent leurs cousins Ahnahaways.

– Et leurs sorciers? Où étaient-ils quand la maladie est arrivée?

– Ils ont conseillé de faire usage des cabines où l'on sue et de se précipiter ensuite dans la rivière pour rafraîchir les corps brûlants. Beaucoup ne sont jamais ressortis de l'eau.

Des troncs de cinq mètres de haut formaient un rempart autour du village de huttes rondes des Rooptahees. Bouton de Rose fit remarquer à Sacajawa que des troncs étaient légèrement plus espacés par endroits, ce qui permettait de tirer entre eux avec des bâtons de feu ou des arcs. Derrière les remparts, courait un fossé d'un mètre de profondeur qui constituait une protection supplémentaire contre d'éventuels assaillants.

A leur arrivée il y eut une immense clameur de

bienvenue et on leur ouvrit les portes du village. Les guerriers minnetarees mirent pied à terre et confièrent les rênes de leurs chevaux à de vieilles Rooptahees qui les conduisirent au pâturage. Puis un homme de grande taille, vêtu seulement d'un pagne, sa poitrine large et puissante portant le symbole du soleil en rouge et le signe de l'éclair en jaune, les bras ceints, du coude au poignet, de bandes d'herbe tressée et de cuir, fendit la foule.

– C'est Loup, dit Bouton de Rose, un ami de Kakoakis et le chef de tous les Mandans. Regarde, ils parlent maintenant.

Elle tendit le bras vers l'endroit où les deux hommes se tenaient, au centre d'un cercle de guerriers minnetarees et rooptahees.

La foule se tut pour entendre la conversation des deux chefs.

– Qu'est-ce qui te fait croire que tu sortiras d'ici vivant? demanda Loup en regardant fixement Kakoakis.

– Chacun sait que le grand chef des Mandans est le meilleur guide de tous les temps, répondit Kakoakis après un long silence. Chacun sait qu'il respecte la bravoure. Chacun sait qu'il inspire le respect et qu'il a la langue aussi fourchue que le serpent qui rampe dans l'herbe.

– Tu as de la bravoure pour oser venir dans un de mes villages, continua Loup. Je suis honoré. Mais pourquoi t'es-tu éloigné de ton village sans gardes?

– Je n'ai pas besoin de protection quand je me rends chez un peuple aussi tendre que le poulet de la prairie. D'une seule main, je peux tordre le cou de n'importe lequel de tes braves et envoyer sa tête rouler dans la poussière. Les hommes de mon village sont forts toute l'année. Les hommes de ton village sont faibles comme des femmes jusqu'à l'époque de la chasse. Alors, ils font semblant d'être forts en enflant la voix. Ils sont comme le chien qui aboie et qui a peur de mordre.

Lentement Loup fit le tour de Kakoakis et l'examina avec une expression dégoûtée.

– J'avais presque oublié à quel point tu n'es qu'un vieux chien galeux. Cela me surprend chaque fois.

– Loup, répondit Kakoakis, qu'est-il arrivé à tes beaux cheveux jaunes? Ils sont devenus rouges comme le crépuscule.

– Il vaut mieux qu'ils soient rouges de peinture que noirs de suie et de vermine comme les tiens. Aurais-tu oublié que l'on peut se laver dans la rivière? Tu empestes davantage que dix chevaux qui seraient restés dix jours enfermés dans une hutte.

– Mon odeur est celle de la terre. Je ne voudrais pas que ma femme m'arrange comme un vieux beau, me mette de la menthe écrasée dans la bouche et me frotte le corps avec de la sauge, car j'aurais alors la même odeur de canard rôti aux herbes que toi.

– Assez, conclut Loup en reniflant son aisselle. Finissons-en! Puisque te voilà chez moi, dans mon village, que ton peuple dresse ses tipis de peau à l'endroit habituel.

Chacun alors entreprit de s'installer. Sacajawa et Bouton de Rose défirent leurs paquets puis montèrent l'abri provisoire.

Elles firent un feu et Sacajawa commença à écraser du maïs séché dans un bol. Mais elle ne tenait pas en place et mourait d'envie de visiter le village. Elle regarda une petite fille aux yeux clairs et aux cheveux jaunes passer près d'elles puis, au moyen d'une échelle de baliveaux et de liens de cuir, gagner le toit d'une hutte où plusieurs vieilles femmes bavardaient au soleil. Les femmes avaient les cheveux blancs comme la neige. Sacajawa les montra à Bouton de Rose, qui lui dit :

– Tu n'es pas au bout de tes surprises. Certains hommes ont la peau claire et beaucoup de barbe.

– Cherchent-ils à ressembler aux hommes blancs? demanda Sacajawa en riant.

– Je ne crois pas, répondit Bouton de rose. Chaque nation pense qu'elle est la meilleure. Nous sommes persuadés que nous sommes meilleurs que les Mandans, et eux qu'ils sont meilleurs que nous. Selon eux, avoir des cheveux sur le visage est un signe de puissance.

– Est-ce que les hommes blancs se croient également les meilleurs? demanda Sacajawa avec un sourire. Nous savons bien que nous sommes meilleurs qu'eux. Viens, je voudrais aller voir la place du conseil.

Elle aida Bouton de Rose à verser le maïs pilé dans la marmite de terre cuite, et elles le laissèrent gonfler à feu doux. Pipe Rouge fumait la pipe, les yeux mi-clos, et Flèche Rapide dormait.

Toutes les huttes du village donnaient sur une immense place centrale d'au moins trente longueurs d'homme de diamètre, au milieu de laquelle se dressait une imposante bâtisse de planches d'environ deux longueurs d'homme de haut. Sur un côté, se trouvait une ouverture par laquelle on pouvait retirer ou remettre en place les objets sacrés. D'après Flèche Rapide, cette construction symbolisait l'arche, ou l'embarcation, qui avait servi aux premiers hommes quand les eaux avaient recouvert la terre. Elle abritait les totems les plus précieux : crânes de bison, os d'ailes de chauve-souris, plumes d'aigle et le disque d'or, lisse et usé par de nombreuses générations. Sur une de ses faces, on distinguait encore la queue d'un poisson et quelques signes. Sur l'autre, était représenté un instrument assez semblable à la harpe de bois coudé et à cordes de boyau dont jouaient les musiciens mandans. Il y avait enfin un morceau de quartzite plat, très ancien, incrusté de caractères inconnus.

Selon les Mandans, leurs ancêtres avaient autrefois trouvé des inscriptions identiques sur une pierre posée au sommet d'un tumulus de blocs rocheux, érigé, croyaient-ils, quand la lumière était venue à leur peuple.

Bouton de Rose fit le tour du lieu sacré à bonne distance, sans oser s'approcher. Mais Sacajawa, après avoir lutté contre la curiosité aussi longtemps que possible, finit par se pencher sur le grand trou noir pour examiner l'intérieur de cet immense canoë cloué au sol, et respirer l'odeur de moisi des choses mortes depuis de nombreuses saisons.

Elle se souvenait du jour où elle avait découvert le cercle de pierres en compagnie de son père, vestige laissé par ceux qui avaient vécu il y avait si longtemps. Autrefois, ils avaient été jeunes et joyeux au soleil, puis vieux et tristes dans le froid de l'hiver.

– Femme, pourquoi poses-tu les yeux sur les reliques des grands ancêtres? fit une voix rude, dans son dos.

Tirée de sa rêverie, Sacajawa se retourna brusquement et se trouva nez à nez avec un étranger vêtu d'un pantalon richement orné de dents d'élan et de coquillages. Au soleil, ses épaules étaient superbes. Sur sa poitrine couleur de bronze étaient peintes l'empreinte vermillon d'une main et de larges lignes jaunes qui zébraient son dos couvert de cicatrices.

Sacajawa prit le temps de réfléchir. Elle remarqua qu'il portait des mocassins blancs de cuir fin avec, sur le devant, des franges bleu foncé terminées par de petits coquillages. Levant la tête, elle vit aussi qu'il arborait une coiffure de plumes d'aigle, dont les plus petites, celles du duvet, lui encadraient le front.

– Tu es trop hardie pour une femme.

– Tu as raison, répondit-elle d'une voix aussi calme que possible. Je ne suis qu'une invitée dans ton village. (Ses genoux tremblaient et elle ajouta :) Maintenant, je vais regagner mon camp.

– C'est une belle journée, reprit-il en lui barrant le chemin.

Sacajawa recula d'un pas. Il tournait le dos à la lumière, mais elle put voir que ses cheveux se rejoignaient en pointe sur le front et qu'il avait le visage long, plus étroit à la hauteur des tempes. Sa bouche était droite, presque menaçante, et ses yeux sévères.

– Tu n'es pas Minnetaree, dit l'homme.

Sacajawa hésita et chercha Bouton de Rose des yeux.

– Je suis Metaharta. Je suis la fille de Pipe Rouge. Nous sommes venus pour la danse du bison. Un instant j'ai oublié que j'étais une femme. Mon esprit s'est envolé sur les ailes de l'oiseau : mais maintenant, j'ai repris mes esprits.

– Toi, la fille de Pipe Rouge? demanda-t-il. Pipe Rouge est-il ici? Je suis Quatre Ours, son vieil ami.

– Flèche Rapide est là aussi, répliqua Sacajawa, maintenant bien solide sur ses jambes. Il n'y a pas longtemps que je vis chez Pipe Rouge et Sauterelle.

– Alors, tu es une esclave? demanda-t-il comme pour s'assurer qu'il avait bien compris. Ils t'ont prise comme esclave.

– Non, dit Sacajawa pour se rattraper, ils m'ont adoptée. Sauterelle a organisé la Cérémonie-De-Celle-Qui-Devient-Femme. Je suis sa fille.

– Mais d'où venais-tu?

Sacajawa trouva bizarre qu'un homme consacrât autant de temps à questionner une femme qu'il ne connaissait pas. Pourquoi posait-il toutes ces questions? Néanmoins, elle fut incapable de tenir sa langue; elle eut l'impression qu'il s'agissait d'un personnage important qui devait avoir le droit de questionner une femme si cela lui plaisait.

– Je viens du pays des Montagnes Luisantes. Je suis une fille du Peuple, une Shoshone.

– Non, ce que je veux savoir, c'est où tu es allée après, dit-il.

– J'ai appartenu à un Minnetaree du grand village hidatsa. J'ai été vendue et échangée à la foire de printemps.

– Dis-moi, demanda Quatre Ours, est-ce que tu

connais l'histoire de la Fille-Qui-Aimait-Un-Chien, qui vivait dans ce village?

– Oui.

Il sourit. Ce n'était pas un sourire amical, ce n'était pas un sourire hostile, simplement le mouvement des lèvres d'un homme désireux d'exprimer son amusement devant un enfant.

Sacajawa sentit la colère monter. Maintenant qu'il croyait savoir qu'elle était la Fille-Qui-Aimait-Un-Chien, il n'allait plus lui faire confiance. Elle décida alors de changer de sujet.

– Qui était le peuple à qui appartenait la pierre aux signes étranges? demanda-t-elle avec brusquerie.

– Tu seras sévèrement châtiée si tu touches à ces choses. Je ne te laisserai pas porter la pierre à un marchand blanc pour qu'il l'échange contre de nombreuses peaux de castor, dans le Nord.

– Mais je...

Sacajawa était stupéfaite. Elle n'aurait jamais imaginé qu'il fût possible de faire du troc avec ces vieilles reliques comme avec des peaux ou des légumes. Elle était parfaitement consciente de leur caractère sacré, et ne comprenait pas pourquoi il lui parlait ainsi.

– Tu es bien étourdie aujourd'hui, dit-il. Reprends tes esprits et viens à la danse du bison, ce soir.

Et il se dirigea vers la grand-place. Un peu avant la tombée de la nuit, Bouton de Rose et Sacajawa suivirent Pipe Rouge et Flèche Rapide. Le tam-tam battait déjà et la musique grêle des harpes résonnait en prélude à la danse du bison.

Deux silhouettes tournaient autour du feu, et Sacajawa remarqua avec surprise que sous les tuniques de femmes on pouvait apercevoir de larges pieds d'hommes frapper le sol en cadence...

– Est-ce que ce sont des femmes? demanda Sacajawa.

– Oui, répondit Bouton de Rose, et non.

– Celle-ci a l'air d'un homme, dit Sacajawa, et l'autre aussi.

– Ce sont des *beaux* (1), expliqua Bouton de Rose. Les Mandans les appellent *ber-da-shes*. Serais-tu complètement ignorante?

– Je sais reconnaître un homme et je sais reconnaître une femme.

– Eh bien, ceux-ci sont des femmes dans leur village, dit Bouton de Rose.

– Je ne savais pas que l'on pouvait être les deux à la fois, remarqua Sacajawa.

– Ils ne sont pas nombreux, expliqua Bouton de Rose.

Fascinée, Sacajawa regarda les *beaux* monter des poneys pommelés et faire signe à leurs amis avec des éventails de plumes de queue de dinde. L'un d'eux portait un fouet et un chasse-mouches au poignet. Leurs selles étaient ornées de piquants de porc-épic et de queues d'hermine. Des plumes de cygne et de canard décoraient leurs robes.

– Est-ce qu'ils préféreraient être des femmes? demanda Sacajawa.

– Tu poses vraiment beaucoup de questions, exactement comme Quatre Ours, répondit Bouton de Rose avec un sourire. Je ferais aussi bien de te dire tout ce que je sais. L'enfant devient un *beau* quand il a son premier rêve. Quand il est en âge d'aller rêver dans les collines, il se voit encore vêtu d'une robe. Sa mère fait alors venir quatre *beaux*, le nombre sacré, s'il s'en

(1) Selon George Catlin (*Les Indiens de la prairie*) il n'était pas de tribu qui ne comptât deux ou trois de ces jeunes gens tout occupés de leur parure, qui n'étaient jamais ni guerriers ni chasseurs et ne se mêlaient pas à la société des hommes.

« Le *beau*, écrit Catlin, passe le plus clair de son temps au village, à prendre soin des femmes, et à s'habiller (...) Sa préférence va au duvet de cygne, aux plumes de canard, aux tresses d'herbes odoriférantes.

« Les hommes de la tribu tolèrent à l'accoutumée ce genre d'individus en les surnommant "vieille femme" ou "cœur faible", ce qu'ils semblent accepter volontiers, satisfaits qu'ils sont de leur succès auprès des femmes et des enfants qui admirent leur beauté et leur élégance. »

trouve dans le village à ce moment-là; dans le cas contraire, elle complète avec des vieilles femmes connaissant les chants. Ils chantent toute la nuit pour le garçon pendant que sa mère et sa grand-mère confectionnent sa tunique. Au matin, il met la tunique, fait quatre fois le tour du feu de sa hutte, et sort. Il est alors un *beau* pour toujours.

– Bizarre, fit Sacajawa.

– En vérité, reprit Bouton de Rose, je crois que c'est la mère qui fait le *beau*. La mère qui n'a qu'un fils ou un cadet qu'elle ne voudrait pas voir s'éloigner du camp. Aussi l'empêche-t-elle d'aller à la guerre ou de partir avec une fille. Elle commence pendant qu'il est encore jeune, le laisse s'asseoir comme une femme quand il faudrait lui apprendre à se tenir comme un homme et l'encourage à jouer à la poupée. Elle peut même lui apprendre à penser comme une femme et à craindre ce que font les hommes, la chasse ou la guerre, par exemple. Puis le petit garçon rêve qu'il est un *beau*. Oui, la mère peut avoir une telle influence qu'il devient incapable d'avoir un rêve d'homme. Alors, il ne peut plus que rester au village, prendre soin des enfants, s'occuper de sa beauté, fumer sa pipe et s'éventer avant de s'endormir en rêvant de jolies tuniques.

Silencieuse, Sacajawa écoutait. Mais soudain, les flammes du feu central montèrent vers le ciel et Vieil Ours, le grand sorcier des Rooptahees, se mit à chanter dans un crescendo aigu et rapide.

Il sortit de sa hutte, une tête de bison sur les épaules, comme les derniers rayons de soleil tombaient sur la place. Sacajawa saisit la main de Bouton de Rose. Douze hommes, coiffés d'une tête de bison et armés de leur arc ou de leur lance de chasse préféré, entrèrent dans la danse. Le battement du tambour s'intensifia, la plainte des harpes s'amplifia et les crécelles commencèrent à tourner.

La danse se prolongerait tard dans la nuit au son du

tambour, des harpes et de la psalmodie du sorcier, jusqu'à épuisement des danseurs. Les spectateurs banderaient alors leurs arcs et toucheraient de leurs flèches sans pointe les plus fatigués qui s'abattraient comme des bisons blessés.

Le ciel était devenu noir et les guetteurs avaient allumé des torches sur les toits des huttes afin que les éclaireurs partis en reconnaissance pour repérer le gibier puissent se retrouver, quand Pipe Rouge quitta la danse et se dirigea vers la hutte de Quatre Ours. Une jeune femme ouvrit la porte, l'invita à entrer et le fit asseoir sur une peau de bison. Quatre Ours salua son ami d'un signe de tête; lui aussi était assis sur une peau de bison. Une autre femme au teint clair, au visage rond, aux yeux gris et rieurs, apporta des nattes de jonc tressé sur lesquelles elle posa un grand bol de terre cuite contenant des côtes de bison rôties, un bol de pudding à la farine de navet sauvage aromatisé aux groseilles séchées, un plateau de terre cuite chargé de pemmican et de graisse de moelle, et enfin une jolie pipe et une blague à tabac pleine de kinnikinick.

– Nous ne nous mentons jamais, commença Quatre Ours.

– Non.

– Alors, je suis heureux de la cicatrice qui orne mon flanc, là où m'a frappé la flèche sioux destinée à ton dos. C'était une belle bataille.

– Tu l'as déjà dit. Et j'ai déjà dit que j'étais heureux que tu m'aies sauvé la vie, répondit Pipe Rouge. Tu as quelque chose en tête, mon ami, et il t'est difficile de parler.

– Tu as une nouvelle fille.

– Oui, j'ai une nouvelle fille. Tu crois qu'il aurait été plus sage d'adopter un fils? Je suppose que tu as raison. Les femmes n'ont pas de valeur. Elles versent des larmes, posent des questions et se plaignent.

– Ta fille a été esclave chez les Hidatsas.

– C'est vrai, mais elle n'est pas minnetaree; elle appartient à la nation des Shoshones qui vivent au nord. C'est une joie de l'avoir dans notre hutte. Elle apprend vite. Ma femme l'aime beaucoup, et cette enfant a besoin de son amour. Elle n'était pas en bonne santé lorsqu'elle est arrivée chez nous. Il est probable que les Hidatsas ont été cruels avec elle.

– J'ai rencontré ta fille, et je lui ai parlé. Elle n'est pas timide. Elle a regardé dans l'arche sacrée et m'a posé des questions sur la pierre qui y est déposée.

– Cela ne m'étonne pas. Elle veut toujours tout savoir.

– On raconte une histoire étrange à propos d'une femme esclave des Hidatsas, qui aimait un chien plus que ses ravisseurs. Le chien l'aimait aussi. Il veillait sur elle et lui sauva plusieurs fois la vie. On raconte aussi qu'elle parlait la langue du chien sauvage, comme un animal. Quand le chien fut tué, elle le pleura comme on pleure un parent. L'esprit de l'animal hanta la hutte où elle vivait et, pour apaiser cet esprit, on construisit un autel en son honneur, un autel de vieux os et de viande... en fait, un tas d'ordures!

» La fille était une malédiction pour ses ravisseurs, reprit Quatre Ours et ils eurent peur de son pouvoir sur les chiens sauvages. Ils crurent qu'elle fréquentait les esprits. Ils songèrent alors à la tuer, mais quelqu'un qui l'avait prise en amitié la vendit à un Ahnahaway en échange d'un corbeau. L'Ahnahaway perdit la fille, au cours d'un jeu de flèches, au profit d'un Metaharta.

Pipe Rouge resta sans voix. C'était la première fois qu'il entendait cette histoire.

– Est-ce la vérité? finit-il par murmurer lentement.

– Ma langue n'est pas fourchue, répondit Quatre Ours.

– C'est une histoire incroyable. Il est possible, en

effet, que ma fille ait pu se lier d'amitié avec une bête sauvage. Elle est douce et ne s'impose à personne. Elle est droite, et ferme aussi. Elle n'a pas l'esprit tortueux. Si, pourtant, elle a l'esprit tortueux. Elle a enveloppé mon cœur comme si je l'avais connue toute petite.

Quatre Ours eut un rire grave et étouffé.

– Nous sommes là, deux hommes adultes, à discuter la conduite d'une fille! Nous sommes comme des femmes si nous nous intéressons à l'une d'elles, mais je ne puis me soucier d'un fils, puisqu'il n'y en a pas dans ma hutte.

– Ce n'est pas tout, poursuivit Pipe Rouge. J'ai eu la maladie qui fait perdre conscience. J'ai voyagé au pays du sommeil et j'ai appris que ma nouvelle fille irait à un homme blanc.

– Et alors? Je crois qu'elle saura se protéger mieux que tu ne le penses, répondit Quatre Ours après un instant de réflexion.

Pipe Rouge se leva et fit quelques pas.

– J'ai l'impression que cette nouvelle fille nous liera un jour à l'homme blanc. Elle servira d'intermédiaire. Est-ce que nous voulons cela?

– Tes paroles sont étranges, Pipe Rouge. L'homme blanc est arrogant et fait sa loi, même sur notre terre. Crois-tu que ta fille irait vivre avec lui?

– Pas de sa propre volonté. Mais elle a été ballottée d'un village à l'autre et elle a compris que son destin ne lui appartenait pas. Le Grand-Esprit guide chacun de nous. Maintenant, j'ai peur pour elle. Si les Hidatsas savaient que la Fille-Qui-Aimait-Un-Chien est ici... Il y a de quoi trembler.

– Les temps ont changé, dit Quatre Ours. Pour un Hidatsa disposé à lui faire du mal, nombreux sont ceux qui ne désirent que la paix et ne veulent pas se battre pour un tas d'os puants.

– Peut-être, admit Pipe Rouge. Nous tournons en rond comme un chien attaché à un pieu.

– Il n'y a pas que les chiens qui tournent en rond

lorsqu'ils sont attachés à un pieu, dit Quatre Ours d'une voix douce. As-tu déjà vu le corps d'un homme attaché à un poteau de torture hidatsa par ses propres boyaux? Moi, j'en ai vu un. Tu as raison d'avoir peur. Mais sois tranquille. Tu peux garder ta fille bien-aimée et nous vivrons tous en paix. Nous garderons le secret dans nos cœurs.

– Mais qu'arrivera-t-il si ma fille raconte son histoire? demanda Pipe Rouge.

– Elle ne la racontera pas, et si d'autres le font, tu la nieras. Maintenant, oublie!

Quatre Ours se tut un instant, et reprit :

– Je n'entends plus les tambours. Les jeunes sont partis à la chasse. Ton fils aussi est parti. Te reposeras-tu ici le reste de la nuit?

– Je me sens bien ici.

– Eh bien! nous allons dormir jusqu'à ce que le soleil soit dans le ciel, mais avant écoute bien : Je voudrais que tu viennes à la cérémonie de l'Okeepa, dans une lune. Je voudrais que tu emmènes ton fils, Flèche Rapide. Autorise-le à participer à la Danse du Taureau comme s'il était mon fils. Il n'y a que des femmes dans ma hutte et j'ai envie de pouvoir fumer avec quelqu'un de temps en temps. Je voudrais pouvoir faire des flèches pour quelqu'un. Je te demande de partager ton fils avec moi.

Pipe Rouge se redressa.

– Je te remercie. Le mari de ma fille Bouton de Rose, mon fils Flèche Rapide, qui nous est venu de la hutte de Chat Noir, sera fier de devenir ton fils adoptif. Mon fils deviendra ton fils. Nous sommes amis. Nous partageons.

Un sourire adoucit le visage de Quatre Ours.

– Aimerais-tu avoir une autre fille? J'en ai une ou deux à partager.

– Maintenant tu plaisantes, dit Pipe Rouge en tirant sur sa pipe, les yeux brillants.

– Je dois te dire toute la vérité. Il y a bien longtemps, le chef Chat Noir s'est lié d'amitié avec un Blanc nommé John Evans. Ils ont passé des nuits entières à parler de la naissance de notre nation et de la signification des objets que nous ont laissés nos ancêtres. Evans savait à quel point nous y tenons. Il l'a dit à ses compagnons. Et on nous a avertis que la femme d'un Blanc tenterait de s'emparer des reliques sacrées, afin de les échanger. Quand j'ai vu ta fille regarder dans l'arche sacrée, j'ai cru qu'elle était cette femme et que les Blancs lui avaient ordonné de voler les Hidatsas.

– Sois plus prudent dans tes jugements, grogna Pipe Rouge. Peut-être y a-t-il dans ton village une femme favorable aux marchands blancs, mais Sacajawa ne prendrait rien qu'elle n'eût le droit de prendre. Elle a été élevée par des gens honorables, et je peux t'assurer que ce ne sont pas les Hidatsas.

Il cracha ce dernier mot comme on crache du fiel, amer et corrompu.

La danse du bison avait été un succès. Le lendemain, au milieu de l'après-midi, les chasseurs rentrèrent sur des chevaux lourdement chargés, et Pipe Rouge s'empressa d'apprendre à son fils que Quatre Ours l'invitait à prendre part à l'Okeepa.

Flèche Rapide se rembrunit, puis se mit à rire. Il se baissa, gratta le sol avec les mains comme un bison sur le point de charger, puis montra fièrement son torse couleur de bronze et couvert de sang séché. Il était prêt. Pipe Rouge grogna de satisfaction. Ils reviendraient donc dans un mois pour la cérémonie. Pour l'instant, il fallait aller rejoindre les chasseurs afin que Flèche Rapide puisse raconter ses exploits.

De leur côté, Bouton de Rose et Sacajawa entreprirent alors de faire rôtir un peu de viande.

Comme Bouton de Rose s'éloignait un instant pour aller chercher quelques feuilles mortes, nécessaires à l'entretien du feu, une jeune femme qui travaillait à quelques tipis de là se dirigea lentement vers Sacajawa. Elle était maigre, les yeux brillants, suivie par deux enfants vêtus de tuniques sales, aux visages couverts de sang séché.

– Tu es soigneuse, dit-elle. Il n'y aura pas de vers dans ta viande.

Puis elle s'essuya les mains sur sa tunique effrangée. Elle avait une longue chevelure noire ramassée au sommet de la tête, maintenue par des brindilles, des épines et des paquets de boue. L'intérieur de ses oreilles était rouge et une ligne ocre entre les sourcils, semblable à une fine coupure, séparait le haut de son visage en deux.

– Mon mari me battra si notre viande pourrit.

– Pourquoi te battrait-il si ce n'est pas ta faute? demanda Sacajawa.

– Il m'a encore frappée ce matin avec un tison parce que je n'avais pas fait le feu, s'exclama la jeune femme en découvrant une épaule couverte de brûlures purulentes.

Elle se balança un instant et adressa un sourire crispé à Sacajawa.

– Mon mari est très important dans l'autre village, ajouta-t-elle. Il parle la langue des Metahartas, celle des Mandans et deux langues des hommes blancs.

Et elle leva deux doigts sales, les yeux brillants de fierté.

– Ton mari est-il allé à la chasse? demanda Sacajawa, se demandant pourquoi la jeune femme n'avait pas enduit ses brûlures de graisse de bison fondue.

– Non, il est parti vers le nord pour commercer avec d'autres hommes blancs. Je prépare la viande d'un de ses amis.

– Ton mari est Blanc?

– Oui. Il s'appelle Jussome. C'est un Français. (La jeune femme eut de nouveau son sourire crispé.) Mon mari a de la barbe... sur le visage, sur la poitrine et le dos, les bras et les jambes.

Et elle se mit à rire.

– Qu'est-ce que c'est, Français? demanda Sacajawa.

La jeune femme haussa les épaules et s'assit près du feu, sans répondre.

– Il n'y a pas longtemps, il y a eu une cérémonie de Celle-Qui-Devient-Femme, fit-elle d'un coup.

– Oui, ma mère, Sauterelle, m'a fait cet honneur, dit Sacajawa.

– Je le savais. La nourriture était bonne.

– Je répéterai tes paroles à Sauterelle. Elle sera contente.

– Est-ce qu'elle sera aussi contente d'apprendre que j'ai le collier de belettes qu'elle a jeté sur le tas d'ordures? demanda la femme, en se relevant. Kakoakis serait fâché, lui, s'il le savait.

Ainsi c'était elle! Où voulait-elle en venir?

– Et pourquoi le dirais-tu à Kakoakis?

– Tu n'es pas très maligne, répondit la femme en se posant un doigt sur le front. Mon mari est ami avec tous les chefs, surtout avec Kakoakis et Loup. Ce sont des hommes importants. Et Jussome sert d'intermédiaire entre les marchands blancs et les Mandans.

Puis glissant une main crasseuse sous sa blouse, elle sortit le collier de belettes et se le mit autour du cou, dans un geste de bravade.

Sacajawa, qui n'éprouvait plus la moindre pitié pour la femme aux épaules brûlées, sentit la colère s'emparer d'elle.

– Tu ferais mieux de l'enlever, dit-elle durement en cherchant des yeux, sans l'apercevoir, Bouton de Rose pour lui demander de l'aide.

– Je peux l'enlever, oui, et je vais peut-être même te le donner, si tu me dis ce qu'il y a dans l'arche sacrée.

– Je peux te dire que ce sont des objets très anciens qui appartiennent au village! Ils viennent des premiers

Mandans qui ont vécu ici, il y a très longtemps.

Sacajawa tendit le bras pour s'emparer du collier.

– Je le porterai quand j'irai manger dans la hutte de Loup en compagnie de Kakoakis, dit la femme.

– Mais tu as dit...

– Je voulais savoir pourquoi tu as regardé dans l'arche. Mon mari m'a demandé d'y prendre une pierre qui parle. Il dit que s'il l'avait, il serait un homme riche. Est-ce que tu la prendras pour moi?

– Non. Sa place est ici. Elle appartient au village. Elle vient du passé des Mandans. Seul le Grand-Esprit sait encore ce qu'elle signifie. Elle te porterait malheur.

– Malheur?

– Oui. Elle rendrait ton mari faible et ferait mourir tes enfants. Peut-être que toi aussi tu serais morte au matin.

La femme fixa de grands yeux sur Sacajawa.

– Ce n'est pas vrai. Tu mens. Je connais ta sœur. J'étais là quand elle est tombée malade. Ce n'était qu'un jeu, mais elle était molle et faible. Moi aussi j'ai participé au jeu de l'homme et de la femme et cela ne m'a pas fait perdre la tête. Et regarde ce que j'en ai retiré.

Elle tendit un doigt sale vers les enfants. Puis elle eut un mouvement obscène des mains et des hanches à l'adresse de Sacajawa, avant d'éclater d'un rire strident et saccadé :

– Ils sont beaux, n'est-ce pas?

– Qui est donc Jussome pour pouvoir posséder les reliques de l'arche sacrée?

– Qui est Jussome? répéta la femme d'un ton moqueur. Qu'est-ce que c'est : Français? Tu passes ton temps à poser des questions. Tu ne sais pas grand-chose.

– Je me renseigne, répliqua Sacajawa, à qui la femme déplaisait de plus en plus. Ton mari est de la nation des Jussome et il parle *français*?

– Je devrais te donner une bonne correction pour t'apprendre à plaisanter, mais il me suffira de porter le collier au lieu de te le donner. (Elle lissa la fourrure blanche avec sa main noire.) De toute manière, Kakoakis me doit un cadeau et il y a des lunes que j'ai envie d'un collier comme celui-là. Il le savait, pourtant, ce putois puant...

– Kakoakis te doit un cadeau? Pourquoi? demanda Sacajawa en tendant une fois de plus la main pour s'emparer du collier.

– Pourquoi?... Kakoakis aime les rondeurs de mon corps et il aime presser mes seins durs contre sa poitrine nue. Rien que de les voir fait briller son œil et couler sa salive. Il me doit beaucoup!

Stupéfaite, Sacajawa recula d'un pas. La jeune femme paraissait hors d'elle. Elle était sale, ses vêtements étaient tachés de graisse et de sang, ses cheveux défaits lui tombaient sur les épaules en mèches désordonnées. Telle qu'elle était, il paraissait impossible qu'elle pût plaire.

– Et mon mari aime les cadeaux de Loup et de Kakoakis, poursuivit-elle, alors il m'échange pour une nuit ou deux.

– Il t'échange? demanda Sacajawa dans un souffle. Et cela ne te fait rien?

– Je n'ai rien à dire. Mais je m'en fiche. Leurs jeux me plaisent. Mon mari n'est rien, comparé à l'émoi que ces chefs savent faire naître en moi. Ils me rendent folle de désir et je suis prête à tout pour eux. Ce sont des démons. Comme les démons de l'Okeepa, ajouta-t-elle en levant les yeux vers le ciel et en soulevant ses seins fermes en les pressant l'un contre l'autre.

– Pourquoi es-tu venue me parler? demanda Sacajawa. Tu es plus bavarde qu'une vieille squaw. Qu'as-tu réellement en tête?

– Crois-tu que je n'aie pas remarqué les regards que Kakoakis t'a jetés pendant ta cérémonie? Il a envie de toi. Je veux que tu réfléchisses aux deux petits seins ronds que tu as sous le menton. Aimerais-tu qu'on t'en tranche un?

La jeune fille recula d'un bond. Elle sentit son sang la quitter, mais aussitôt la colère revint. Elle tendit le bras et arracha le collier de queues de belette du cou de la femme.

– Rends-le-moi!

– Jamais! Et si tu ne pars pas tout de suite, je dirai à Quatre Ours que tu as l'intention de voler les reliques de l'arche.

– Tu ne le ferais pas!

– Oh si! je le ferais!

Il y avait tant de détermination et de rage dans la voix de Sacajawa que la jeune femme tourna les talons et s'éloigna suivie de ses deux enfants, sans demander son reste.

– Kakoakis devient complètement aveugle! cria-t-elle de loin.

Elle croisa Bouton de Rose qui revenait portant une grande brassée de feuilles détrempées qu'elle laissa tomber près du feu.

– Qui est-ce? demanda Sacajawa en regardant s'éloigner la femme.

– C'est Fleur-qui-attend-l'Abeille, répondit Bouton de Rose, l'épouse d'un marchand blanc. On l'appelle aussi Squaw-de-n'importe-Qui ou Dent Cassée parce que son mari l'a frappée à la bouche avec le bout de son bâton de feu un jour qu'elle était allée chez Kakoakis sans sa permission. Tout le monde les connaît, elle et son homme blanc. S'il lui donne la permission, tout va bien. S'il n'est pas d'accord, elle doit rester. Mais tout le monde sait qu'elle va voir Kakoakis quand elle en a envie.

– C'est elle que Sauterelle a vue sur le tas d'ordures. Elle avait le collier de belettes, dit Sacajawa. Je le lui ai pris. Qu'allons-nous en faire?

– C'est simple, répondit Bouton de Rose. Nous rentrons demain avec Pipe Rouge et Flèche Rapide. Il faut le rapporter à Sauterelle et lui raconter ce qui est arrivé.

Et tout heureuses à l'idée de revenir dans un mois pour la cérémonie de l'Okeepa, les deux jeunes filles jetèrent ensemble une poignée de feuilles mortes sur le feu qui crépita joyeusement.

9

Le mysticisme, la dévotion religieuse et l'intense désir d'être dans les bonnes grâces du Grand-Esprit trouvaient leur expression ultime dans ce que les Mandans appelaient : Okeepa. Il serait difficile de trouver, parmi les peuples de la terre, une pratique plus cruelle de pénitence consentie. Le sacrifice jouait un rôle important dans la religion des Indiens des plaines. Il était couramment pratiqué et prenait de nombreuses formes, depuis l'offrande d'un petit morceau de viande que l'on jetait dans le feu avant de manger, ou de l'épi de maïs que l'on faisait brûler avant la récolte, jusqu'à la soumission des individus à des douleurs susceptibles de les tuer. Mais rien n'égalait l'épreuve de l'Okeepa.

HAROLD MC CRACKEN, *George Catlin and the Old Frontier,* 1959.

L'OKEEPA

Les femmes de la hutte de Pipe Rouge bavardaient en dressant la petite tente de peau de bison. Elles préparaient le bain de vapeur de Flèche Rapide. C'était un des rites obligatoires avant de se présenter aux chefs mandans pour la cérémonie de l'Okeepa (1). Sauterelle alla dans la hutte du conseil chercher la

(1) Cérémonie annuelle des Mandans, destinée à la fois à commémorer la fin du déluge et à assurer aux guerriers leur entrée future dans les merveilleux terrains de chasse du paradis. Ses deux temps forts sont la Danse du Bison Mâle, qui doit être strictement exécutée pour que viennent les bisons, et un rituel d'initiation des jeunes gens à travers une série de privations et de tortures (N.d.T.).

bassine d'osier réservée aux bains de vapeur des hommes. Bouton de Rose avait posé plusieurs grosses pierres au centre du feu allumé près de la tente de peau, et Sacajawa ramassait du bois. Pipe Rouge, assis un peu plus loin, fumait sa pipe et jouait avec ses petits-enfants.

Une fois nu, Flèche Rapide monta solennellement dans la bassine et s'assit sur les feuilles de sauge fraîchement écrasées. Armée d'un bâton, Bouton de Rose fit rouler les pierres bouillantes sous la tente, et Sacajawa les saupoudra de nouveau de sauge avant de les asperger d'eau froide. D'épais nuages de vapeur s'élevèrent, chargés d'arômes vivifiants. Les femmes s'éloignèrent, laissant Flèche Rapide respirer profondément et se purifier le corps.

Avant que la vapeur ne refroidisse et ne se condense complètement, il sortit en courant et plongea dans l'eau glacée de la rivière. Bouton de Rose le suivit, et, son bain terminé, l'enveloppa dans une peau de bison pour éviter qu'il ne prenne froid en regagnant la hutte. Puis elle le massa vigoureusement avec de la graisse d'ours, tandis que Sacajawa et Sauterelle lui servaient un repas d'anis bouilli et d'œufs de canard. Maintenant il était prêt et pouvait devenir le fils adoptif de Quatre Ours.

Le lendemain, Sauterelle s'empressa auprès de Flèche Rapide comme s'il était son propre fils, et non le mari de sa fille, et mit tous ses soins à lui peindre le visage et les épaules.

– Je veux que mon fils soit le brave, le plus beau de l'Okeepa, lui déclara-t-elle avec un sourire, en examinant le dessin qu'elle venait de terminer sur sa poitrine. Ma fille me racontera tout, ainsi je ne manquerai rien en restant ici avec les enfants. Tu n'as pas peur, n'est-ce pas?

Il lui jeta un regard surpris et fit non de la tête. Pourquoi Flèche Rapide aurait-il eu peur? Ce serait l'expérience la plus extraordinaire de sa vie. Assister à la fête de l'Okeepa et prendre part au rituel sacré de la torture était ce dont tout guerrier rêvait.

En les regardant partir Sauterelle murmura une prière au Grand-Esprit. Flèche Rapide allait affronter la torture. C'était un rituel remontant à l'aube des temps. Nul ne pouvait s'y soustraire.

Elle revint vers le feu. Une terreur insidieuse prenait possession d'elle. Ce soir, c'était elle, et non Flèche Rapide, qui devait affronter le monstre. Et le monstre était son amour maternel, qui lui commandait de préserver sa famille, de la tenir à l'abri de toute blessure, de tout désagrément.

C'est au milieu de la matinée que le signe leur apparut. Et, comme tous les signes, il se manifesta alors que tout paraissait calme et serein et que rien ne le laissait prévoir.

Ils étaient tous à bavarder, et personne ne vit l'orage franchir le sommet des collines qui se dressaient devant eux. Le vent souffla et la pluie frappa les voyageurs en plein visage. Ils mirent pied à terre et s'abritèrent sous un grand pin en attendant la fin de l'averse. L'odeur de la sauge mouillée leur emplit les narines et c'est en remontant en selle pour traverser la rivière qu'ils perçurent les premiers indices. Le soleil n'était pas encore sorti des nuages, mais le ciel était rose. Soudain, Sacajawa, stupéfaite, montra l'arc-en-ciel. Entouré de nuages pourpres, il semblait suspendu entre ciel et terre.

– Mon peuple croit que c'est un signe de puissance et de paix, dit Sacajawa.

– Tu n'as pas d'autre peuple que le nôtre, répliqua sèchement Pipe Rouge. Regarde, ma fille, comme c'est étrange. Les couleurs ne touchent pas la terre. Le Grand-Esprit ne peut pas poser les pieds sur le sol quand il navigue dans un tel canoë. C'est un signe, ajouta-t-il d'une voix grave.

– Le ciel dit que l'un de nous atteindra de grands sommets, hasarda Flèche Rapide.

– Oui, reprit Pipe Rouge d'un ton subitement lointain. Ce doit être cela, ce signe doit être toi, mon fils. Avec la cérémonie de l'Okeepa tu entames ton ascension. Moi, je suis à l'automne de ma vie, il ne peut donc être question de moi.

Il ne parla pas des femmes, car un événement aussi extraordinaire ne pouvait évidemment pas les concerner. Néanmoins, il pensa à son ami Quatre Ours et se rappela avoir admis que sa fille adoptive était exceptionnelle. Fallait-il donc en voir la confirmation dans ce présage?

Cependant l'arc-en-ciel perdait de son intensité et les chevaux grattèrent le sol, impatients de repartir. Il fallait arriver à Rooptahee avant que le soleil ne soit sous la terre, et Flèche Rapide donna le signal du départ.

Ils atteignirent le village mandan au milieu de l'après-midi. Devant la hutte du sorcier de longues bandes de tissu bleu et noir achetées par l'homme blanc, Jussome, étaient pliées de manière à représenter des silhouettes humaines portant des masques et des plumes d'aigle sur la tête. Près des mannequins était tendue une peau de bison blanc. C'était la première fois que Sacajawa en voyait une.

– Le bison blanc a une très grande valeur, expliqua Quatre Ours en les accueillant et en faisant glisser du sable entre ses doigts pour exprimer les milliers et les milliers de bisons d'un seul troupeau. Sa peau est si rare qu'elle ne peut appartenir qu'à la tribu tout entière. C'est un objet magique.

» La cérémonie de l'Okeepa aura lieu demain, ajouta-t-il. Les feuilles de saule ont atteint leur plus grande taille.

Après une nuit passée sous la hutte de Quatre Ours, ils se réveillèrent le lendemain matin, au battement d'un tambour sur la place.

– Le jour est venu, annonça Quatre Ours. Es-tu prêt, mon fils?

Déjà les Mandans se rassemblaient près de la hutte du conseil, les cheveux soigneusement coiffés, revêtus de leurs plus beaux atours.

Pipe Rouge et Flèche Rapide avaient pris place près de Quatre Ours à côté du chef Chat Noir, le père de Flèche Rapide, très impressionnant lui aussi avec sa chemise et son pantalon ornés de perles et sa coiffure de plumes d'aigle blanches comme la neige.

Bouton de Rose et Sacajawa se tenaient dans le cercle des femmes en compagnie de l'épouse de Quatre Ours, Femme-Soleil, et de sa fille Menthe. Soudain, quelqu'un poussa un cri, et tous les yeux se tournèrent vers l'ouest. Là-bas, une silhouette solitaire s'avançait vers le village. Après avoir longé la crête de la colline, l'homme descendait en direction du village à grandes enjambées rapides et décidées. Bientôt, tous furent debout, les yeux fixés sur celui qui s'approchait, feignant d'éprouver une grande crainte. Ses épaules avaient une sorte d'élégance, de sveltesse assurée, qui donnait une grâce indicible à son ample robe de loup blanc. Il tenait à la main gauche une pipe de terre, dont le long tuyau s'élevait en diagonale derrière sa tête coiffée d'ailes de corbeau.

Ses traits étaient encore imprécis, mais on pouvait déjà apercevoir son visage, enduit d'argile de rivière, plus blanc que l'écorce du bouleau. La foule s'écarta quand il pénétra enfin sur la place pour venir toucher la main des chefs et des guerriers les plus connus.

– C'est Vieil Ours, le sorcier, souffla Menthe.

Soudain la foule s'écarta de nouveau. Le coureur gagnait la hutte du sorcier et ouvrait la porte. Alors sa robe faite de quatre peaux de loup blanc tomba à terre, découvrant son corps entièrement peint d'un blanc éclatant.

– Madoc, le Premier Homme, psalmodièrent les Mandans.

Ainsi baptisé, le Premier Homme désigna quatre braves qu'il chargea de préparer la hutte du sorcier.

Ils recouvrirent le sol de branches de saule sur lesquelles ils étendirent de la sauge sauvage. Puis ils disposèrent des crânes de bison et d'homme et des instruments de torture. Debout, immobile, le Premier Homme surveillait les opérations. La blancheur de son corps était si éblouissante qu'elle en faisait mal aux yeux.

Quand tout fut fini, le Premier Homme se mêla à la foule en poussant des cris perçants afin que tout le monde se taise, et il entreprit le récit de la catastrophe qui s'était abattue sur la terre quand les rivières avaient débordé, ajoutant que lui seul avait survécu à la calamité. Il avait tiré son grand canoë au sec, au sommet d'une haute montagne de l'Ouest, et était venu ouvrir la hutte du sorcier. En échange, il exigeait que chaque hutte lui fasse cadeau d'un instrument coupant, offrande destinée à empêcher les eaux du Grand Déluge de revenir.

Sacajawa se pencha vers ses compagnes.

– Une légende shoshone raconte qu'un jour les eaux ont recouvert la terre, souffla-t-elle. Le bison le plus puissant fut sauvé et le Grand-Esprit lui ordonna de modeler tous les autres animaux avec de la boue et des morceaux de bois, puis de leur donner des noms. Il en fit alors deux de chaque race, puis créa les Shoshones et les appela : Frères. Voilà pourquoi le Peuple et le Bison s'entraident depuis toujours.

– C'est une belle histoire, dit Bouton de Rose, et nos légendes se ressemblent. Nous sommes vraiment sœurs.

Maintenant les Mandans, les yeux fixés sur la hutte du sorcier, attendaient la Danse du Bison qui devait suivre. Au cours des quatre jours de la cérémonie, elle allait être exécutée quarante fois. Douze hommes, les plus braves du village, commençaient à danser autour de l'arche sacrée, baptisée en cette occasion le Grand

Canoë, symbolisant le bateau utilisé pendant le Grand Déluge. Les danseurs avaient revêtu des peaux de bison complètes avec cornes, sabots et queue et s'efforçaient d'imiter les mouvements de l'animal.

Leur corps était presque nu et peint en noir, rouge et blanc. Chacun d'eux tenait une calebasse et une longue baguette blanche, et portait sur le dos un gros fagot de branches de saule vert. Par groupes de deux, ils occupaient les quatre points cardinaux de l'arche. Ceux qui se tenaient au sud symbolisaient Mère-Terre. Entre les deux couples se trouvaient des danseurs solitaires et nus, à l'exception d'une longue coiffure et d'un tablier de plumes d'aigle blanc, également pourvus d'une calebasse et d'une baguette. Deux d'entre eux, peints en noir, avec du charbon de bois réduit en poudre, mélangé à de la graisse, représentaient la nuit; les points blancs de craie diluée avec de l'huile figuraient les étoiles. Les autres, peints en vermillon, incarnaient le jour. Des rayures blanches sur leur corps étaient autant de fantômes chassés par la lumière du matin.

Sacajawa fut subjuguée par l'hypnose collective de cette dernière nuit précédant le rituel. Son sang battait au rythme des tambours. Elle frémissait, emportée par la frénésie des danses et des incantations, vacillait dans le tournoiement des lumières et des ombres, et quand le Premier Homme revint avec les hachettes et les couteaux qui lui avaient été remis, le silence brutal qui tomba sur la place la frappa comme un coup. Alors le Premier Homme déposa son chargement dans la hutte du sorcier, puis comme par enchantement disparut dans la nuit.

Sacajawa et Bouton de Rose dormirent tard. Pipe Rouge et Quatre Ours conversaient en fumant quand elles s'éveillèrent. Flèche Rapide méditait.

– Mon fils se prépare pour la difficile épreuve qu'il va subir, expliqua Quatre Ours, ses longues mains tripotant nerveusement le tuyau de sa pipe. Moi je n'ai pas faim, mais il faut que mes invités mangent tout leur content avant de se rendre au conseil.

Ses épouses avaient préparé un véritable festin. Trois oies avaient été enduites d'une épaisse couche de boue, puis mises dans un feu brûlant et recouvertes de braises rouges. Quand la gangue d'argile avait tourné au brun, on les avait laissées refroidir avant de fendre à la hache la carapace où les plumes et la peau restaient collées à l'argile, libérant une chair tendre et juteuse.

Mais Bouton de Rose fut incapable de manger et sortit. Une impression étrange s'était emparée d'elle. Elle flottait, lui semblait-il, dans la brise matinale, elle s'échappait du cœur de la nature sauvage qui l'entourait. Elle était tapie dans l'immensité de la prairie qui s'étendait autour du village. Il lui semblait même s'élever, comme une brume impalpable, du sol où elle s'était assise dans le cercle des femmes. Il était difficile de donner un sens à cette impression, mais tout pouvait arriver pendant le rituel de la torture. Un long frisson la secoua, comme si elle allait avoir un enfant.

Quatre Ours alla jusqu'au bout de la place et ramassa une grosse pierre ronde. Quand il regagna sa place dans le cercle du conseil, ses yeux brillaient. Il tourna sur lui-même et contempla le peuple de son village; puis il parla. Le rythme de son discours fut semblable au battement du tambour :

– Nous sommes tout petits, commença-t-il. Egarés dans le temps. Nos actes n'ont pas plus d'importance que ceux des puces. Combien d'hommes ont subi le rituel, et que reste-t-il aujourd'hui de leur courage et de leurs pensées? Tout homme a ses limites, et il ne peut échapper à ce qui fait de lui un homme. Mais au fil des expériences, et en mêlant ses idées à celles des autres, il peut faire un pas hors de lui-même et acquérir puissance et sagesse. Cela constitue un grand progrès pour lui, mais ne signifie pas grand-chose, comparé à la puissance et à la sagesse de la pierre que je tiens. (Il leva la pierre pour que tous puissent la voir.) Chaque matin, l'homme fait un pas vers sa mort. Cette pierre a vu de nombreuses générations. La vie d'un homme a moins d'importance pour cette pierre que la vie d'une puce pour nous. L'homme croit que les plus petites choses sont les plus négligeables et que ce qui vient d'un passé lointain compte moins que ce qui appartient au présent ou à l'avenir. Mais l'homme n'approche pas la sagesse ultime du rocher. Le rocher ignore le temps, qu'il s'agisse du début du monde, d'hier, ou de savoir si le soleil se lèvera demain. (Sa voix se gonfla de passion.) Nous ne faisons rien nous-mêmes. L'homme est comme une flèche. La corde est tendue et, à un certain moment, libérée. La flèche file alors dans la direction où elle a été pointée. Et, après avoir un instant fendu l'air comme l'oiseau, elle retombe sans vie sur le sol.

Quatre Ours se tut, puis il se pencha, le visage calme et grave, les bras tendus et les mains jointes, comme pour bénir la foule.

Alors tout le monde se tourna vers le Premier Homme qui fit signe à ceux qui allaient participer au rituel d'entrer dans la hutte du sorcier et de se préparer.

Bouton de Rose retint son souffle quand Flèche Rapide réapparut. Il portait son bouclier de guerre, son arc et ses flèches au bras gauche, son carquois sur le dos, et serrait son sac-médecine (1) dans la main droite. Tout son corps était enduit de peinture d'argile mélangée à de la graisse d'ours, rouge, bleue et jaune. Son visage était calme, et traduisait sa détermina-

(1) Sac fait de peau d'animal (du loup à la grenouille) et orné par son propriétaire. Accroché à une partie du vêtement ou tenu à la main, il ne contient ni drogue ni médicament, mais des herbes ou de la mousse. Tous les Indiens des plaines en possèdent un. Ils ne l'ouvrent jamais. Le sac est d'ailleurs toujours fermé. C'est un pur objet de culte (N.d.T.).

tion à affronter résolument la cérémonie de l'Okeepa.

Les futurs initiés firent fièrement le tour de la place, leur peau enduite d'huile luisant au grand soleil. Bouton de Rose soupira, les yeux fixés sur Flèche Rapide, qui se déplaçait avec une rapidité silencieuse et souple, comme un animal ou un fantôme. Puis les jeunes hommes pénétrèrent dans la hutte du sorcier. Quatre Ours, Pipe Rouge et tous les autres chefs du village les y suivirent. Tous avaient subi la même épreuve pendant leur jeunesse. Ils allaient maintenant servir de témoins.

Désormais, plus personne ne pouvait entrer dans la hutte du sorcier et quelques femmes commencèrent à gémir.

– Pourquoi font-elles cela? demanda Sacajawa.

– Elles savent ce qui va se passer, répondit Bouton de Rose, dont le visage pâlissait à chaque nouvelle plainte.

A l'intérieur de la hutte, le Premier Homme alluma sa pipe, fuma, puis prononça un bref discours aux jeunes braves assis au pied du mur. Il les exhorta à faire confiance au Grand-Esprit, qui les protégerait pendant l'épreuve qu'ils allaient subir, puis il transmit son pouvoir, symbolisé par une pipe sacrée, à celui qu'on appelait le Guide, un sorcier âgé qui poursuivrait la cérémonie. Le rôle du Premier Homme était terminé. Il serra les mains du Guide dans les siennes et exécuta gravement son départ rituel pour les montagnes de l'Ouest, d'où il était venu.

Le Guide, peint en jaune, s'allongea près du feu brûlant et commença à invoquer le Grand-Esprit. Il tendit sa pipe vers le ciel. A présent, les jeunes guerriers n'avaient plus le droit de communiquer avec l'extérieur et devaient s'abstenir de manger, de boire et de dormir jusqu'à la fin des quatre jours du rituel.

Les yeux de Flèche Rapide se posèrent sur les crânes de bison et d'homme, puis examinèrent l'échafaudage qui occupait le centre de la hutte. Des troncs d'arbres avaient été fichés dans le sol. Au sommet des pieux, on avait placé des lattes fixées dans des encoches et maintenues en place par des éclats de bois. Sur l'une d'elles, à un peu plus d'une longueur d'homme au-dessus du sol, était posé son petit sac-médecine.

Maintenant, le Guide prenait place sous l'échafaudage. Il posa un couteau à scalper près du tas d'attelles d'os et de pointes qui se trouvait au centre du cercle de crânes, puis il écarta les cordes de peau accrochées au sommet de l'échafaudage qui commencèrent à se balancer lentement. Flèche Rapide frémit et s'efforça de regarder ailleurs.

Dehors, les femmes organisèrent une veillée triste, ponctuée par des cris et des hurlements, qu'accompagnaient les aboiements et la plainte des chiens. Bouton de Rose et Sacajawa essayèrent de tuer le temps en aidant les autres femmes à préparer les repas et à s'occuper des enfants, et quand les ombres de la nuit s'épaissirent, elles se joignirent à la foule rassemblée autour du feu, sur la place.

Le deuxième soir, Sacajawa et Bouton de Rose se trouvèrent en présence de Dent Cassée et ses enfants. Cette rencontre ne fit plaisir à personne. Le visage de Dent Cassée exprimait clairement son animosité. Son salut fut sec et elle s'éloigna rapidement en balançant les hanches selon son habitude. Une adolescente à l'allure craintive la suivait et on avait l'impression qu'elle ne comprenait pas les mots que lui adressait Dent Cassée pour la faire se hâter. Impatiente de s'éloigner de Sacajawa, Dent Cassée fendit la foule et la jeune fille timide, qui n'avait pas levé les yeux, se retrouva seule. Elle n'avait pas plus de douze étés, son visage était rond, ses jambes courtes, trapues. Elle était enveloppée dans une pièce de coton rouge et paraissait effrayée comme une biche.

Sous le coup d'une étrange intuition, Sacajawa la

salua en shoshone. La jeune fille parut stupéfaite, puis un sourire se dessina sur ses lèvres et elle répondit.

– Elle a vécu avec les Shoshones! s'écria Sacajawa. Ecoute son langage, Bouton de Rose!

Bouton de Rose dévisagea la jeune inconnue au visage rond.

– Vit-elle avec Dent Cassée?

Sacajawa répéta la question en shoshone.

– Les Pieds-Noirs m'ont vendue il y a trois lunes, pour un beau couteau à découper, répondit la jeune fille. Je suis maintenant l'épouse de Charbonneau.

– Charbonneau! s'exclamèrent les deux femmes.

– Oui, dit l'étrangère. Il n'est pas mauvais avec moi et ne me frappe pas avec un tison, comme le fait Jussome avec sa femme. Mais il me laisse chez eux quand il s'en va. Il est souvent absent et rapporte beaucoup à manger.

– Mais tu n'es pas assez âgée pour faire une bonne épouse! dit Bouton de Rose.

– Mon mari les aime très jeunes. Il me préfère à son autre épouse, Femme-Maïs, qui est plus âgée.

– Comment t'appelles-tu? demanda Sacajawa.

– Loutre. Femme-Loutre. C'est Charbonneau qui m'a donné ce nom. Les Pieds-Noirs m'appelaient simplement Squaw.

– Et Jussome, te bat-il?

– Presque tous les jours, parce que je ne parle pas sa langue.

– Et Dent Cassée te frappe aussi parce que tu ne comprends pas ce qu'elle dit?

– Parfois, je ne sais même pas pourquoi elle me bat. (Femme-Loutre montra les traces de coups sur son dos, et son visage s'emplit de terreur.) Si elle m'attrape, elle recommencera. Je suis heureuse d'avoir rencontré quelqu'un qui parle ma langue, ajouta-t-elle.

Elle regarda Sacajawa avec envie, puis s'éloigna tristement.

Bouton de Rose saisit Sacajawa par le bras.

– Charbonneau a deux épouses et cela ne l'a pas empêché de te pourchasser dans les bois, dit-elle. Je comprends bien que tu voudrais aider Femme-Loutre, mais tout ce que tu feras, ce sera d'attiser la colère de Dent Cassée, et ça ne lui sera d'aucun secours.

– Pendant un moment, j'ai eu l'impression de retrouver quelqu'un de ma famille, fit rêveusement Sacajawa. C'est une Shoshone de la tribu des Mangeurs de Mouton. J'ai reconnu son accent. J'espère que je la reverrai.

Le dernier jour de la Danse du Bison commença aux premiers rayons du soleil.

Tous les habitants du village, le visage peint et les cheveux divisés par une ligne rouge, se rassemblèrent sur la place ou s'entassèrent sur le toit des huttes proches de celle du sorcier. Soudain, un hurlement terrifiant couvrit les cris et les chants, et un étrange personnage apparut. Il courait dans l'immense prairie, en direction de la porte du village, zigzaguant comme un jeune garçon qui poursuit un papillon. Son corps était peint d'un noir profond et gras, cerclé de stries blanches, et d'énormes canines, blanches elles aussi, entouraient sa vraie bouche. L'horrible créature se précipita vers la foule en poussant des cris affreux, et on put alors voir qu'un pénis de taille colossale, sculpté dans du bois, était fixé à la peau de bison qui lui couvrait les hanches. Il lui descendait plus bas que les genoux et se balançait quand il courait. Il était aussi noir que le reste de son corps, à l'exception du gland, d'un vermillon étincelant. Les enfants et les femmes coururent se mettre à l'abri en hurlant, mais si l'une d'entre elles n'était pas assez rapide, il actionnait une baguette fixée à une de ses mains, qui faisait se dresser dans un même mouvement son monstrueux attribut.

– C'est *Okeeheede*, le Démon, l'Esprit Malin! cria

Bouton de Rose. Etre prise par lui est plus grave qu'être prise par l'homme blanc!

A cet instant, le Guide de la Danse du Bison brandit sa pipe devant les yeux du démon et son pouvoir magique l'immobilisa momentanément. Chacun en profita pour se mettre hors d'atteinte. Quand il vit que les femmes lui avaient échappé, le Démon prit l'attitude du bison à la saison du rut et se dirigea vers les danseurs. Il désigna quatre d'entre eux parmi les hurlements de joie de la foule, puis soudain parut se fatiguer. Alors, les femmes et les enfants s'en approchèrent lentement, toute peur évanouie, le cernant de plus en plus près, jusqu'à ce que quelqu'un se décide à briser sa baguette et à le chasser. C'était le signal attendu. On le poursuivit en lui jetant des poignées de poussière, et, arrivé dans la prairie, on lui arracha son terrible appendice.

Dent Cassée était la gagnante. Venue à bout du Démon, elle rapporta fièrement son trophée sur la place. On la hissa sur l'échafaudage dressé devant la hutte du sorcier, juste au-dessus de la porte, et elle harangua la foule pour lui exposer, de sa voix haute et éraillée, les inquiétants pouvoirs de cette contrepartie du Grand-Esprit.

– Je comprends maintenant, souffla Bouton de Rose, pourquoi Jussome a donné des morceaux d'étoffe pour la cérémonie; c'était sa femme qui devait capturer le démon. Maintenant, elle est devenue quelqu'un d'important dans le village.

Malgré le battement régulier des tambours et le grincement des calebasses, Dent Cassée poursuivait son discours, des mèches de cheveux lui tombant sur le visage, expliquant comment l'Esprit Malin s'emparait de ceux qui n'étaient pas assez vigilants. Puis elle fit une chose extraordinaire. Elle dressa le pénis, écarta les jambes pour l'enfourcher, et se baissa lentement, les yeux brillants, jusqu'à ce que l'objet ait disparu.

Un tonnerre d'applaudissements, des hurlements et un flot de plaisanteries obscènes saluèrent la démonstration mais, soudain, la poursuite de l'Okeepa vint de nouveau réclamer l'attention de tous.

Soufflant dans une corne de bouc sauvage, le Guide de la Danse du Bison ordonnait aux danseurs de s'arrêter. Le silence revenu, les témoins entrèrent alors dans la hutte du sorcier pour juger de la bravoure des jeunes gens.

Quand Flèche Rapide vit Loup et Chat Noir pénétrer dans la hutte, il eut l'impression de courir un grand danger, mais se sentit incapable de se mettre debout. Il tremblait si fort qu'il ne pouvait plus bouger. Après quatre jours de jeûne strict et sans sommeil, il avait maintenant des hallucinations. Des images aux couleurs éclatantes, plus grandes que nature, flottaient devant ses yeux et il se demanda s'il avait réellement vu les autres entrer dans la hutte. Les cordes de cuir pendues au sommet de l'échafaudage étaient devenues de longs serpents noirs qui se tordaient en cadence. Hors d'état d'analyser les causes de sa peur, il avait l'impression que peu à peu son corps se changeait en eau. Finalement, au prix d'un immense effort, il parvint à tourner la tête à droite, puis à gauche, et regarda ses compagnons allongés, comme lui, sur des peaux de bison. Certains semblaient dormir, mais il savait que c'était impossible. Quant aux juges et aux chefs, imperturbables, ils veillaient, assis.

Quelques officiants s'affairaient sous l'échafaudage. Leur chant parlait de bravoure. L'un d'eux, armé d'une pierre à broyer, préparait le couteau à scalper. Un autre triait les attelles d'os en petits tas distincts. Puis on commença à appeler les guerriers.

Flèche Rapide, persuadé que ses os étaient devenus

trop fragiles pour soutenir son corps, parvint quand même à se lever en entendant son nom. Il vacillait et crut qu'il allait tomber. Le Guide lui posa brutalement sur la tête une couronne d'épines de figuier de Barbarie, comme il l'avait fait pour les précédents, et Flèche Rapide sentit un filet de sang glisser sur son front, puis tomber goutte à goutte sur le sol poussiéreux et ses pieds nus. Très loin, lui semblait-il, le Guide parlait de bravoure et d'un homme qui, lui aussi, d'innombrables saisons auparavant, avait porté une couronne d'épines sur la tête et s'était élevé au-dessus de la foule.

Flèche Rapide, incapable d'attention, ne comprenait même pas le sens de l'histoire. Il avait peur, et c'est à peine s'il pouvait se contrôler. Il aurait voulu s'enfuir, mais il n'en avait plus la force. Un des officiants posa la main sur son épaule et lui tendit son sac-médecine, lui ordonnant de le serrer très fort, sans se préoccuper de ce qu'il penserait ou sentirait. L'homme parlait à voix basse. Il expliqua que les piliers centraux auxquels étaient pendues les cordes de cuir étaient profondément enfoncés dans le sol et qu'on avait mis de grosses pierres dans la terre, tout autour, pour qu'ils soient plus solides. Mais Flèche Rapide ne voyait rien. Il fixait seulement, comme dans un rêve, les diagonales jaunes et blanches qui ornaient le torse de l'homme, et lui semblaient aller et venir comme de petits vers rampant sur un tronc d'arbre gluant.

L'homme montra alors son couteau à scalper à Flèche Rapide, puis il le leva vers le soleil, qui entrait par le trou à fumée de la hutte, et adressa une prière aux esprits de l'air, aux esprits de la terre et aux esprits de l'eau. Ensuite, il saisit la peau du sein droit de Flèche Rapide entre deux doigts, la tira et y fit pénétrer le couteau. La lame n'était pas aiguisée; elle avait été émoussée et entaillée pour occasionner le plus de douleur possible. Flèche Rapide serra les dents et écarta les jambes pour assurer son équilibre.

Un autre officiant enfonça alors une large attelle d'os dans la blessure, sous le muscle, pour empêcher qu'il ne se déchire, puis on abaissa une corde de cuir du sommet de l'échafaudage et on la fixa à l'attelle. Après quoi, on répéta la même opération sur son sein gauche. Malgré la douleur, Flèche Rapide réussit à garder les yeux ouverts mais il lui sembla que son esprit était ailleurs, comme s'il assistait en spectateur à ce qui arrivait à son propre corps, sans y croire tout à fait.

On lui enfonça de nouveau le couteau et d'autres attelles dans la chair des bras, sous l'épaule et le coude, et encore dans les cuisses et sous les genoux. Flèche Rapide n'avait plus vraiment conscience de ce qu'on lui faisait. Il entendit un brave gémir, un autre pousser de petits cris. Lui avait décidé de rester silencieux, et il plongea soudain dans un abîme profond, aussi noir que la nuit.

On tira sur les cordes et il se retrouva à quelques centimètres du sol, le corps couvert de sang. On attacha alors son bouclier, son arc et son carquois aux attelles de son épaule, de son coude et de sa cuisse, et on pendit un crâne de bison à l'autre genou. Quand on fixa les poids aux attelles, son esprit revint à la réalité. Ses joues se contractèrent, il respirait avec difficulté, par râles brefs, de plus en plus forts à mesure que les poids le tiraient vers le bas.

La tête de Flèche Rapide penchait vers le sol, celle d'autres jeunes hommes, au contraire, était rejetée en arrière. L'un d'eux était déjà mort.

Dans le silence, le cri du père du jeune homme fut bientôt recouvert par le roulement lancinant et impitoyable des tambours de la mort. On dépendit le corps qu'on allongea près du feu, sur une peau de bison propre. Puis on lui étendit les bras le long du corps et on enduisit ses cheveux de graisse fraîche. Toute l'horreur, toute la douleur du monde resta figée sur son visage aux yeux grands ouverts.

Dehors, sur la place, les femmes reprirent le chant funèbre, chacune se lamentant comme s'il s'agissait de l'un des leurs en route pour le voyage vers le pays de l'Au-delà-du-Crépuscule. Un coquillage rempli de peinture noire de deuil passa de main en main. Bouton de Rose et Sacajawa se peignirent le visage et se détachèrent les cheveux. Bouton de Rose déchira sa tunique jusqu'à la ceinture et, la poitrine nue, se balança silencieusement au rythme de la mélopée.

Le roulement des tambours n'arrêtait pas. Ils battaient maintenant dans le sang des femmes. Sacajawa n'écoutait plus que leurs martèlements. Alors les femmes se mirent à danser. Et Sacajawa, entraînée par Bouton de Rose qui la tirait, prit place elle aussi dans le cercle. Oubliant tout, ne reconnaissant même plus le son de sa propre voix, elle criait maintenant avec les autres à l'adresse du défunt : « Nous te suivrons! »

Le courage avec lequel les jeunes Mandans supportaient l'ultime torture de l'Okeepa dépassait l'entendement. Ils ne tenaient suspendus que par les blessures mêmes de leur chair, et les officiants les faisaient tourner avec un bâton, doucement d'abord, puis de plus en plus vite, jusqu'à ce qu'ils soient incapables de supporter plus longtemps la douleur, éclatant en sanglots et demandant au Grand-Esprit de leur venir en aide.

« Si je dois mourir, pensa Flèche Rapide, que ce soit tout de suite. »

Les officiants et les témoins surveillaient attentivement chaque brave jusqu'à ce qu'il paraisse mort et que son sac-médecine, qu'il serrait toujours, lui échappe des mains. On reposait alors le jeune homme par terre et on retirait de son corps les cordes tout en laissant les poids fixés aux attelles d'os.

Il était interdit de leur venir en aide de quelque manière que ce soit, car chacun d'eux, à ce moment-là, avait fait du Grand-Esprit le gardien de sa vie.

Petit à petit, la peau et les muscles de la poitrine, des bras et des jambes de Flèche Rapide s'étaient détendus. Il agitait convulsivement les jambes, incapable de contrôler les spasmes qui le secouaient. Les tambours battaient toujours. Un des jeunes hommes qu'on venait de décrocher se traînait sur le sol en hurlant derrière les témoins. Ceux-ci parlementaient à voix basse et Flèche Rapide ne put comprendre ce qu'ils disaient.

Il se demanda si la chair du malheureux avait cédé ou bien s'il avait lâché son sac-médecine. Horrifié, il eut l'impression que sa propre main ne tenait plus le sac de cuir fin. Pour s'en assurer, il ouvrit légèrement les doigts. Ils ne serraient plus rien! Soudain, un officiant le reposa par terre. L'abîme obscur le submergea et l'engloutit. Enfin c'était le noir béni!

Flèche Rapide ignorait depuis combien de temps il était étendu là. A nouveau, il percevait faiblement les vibrations des tambours et le rythme des pieds des danseurs frappant le sol. Il rassembla alors ses dernières forces pour essayer de se mettre à quatre pattes, sachant qu'il ne pourrait tenir debout, et se tourna vers l'endroit où Pipe Rouge et Quatre Ours étaient assis sur une peau de bison poussiéreuse, avant de s'effondrer devant eux. Le sentiment d'une lumière vive et d'une insupportable cacophonie de cris, de chants et de tambours le submergea... Quand il les rouvrit enfin, ses yeux le brûlaient, et il crut qu'on lui avait plongé le visage dans le feu, mais il ne voyait qu'un long rayon de soleil qui entrait par le trou à fumée.

Quatre Ours était penché sur lui et le regardait. Il tenait à la main une hachette acérée. Flèche Rapide ne comprenait pas. Avait-il été lâche? Alors Quatre Ours posa l'auriculaire de la main gauche de Flèche Rapide sur le sol, bien écarté des autres doigts, et se mit à prier.

– Vois, Grand-Esprit, cette offrande que te fait mon fils, dit-il. Tu l'as entendu implorer ton aide au plus profond de la douleur. Ecoute maintenant cette ultime prière.

Et, levant sa hachette, il l'abattit avant que Flèche Rapide ait pu esquisser le moindre geste. Son petit doigt était maintenant coupé au niveau de la première phalange. C'était l'ultime sacrifice destiné à remercier le Grand-Esprit de l'avoir épargné et de lui avoir ainsi permis de devenir le fils adoptif de Quatre Ours.

Bouton de Rose et Sacajawa ne purent s'empêcher de crier quand les premiers guerriers sortirent de la hutte du sorcier. Les poids étaient encore attachés à leurs corps mutilés. Bouton de Rose voulut courir vers Flèche Rapide, mais on la retint. Ce n'était pas fini. Il leur fallait encore supporter l'Ultime Course... et la subir en public.

Chaque homme fut pris en charge par deux officiants, qui lui attachèrent des cordes aux poignets, sur lesquelles ils se mirent à tirer pour l'obliger à courir autour de l'arche sacrée. Hagards et titubants, les jeunes braves s'efforçaient de tenir debout aussi longtemps que possible, traînant derrière eux les crânes et tous les autres poids.

Quand il fut à bout de résistance, Flèche Rapide s'abattit d'un seul coup. Il avait le visage couvert de taches vertes et blanches, comme le tronc d'un sycomore à l'époque de la mue.

Il était cependant vivant et triomphait de la dernière épreuve de l'Okeepa.

On le laissa là où il était tombé, jusqu'à ce qu'il puisse se relever sans aide. Alors, chancelant comme un homme ivre, il se dirigea au milieu de la foule qui s'écartait en silence pour le laisser passer, vers la hutte de Quatre Ours.

La porte était grande ouverte. Incapable d'aller plus loin, il s'effondra et le noir s'abattit de nouveau sur lui.

Pipe Rouge le réveilla en lui faisant boire de l'eau, mais il rendit le peu qu'il avait réussi à absorber.

– Mon fils, murmura fièrement Pipe Rouge, tu as survécu avec bravoure, tu dormiras maintenant dans cette hutte jusqu'à ce que tes jambes puissent de nouveau supporter ton corps.

Puis il posa le bouclier, le sac-médecine, l'arc, le carquois et les flèches près du lit sur lequel les femmes venaient d'allonger Flèche Rapide.

– Si tu entends des voix pendant ton sommeil, ajouta-t-il, fais bien attention de ne pas oublier ce qu'elles te diront.

Mais Flèche Rapide dormait déjà et les prières dites à son intention ne pouvaient plus troubler son repos.

Sacajawa fut prise d'une irrépressible nausée à la vue du corps mutilé de Flèche Rapide, et elle dut sortir de la hutte pour vomir. Elle était fière de leur guerrier, mais ne pouvait s'empêcher de se demander si une telle cérémonie était vraiment nécessaire pour prouver sa bravoure. Cette torture qui poussait l'homme si près de la mort, Flèche Rapide en garderait des cicatrices ineffaçables. Elle pria le Grand-Esprit pour que ses muscles guérissent, pour qu'il ne boite pas et pour que ses bras ne restent pas affaiblis jusqu'à la fin de sa vie. Elle était fière, oui, mais d'une fierté triste. Elle regarda les masses sombres des huttes au clair de lune et eut l'impression de se trouver ailleurs, dans un autre univers, et dans un autre temps. Les grands rochers des plaines, les genévriers et les sauges se détachaient abruptement sur la prairie pâle. Soudain tout paraissait plus vieux d'un instant. Au plus profond d'elle-même, elle ressentit l'impitoyable marche du temps. Il lui sembla qu'elle avait déjà vécu de nombreuses vies, que chacune d'elles n'avait été qu'une longue errance, l'éloignant toujours davantage de ce peuple, le sien, qu'elle avait tant aimé.

Dans la hutte, Bouton de Rose était penchée sur le

visage de Flèche Rapide. Elle lui parlait sans cesse d'une voix aussi légère que la caresse d'une plume, passant doucement la langue sur ses pauvres lèvres pour faire couler un peu de salive dans sa gorge desséchée.

10

Après être passée d'un guerrier à l'autre, Sacajawa fut finalement assise sur une couverture par son propriétaire du moment et gagnée par Toussaint Charbonneau.

JOHN BAKELESS, *Lewis and Clark Partners in Discovery*, 1947.

LE JEU DE MAINS

La nuit était tombée. Femme-Soleil et Sacajawa se dirigèrent vers le feu et entrèrent dans la danse. Sacajawa, heureuse que l'Okeepa soit maintenant terminé, avait les yeux brillants. Une nouvelle fois, emportée par la cadence des chants et des tambours, elle s'abandonna à la fièvre qui montait en elle. Les tambours se firent plus insistants. Les femmes touchèrent légèrement les épaules des hommes, puis regagnèrent leur place et reformèrent le cercle. Ceux des guerriers qu'elles avaient élus par cet attouchement devaient maintenant s'intégrer à leur cercle, et deviner celle qui leur avait effleuré l'épaule. La moindre erreur était considérée comme une injure grave. Les hommes se levèrent alors et entrèrent dans le cercle, chacun prenant place à côté de la femme qui l'avait choisi, et dansèrent en faisant de grands bonds.

Pipe Rouge et Quatre Ours ne participèrent pas à la danse, mais ils ne perdirent rien du spectacle. Chat Noir vint les rejoindre. Il paraissait d'excellente humeur.

Puis Loup apparut en compagnie du gigantesque et repoussant Kakoakis et de deux hommes aux longues barbes noires et broussailleuses. Femme-Soleil les montra du doigt à Sacajawa.

– Loup a des visiteurs en cette nuit de fête, dit-elle en grinçant des dents. Regarde, ils retirent leur chemise et vont se joindre à nous.

Un frisson parcourut Sacajawa. Reprenant ses esprits, elle attira Femme-Soleil à l'écart du feu.

– Tu es fatiguée de danser? demanda Femme-Soleil.

– Non. Je m'amusais bien, confessa Sacajawa, mais je ne veux pas danser avec les hommes blancs. Le barbu à côté de Kakoakis est ce marchand blanc qu'on appelle Charbonneau.

– Et l'autre barbu est le mari de Dent Cassée, dit Femme-Soleil. Celui qui plisse les paupières et qui porte un chiffon noir autour du cou, tu vois? C'est lui René Jussome. Les hommes blancs ne ressemblent pas à des hommes, on dirait des bêtes avec ces poils épais qui leur couvrent le corps et le visage. Celui-ci devrait s'appeler Gros Ours, gloussa-t-elle.

Les trois hommes se dirigèrent vers le cercle des danseurs. Kakoakis, qui arborait un collier compliqué de griffes d'ours, de lanières et de plumes d'aigle teintes, alla droit sur Dent Cassée et lui saisit la main.

Charbonneau avait des bottes de cuir, un pantalon trop large et un mouchoir rouge autour du cou. Il n'était pas grand et devait bien peser cent kilos. Il avait les yeux presque noirs et son visage au large nez et aux pommettes hautes était typique du métis canadien-français. Son regard fit le tour du cercle des femmes rieuses puis, imitant maladroitement le bond des Mandans, il entra dans le cercle des hommes. La danse reprit.

Jussome portait une casquette ornée d'une plume d'aigle négligemment inclinée sur l'oreille. Il se tenait de l'autre côté du feu et observait sa femme, Dent Cassée, et Kakoakis le borgne s'esquiver furtivement dans l'ombre.

Charbonneau s'approcha de lui.

– Que dirais-tu d'un petit jeu de mains? dit-il. J'ai rapporté quatre litres de rhum de Fort Pine la dernière fois que j'y suis allé.

Il répéta sa proposition en mandan, à l'intention de Quatre Ours.

Par signes, Jussome expliqua à Quatre Ours que c'était de la bonne eau de feu qui lui réchaufferait le cœur.

– Tu as déjà vu les hommes faire une partie de jeu de mains? demanda Femme-Soleil qui avait suivi les signes échangés par les hommes.

Sacajawa fit non de la tête. Elle n'avait jamais vu faire les hommes, mais elle avait souvent joué elle-même avec les enfants de Bouton de Rose.

– Ça va durer longtemps, dit Femme-Soleil. Regardons un moment. Parfois, ils jouent des couteaux, des flèches ou des coquillages. Quatre Ours gagnera peut-être quelque chose pour moi.

C'est alors qu'on vit Kakoakis traverser l'espace découvert situé derrière la hutte du sorcier. Dent Cassée le suivait à quelque distance, à demi nue. Ses seins se balançaient au rythme de ses pas et Charbonneau, assis les jambes croisées, eut un sourire libidineux. Il leva la bouteille de rhum et but une longue rasade.

– *Jésus,* quelle femme! souffla-t-il d'une voix rauque.

Kakoakis prit place dans l'équipe de Charbonneau, face à Pipe Rouge. Les équipes étaient maintenant égales. Elles se tenaient à environ un mètre l'une de l'autre, et Loup entama une psalmodie grave, qui fut reprise par Pipe Rouge puis par Kakoakis. La bouteille de rhum circula parmi les hommes et le jeu commença sous les cris d'encouragement et les sifflets des spectateurs.

Le jeu de mains se jouait avec deux os d'environ trois centimètres de diamètre et cinq centimètres de long, qui pouvaient être complètement dissimulés dans la main. Un des os était lisse et l'autre portait une rainure sur la partie centrale. Le but était d'amener l'adversaire à choisir la main contenant l'os non marqué. De petits morceaux de bois, douze pour chaque équipe, permettaient de compter les points.

Epousant la cadence de la psalmodie, Kakoakis fit tournoyer ses mains avec dextérité. Il les ouvrit, les referma, les agita sous le nez de Pipe Rouge, lança enfin les os, puis les cacha sous ses aisselles. Enfin, il tendit les mains vers Pipe Rouge sans cesser de les remuer. Pipe Rouge, le visage cramoisi d'avoir déjà bu trop de rhum, feignit plusieurs fois de choisir, puis montra la main droite.

Kakoakis ouvrit la main; elle tenait l'os marqué.

Pipe Rouge avait gagné.

– Tu couvres ces os comme tu couvrirais une femme... avec expérience, dit en riant le voisin de Kakoakis.

– Ce n'est pas ainsi que je couvre une femme, vieux guerrier, répliqua Kakoakis avec un sourire.

Sacajawa aperçut alors Dent Cassée contourner les deux rangées d'hommes, puis venir s'asseoir fièrement près de Kakoakis, après lui avoir lancé une œillade.

Pipe Rouge avait maintenant la main et faisait voltiger les os, sous une jambe, sous l'autre, sous le nez de son adversaire.

– Je parie les faveurs de ma femme, intervint Jussome. Montre-moi ta main gauche.

Tout le monde se mit à rire, car ce nouvel enjeu n'allait pas manquer d'animer la partie. Pipe Rouge s'immobilisa, très droit, ne souhaitant pas offenser le marchand blanc, mais en même temps peu désireux de bénéficier des faveurs de Dent Cassée. Il haussa les épaules et ouvrit la main gauche.

Jussome s'était trompé.

Il fit signe à Dent Cassée qui vint s'asseoir près de Pipe Rouge. Elle gloussait déjà en se tenant les seins.

Kakoakis s'octroya une gorgée de rhum et se pencha vers Pipe Rouge.

– Remets la femme de Jussome en jeu, dit-il.

Pipe Rouge battit des paupières. Son visage restait impassible. En fait, cela le soulageait plutôt. Tout ce qu'il souhaitait, c'était de perdre au plus vite pour se débarrasser de Dent Cassée. Toute cette histoire ne pouvait lui apporter que des ennuis.

Mais Pipe Rouge gagna encore, et Kakoakis passa son tour à Charbonneau. La bouteille de rhum circula de nouveau, et tout recommença.

Sacajawa en avait assez. La journée avait été longue et éprouvante, et le sommeil alourdissait ses paupières. Femme-Soleil s'en aperçut.

– Viens, lui dit-elle, allons dormir. Nous sommes restées assez longtemps, et nos hommes ne rentreront qu'au matin.

Au même instant, Charbonneau se retourna et vit les jeunes femmes se lever. Il tendit le bras dans leur direction.

– Qu'on m'amène cette *femme,* cria Charbonneau. Pipe Rouge, mets ta fille en jeu à la place de Dent Cassée.

– Laisse cette enfant tranquille, intervint brutalement Quatre Ours avant que Pipe Rouge ait pu répondre.

Il se leva et se dirigea vers les femmes, leur enjoignant de regagner leur hutte au plus tôt.

– Arrêtez! hurla Kakoakis. Approchez! Il faut que je jette un coup d'œil sur ces deux-là!

– Kakoakis, essaya de s'interposer Quatre Ours, j'ai invité la fille de Pipe Rouge dans ma hutte. Je lui ai demandé d'accompagner mon épouse. (Il montra les seins gonflés de Femme-Soleil.) Elle allaite encore son enfant.

– C'est bon, fit Kakoakis, ta femme peut s'en aller, mais la fille reste ici. (Et se saisissant de Saçajawa il la tira à lui.) Tu devrais être fière, lui dit-il. Tu es jolie. Mais tu serais beaucoup plus belle encore avec un collier de belettes.

Il éclata de rire et lui caressa le cou d'un long doigt osseux. Sacajawa frémit, trop effrayée pour répondre. Deux femmes restaient en jeu, elle et Dent Cassée.

Quatre Ours alors fit signe à Sacajawa de s'asseoir près de Pipe Rouge, puis se tournant vers Charbonneau, il serra les poings.

– Je ne veux pas d'ennuis, fit-il.

Et il répéta par signes pour se faire bien comprendre.

Charbonneau lança un regard à Sacajawa, un autre à Dent Cassée. Mais ce fut Pipe Rouge qui parla.

– L'enjeu a déjà été choisi, dit-il. Il s'agit de Dent Cassée.

Tassée sur elle-même, Sacajawa s'efforçait de ne regarder ni la taie blanche couvrant l'œil mort de Kakoakis, ni les deux yeux, semblables à des perles, qui brillaient sous les sourcils broussailleux de Charbonneau. C'était à lui de jouer, et il gagna.

– Dent Cassée est jolie, dit-il, mais elle n'a vraiment rien d'une vierge. C'est la jeune que je veux.

– Ce n'est pas elle l'enjeu, fit sèchement Pipe Rouge.

– Eh bien! je veux qu'elle le devienne! hurla Charbonneau.

– Vouloir ne suffit pas, déclara Quatre Ours.

– Vouloir ne suffit pas! Vouloir ne suffit pas! répéta l'autre en s'efforçant de singer le chef mandan. Qu'est-ce que ça peut te faire? Ce n'est qu'une femme. Pour moi, vouloir suffit.

Alors, tout alla incroyablement vite. Jussome et Chat Noir encadrèrent Charbonneau qui avait levé son couteau et l'avait enfoncé dans les côtes de Quatre Ours. Quatre Ours ouvrit la bouche et recula, mais Charbonneau accentua sa pression.

– Laisse tomber, gros, dit Jussome en français. Fiche-lui la paix. Assieds-toi et joue comme il faut. Tu ne sais plus ce que tu fais.

– Non! s'exclama Charbonneau. Je veux que Pipe Rouge mette cette fille en jeu. Moi, je jouerai ta femme.

Et Charbonneau tourna la tête, cherchant Dent Cassée. Mais elle avait disparu pendant la querelle, profitant de l'incident pour gagner le centre de la place et se glisser dans l'arche magique afin de dérober la précieuse pièce d'or.

Entre-temps, Quatre Ours s'était ressaisi, et il faillit renverser Chat Noir quand il aperçut Dent Cassée qui serrait quelque chose contre sa poitrine.

– Arrête! cria-t-il.

Se voyant découverte, Dent Cassée s'immobilisa, comme pétrifiée. Mais sa stupeur fut de courte durée. Après avoir lentement reculé de quelques pas, elle se retourna d'un seul coup et courut jeter son larcin dans l'orifice de l'arche. Alors la foule se referma sur elle.

Changé en pierre, Quatre Ours était toujours debout. Charbonneau, lui, jouait des coudes, une bouteille de rhum sous le bras. Il la tendit à Pipe Rouge.

– Non! éructa celui-ci, et il s'éloigna de la foule en titubant.

Il avait le visage de plus en plus écarlate. Il pencha la tête en avant et ses lourdes épaules s'affaissèrent d'un seul coup. Sacajawa se demanda s'il était ivre ou en proie à une crise. Elle se sentait vide et détachée de tout, au delà même de la peur.

– Ecartez-vous et asseyez-vous! cria Kakoakis à la foule. Les femmes sont un fléau pour l'homme. Laissez-moi faire.

Et se dressant de toute sa taille, il sortit un couteau de sa ceinture et le brandit vers le ciel étoilé. Puis il saisit Sacajawa par une natte et la tira à lui. La foule était redevenue silencieuse; elle attendait. Tout avait été si brusque, si inattendu que c'est à peine si

Sacajawa parvint à garder l'équilibre. Son cœur battait aussi vite que les ailes de l'oiseau-mouche. Kakoakis venait de s'entailler le poignet droit et maintenant il faisait de même avec celui de Sacajawa, en pressant fortement les deux blessures l'une contre l'autre. Le sang coulait sur l'avant-bras de Sacajawa et tombait par terre, goutte à goutte, mais elle ne ressentait aucune douleur.

– Regardez, proclama alors Kakoakis d'une voix forte, cette jeune femme est maintenant la fille de sang de Kakoakis! Oublions ce vol. Il ne se reproduira pas. Vous avez la parole de Kakoakis. Désormais retournons au jeu, poursuivit-il en éclatant de rire. Que Jussome mette sa femme en jeu, et moi je mettrai ma nouvelle fille de sang.

Il était inutile de vouloir s'opposer à sa volonté. L'immense majorité des hommes hurla son adhésion, Jussome donna une grande claque dans le dos de Charbonneau qui se mit à imiter le piétinement impatient du bison mâle.

Quant à Dent Cassée, elle avait retrouvé toute son arrogance et ne dissimulait pas la joie que lui procurait la détresse de Sacajawa. C'en était trop pour Pipe Rouge. De l'écume apparut au coin de ses lèvres, ses yeux se révulsèrent, et tout son corps fut la proie de convulsions de plus en plus violentes.

– Il faut le transporter dans sa hutte, intervint Quatre Ours.

– Non, qu'il reste. La partie n'est pas terminée, ordonna Kakoakis.

Sacajawa sut alors qu'il ne lui restait plus qu'une seule chose à faire. Elle se leva. Elle avait mal à la tête et sentait un ruisseau de sueur glisser le long de son dos. Elle prit une profonde inspiration pour se calmer. Parler, dans de telles circonstances, ne s'était jamais vu, elle ne l'ignorait pas. Les femmes ne prenaient jamais la parole en présence des hommes. Mais si elle le faisait, si elle parvenait à prononcer ne fût-ce que quelques mots, quels qu'ils soient, Charbonneau comprendrait à quel point elle était indésirable. Pour une Shoshone, pour n'importe quelle femme de presque treize étés, ce qu'elle allait faire exigeait beaucoup de courage, et ne lui rapporterait d'abord que du mépris. Mais, dans la hutte de Sauterelle au moins, on comprendrait et on pardonnerait.

Ses genoux tremblaient et son premier mot fut à peine audible. Puis, un cri aigu prit naissance au plus profond de sa poitrine et explosa avec une puissance telle que les hommes s'immobilisèrent, les yeux ronds.

– Mon père, Pipe Rouge, est malade, leur dit-elle. Seriez-vous des lâches? Quatre Ours, l'ami de mon père, est cloué au sol. Etes-vous moins braves que la faible squaw qui rampe dans la sauge ou que les coyotes qui meurent la tête dans un trou? Je ne vois pas quelle gloire il y a à me livrer au vainqueur d'un jeu de mains. Vous ne valez pas mieux que des lapins, nation de corbeaux aux ailes cassées! Si celui qui a de la fourrure sur le visage désire une femme, pourquoi ne le laissez-vous pas la chercher lui-même, s'il s'en trouve une qui ait envie de dormir avec un bison plein de poils.

Il y eut quelques ricanements; Charbonneau, lui, était médusé. Si on lui avait dit qu'une femme indienne pouvait avoir autant de mots dans la tête, il ne l'aurait pas cru.

– Quand j'étais petite, reprit Sacajawa, j'ai été promise à un grand guerrier shoshone. Il n'avait pas de poils, sauf sur le crâne où le Grand-Esprit a voulu que les poils de l'homme se trouvent. Ce grand guerrier a donné de nombreux chevaux à mon père. Celui qui me prend pour épouse doit en donner autant à ma famille minnetaree. Je fais la cuisine, je couds, je nettoie et je sais tenir une hutte propre. Je ne parle pas beaucoup.

A ces mots, presque tous les spectateurs hurlèrent de rire en s'envoyant des claques dans le dos.

La colère déformait le visage de Kakoakis, mais Sacajawa se rendit compte qu'elle avait convaincu quelques hommes de prendre son parti. Quatre Ours et Loup parlaient à voix basse avec trois autres guerriers, près de l'endroit où Pipe Rouge était couché et personne n'arrêta Sacajawa quand elle se dirigea vers lui. Il respirait avec peine et parlait dans le monde des esprits.

– Je vais le transporter ailleurs, dit Quatre Ours.

– Non! déclara Loup. L'homme qui parle aux esprits va peut-être nous transmettre un message. Les esprits nous diront peut-être ce qu'il faut faire de cette squaw impudente.

– C'est tout décidé, intervint Charbonneau. Il faut reprendre la partie.

– Non, ce n'est pas décidé, déclara Sacajawa. Les esprits sont sûrement irrités de voir les hommes se disputer à cause d'une femme, et de constater que personne ne s'occupe de Pipe Rouge qui, lui, a de la valeur.

– Elle a peut-être l'âge qui te convient, grogna Jussome à l'intention de Charbonneau, mais sa langue est comme un couteau.

– Elle est pleine de feu. C'est ce qui me plaît. Je serai celui qui domptera la Fille-Qui-Aimait-Un-Chien.

Jussome releva la tête.

– C'est elle la Fille-Chien?

– Oui, c'est elle. Je l'ai vue chez les Hidatsas.

– Quand ça? demanda Jussome.

– Au printemps. Elle ramassait du bison pourri. Je l'ai vue avec le chien.

– Tu es sûr que c'est la Fille-Chien? demanda Loup.

– Absolument.

– Nom de Dieu! s'exclama Jussome. Tu entends ça, Kakoakis? Si nous avions su, nous aurions pu l'avoir sans jeu de mains. Cela résout la question.

– Cela ne résout rien du tout, déclara Quatre Ours.

– Je te donnerai des anneaux pour les oreilles et des bracelets métalliques comme ceux que l'on trouve dans le Nord, dit soudain Charbonneau à Sacajawa, et un long collier de perles colorées! Avec les bracelets et les perles, tu te sentiras femme et tu apprendras le désir.

Jussome éclata d'un rire strident.

– Marché conclu? demanda Charbonneau avec empressement.

– Non! fit Quatre Ours, net et cassant.

Charbonneau bondit comme sous l'effet d'une morsure. Ses yeux lancèrent des éclairs, il devint aussi sauvage qu'un lion des montagnes enfermé dans une cage. Le rhum l'avait enflammé et lui avait fait perdre toute prudence. Il allait sortir une nouvelle fois son couteau, mais Quatre Ours fut plus rapide. Il frappa Jussome dans le dos et s'empara prestement du poignard que celui-ci portait au côté, dans un étui de cuir. Jussome lui fit un croc-en-jambe, et Charbonneau brandit son couteau.

L'estomac de Sacajawa se contracta. Elle ne prit pas le temps de réfléchir; elle souleva une grosse outre pleine d'eau et en balança tout le contenu à la tête de Charbonneau, faisant dévier son couteau qui ne fit qu'entailler l'épaule gauche de Quatre Ours. Ce dernier roula sur lui-même, arracha le poignard des mains de Charbonneau et le lui enfonça à son tour dans l'épaule droite.

Quatre Ours recula de deux pas en direction du cercle qui avait été tracé par terre pour le jeu. Il avait maintenant un couteau dans chaque main.

Toute cette scène n'avait duré que quelques secondes. Les hommes, toujours assis sur deux rangs, n'avaient pas bougé. Ils n'en avaient pas eu le temps, et bien qu'ils aient pu tout voir, ils n'en croyaient pas leurs yeux.

Charbonneau s'assit par terre. Le sang s'écoulait par l'échancrure de sa chemise de cuir. Il regarda Quatre Ours, qui pointait toujours sur lui ses deux poignards.

– Je ne veux pas d'ennuis, fit-il en secouant la tête, je ne voudrais pas que quelqu'un soit blessé.

– *Jésus!* dit Jussome. C'est toi qui saignes et qui causes des ennuis, et c'est toi qui dis : je ne veux pas d'ennuis.

Chat Noir se mit à rire et des sourires apparurent sur les visages crispés. La tension tombait un peu et chacun se sentait soulagé.

Alors Kakoakis s'approcha de Charbonneau, déchira sa chemise, la lui retira d'un seul geste, et la lança à Sacajawa.

– Panse-lui l'épaule, ordonna-t-il.

Mais Sacajawa n'avait plus rien à perdre.

– Non, répondit-elle. Ce n'est pas mon mari. Je dois m'occuper de mon père, Pipe Rouge.

– C'est ton mari! hurla Kakoakis avec colère. Je t'ai donnée à lui. Oublie le vieux. Son sang est froid.

– Tu ne peux pas parler ainsi, intervint Quatre Ours. Elle est l'enjeu d'une partie.

Alors Kakoakis partit d'un grand rire sauvage, et dit :

– Très bien. Tu as raison. Jouons.

L'air était pur et frais. Les rayons du soleil perçaient derrière un nuage, flottant comme une touffe de sauge sur une eau limpide, dernier vestige de l'orage qui avait éclaté à la fin de la nuit. Soudain le brouillard se dissipa, dévoilant des cerisiers sauvages, des peupliers et, au delà de la rivière, de vastes étendues plates.

– Tu retireras les mocassins de ton mari, dit Charbonneau en prenant la main de la jeune fille qui l'accompagnait, pour l'aider à franchir un ruisseau au fond couvert de vase noire.

Sacajawa pensa au jour où elle avait retiré les mocassins de Pipe Rouge, lavé ses vieux pieds ridés avant de les masser avec des herbes parfumées. Elle pensa à Sauterelle, à Flèche Rapide, à Bouton de Rose, et se dit que ce qu'il y avait de plus horrible dans la nature, c'était sa totale indifférence au destin des humains. Elle se demanda si Sauterelle allait la pleurer et si elle allait manquer à Trèfle Sucré. Et, tout en suivant Charbonneau qui marchait vers le soleil, comme une aile qui bat, Sacajawa se sentit incapable de cacher plus longtemps son désespoir. Un long cri jaillit de sa propre gorge, un hurlement modulé et aigu.

Charbonneau se tourna et la regarda. Elle avait rejeté la tête en arrière, et s'arrachait les cheveux. Elle respirait par saccades et se remit à crier, cette fois en se griffant le visage. C'était un hurlement terrifiant, animal, volontaire, mince comme l'écorce du bouleau mais perçant et aussi haut perché que l'appel d'un sifflet d'os.

Alors une colère aveugle s'empara de lui. Il frappa Sacajawa qui alla rouler par terre.

– Tu vas fermer ta gueule, salope! Arrête de hurler comme une folle! Tout de suite!

Comme Sacajawa pivotait sur elle-même, s'asseyait, les mains crispées sur le cœur et se traînait hors d'atteinte sans cesser ses plaintes, Charbonneau la rejoignit et lui plaqua une main puissante sur la bouche.

– Je te tuerai, grogna-t-il. Crier ainsi le jour de ton mariage!

Elle ne comprit pas tout ce qu'il lui disait, car il parlait un minnetaree hésitant, mais elle cessa de se griffer et de se débattre et cria moins fort. Elle allait enterrer son existence de fille de Sauterelle et de Pipe Rouge à sa manière, avec ses rêves et ses souvenirs.

Les marchands blancs installés chez les Indiens adoptaient beaucoup de leurs coutumes. Il y avait toujours à mijoter sur le feu de quoi apaiser sa faim et on mangeait quand on en éprouvait le désir sans se soucier de l'heure. Ce jour-là, Femme-Maïs et Femme-Loutre avaient allumé le feu dans la hutte de Charbonneau et avaient rempli deux bols, un pour lui, l'autre pour Sacajawa. Elles attendaient de voir ce qui allait se passer.

– Aujourd'hui, déclara-t-il quand il eut terminé son ragoût, il n'y a que moi et la petite Femme-Oiseau. Vous êtes de trop. Allez chercher du saule et tressez un panier!

Derrière lui, Sacajawa ouvrait de grands yeux terrifiés. Mais elle ne voulait pas pleurer devant les autres. Elle allait tout accepter et entrer rapidement dans son rôle. Elle ne ferait pas honte à Sauterelle en se conduisant comme une mauvaise épouse. Charbonneau avait gagné la partie sans tricher et il avait même apporté de nombreux présents à la hutte de Pipe Rouge.

– Apporte-moi de l'eau, Sacajawa.

Elle trouva de l'eau et lui en tendit une tasse. Obéissant à un autre signe, elle tira sur ses mocassins, et lui massa doucement les pieds. La hutte était bien rangée. Elle n'était pas humide et sentait bon. Il y avait beaucoup de bois et de viande.

Sacajawa resta longtemps assise à regarder Charbonneau fumer. Puis, il s'approcha lentement d'elle et lui enleva sa tunique. Il examina longuement son corps, les pâles cicatrices de son dos, les petites pointes brunes de ses seins, mais il ne la toucha pas et lui posa une peau de bison sur les épaules qu'elle serra autour d'elle. Elle était fatiguée, mais elle savait aussi qu'elle entrait dans une nouvelle vie.

Quand il eut fini sa pipe, Charbonneau porta Sacajawa sur son lit. Allongée près de lui, elle frissonna, cherchant à échapper non seulement à Charbonneau, mais à la vie elle-même, qui lui pesait trop lourdement sur les épaules.

– Tu ne m'aimes pas beaucoup, n'est-ce pas? constata-t-il.

– Je ne sais pas, répondit Sacajawa.

Elle le regardait avec un sourire effrayé. Elle avait environ treize ans et Charbonneau quarante-trois.

Il la serra étroitement contre lui.

– Il y a longtemps que tu me plais, murmura-t-il.

Sacajawa essaya de se dégager, mais les bras qui la tenaient étaient comme une mâchoire d'acier. Il frotta son visage contre son cou. Il sentait son épaule blessée encore raide et douloureuse, et soudain, sans comprendre lui-même ce qui le prenait, il se mit à l'embrasser aveuglément, éperdument, comme un homme qui se noie. Il lui embrassa le cou, les épaules, la gorge, le menton, la bouche en lui léchant les lèvres. Ses mains caressèrent ses seins à peine formés puis descendirent, glissant sur son ventre étroit et plat, ses hanches et ses cuisses. La douceur et la finesse de ses jambes, sous ses paumes durcies, le stupéfièrent et il s'arrêta un instant. Il remonta ensuite jusqu'aux hanches. Une de ses mains s'immobilisa sur son ventre tandis que l'autre glissait le long de son dos. Il lui lécha les pointes des seins, puis tripota stupidement la boucle de sa ceinture comme s'il s'agissait d'un mécanisme trop complexe pour ses doigts. Quand il eut enfin réussi, Sacajawa soupira et pressa ses mains sur sa poitrine.

– Ne me fais pas mal! supplia-t-elle.

11

Washington, le 19 juin 1803.

A William Clark :

Tu trouveras ci-joint les papiers appartenant à ton frère, le général (George Roger) Clark, que tu m'as récemment demandé de me procurer et de te faire parvenir.

Etant donné la longue amitié et la confiance qui nous lient, je n'hésite pas à te communiquer l'information suivante, certain que tu la garderas totalement secrète...

Pendant la dernière session du Congrès, une loi a été votée conformément à une communication privée du Président des Etats-Unis intitulée : « Loi de Financement de l'extension du commerce extérieur des Etats-Unis. » L'objet de cette loi telle que la conçoivent ses promoteurs est de permettre l'exploration de l'intérieur du continent américain, en particulier de la partie qui borde le Missouri et la Columbia... Je dispose, pour ma protection, de l'autorité du gouvernement des Etats-Unis, aussi loin que cette autorité exerce son influence ou existe, et de passeports délivrés par les autorités françaises et britanniques... J'embarquerai à Pittsburgh avec un détachement de sept ou huit soldats dont le rôle se bornera à conduire le bateau et que je ne compte pas intégrer à l'expédition; en descendant l'Ohio, ma tâche consistera à trouver et à engager quelques bons chasseurs, hommes vigoureux, résistants et célibataires, accoutumés aux forêts et capables de supporter les plus grandes fatigues. S'il y a dans ton entourage des jeunes gens répondant à ces qualités, je te serais reconnaissant de m'en informer dès mon arrivée aux chutes de l'Ohio. L'année étant déjà bien avancée, je ne pense pas qu'il me sera possible de remonter le Missouri sur plus de cinq ou six cents kilomètres avant le début de l'hiver prochain... Il faut que tu saches que notre gouvernement a toutes les raisons de penser que l'immense territoire arrosé par le Mississippi et ses affluents, y compris le Missouri, appartiendra aux Etats-Unis dans moins de douze mois; mais permets-moi de répéter que cela doit rester totalement secret...

Tel est donc, mon ami, dans la mesure où il m'est possible de te le communiquer, un aperçu sommaire du plan, des moyens et des objectifs de cette expédition; si tu acceptes de participer avec moi à ces fatigues, ces dangers et ces honneurs, je t'assure qu'il n'y aura pas sur terre un seul homme avec qui j'aurais autant de plaisir à les partager; je te fais cette confidence avec l'accord du Président qui souhaite ardemment que tu consentes à m'accompagner dans cette entreprise; il m'autorise à dire que, dans l'éventualité où tu accepterais cette proposition, il t'accordera le grade de capitaine, qui te donnera naturellement droit à la paie et aux émoluments attachés à cette distinction, ainsi qu'à une part de terre égale à celle attribuée aux officiers de rang similaire, pour services rendus au gouvernement. Cette nomination dont il a l'intention de t'honorer ne doit pas être considérée comme temporaire mais comme permanente si tu le souhaites; ta situation, si tu décides de m'accompagner dans cette mission, sera, dans tous les domaines, exactement semblable à la mienne. Je te remercie de bien vouloir me répondre sur ce sujet dès que possible à Pittsburgh...

Avec mon souvenir sincère et affectueux, ton ami humble serviteur,

Meriwether Lewis.

Journal de Clark.

Mandan, samedi 24 octobre 1804.

Nous avons rencontré un Français nommé Jussome que nous employons comme interprète. Cet homme a une femme et des enfants au village. De nombreux indigènes se sont massés sur les rives pour nous regarder passer. Nous avons envoyé trois jeunes hommes porter trois barres de tabac aux villages situés en amont et les inviter à tenir conseil avec nous demain matin. De nombreux Indiens sont venus nous voir et certains ont passé la nuit dans notre camp. M. Jussome nous a donné quelques informations concernant les chefs des différentes nations.

Dimanche 4 novembre 1804.

Nous avons continué l'abattage des arbres et la construction de nos maisons. Un certain Charbonneau, interprète de la nation des Gros-Ventres, est venu nous voir et nous a informés qu'il était revenu avec plusieurs membres de cette tribu pour écouter ce que nous allions dire aux Indiens au cours du conseil. Cet homme souhaiterait être engagé comme interprète.

LEWIS ET CLARK

Quand les premières lueurs de l'aube éclairèrent les villages des Cinq Rivières, Sacajawa, Femme-Loutre et Femme-Maïs, s'éveillèrent. Sacajawa portait sur le dos une couverture rouge, informe et sale, et des mocassins éculés, mais elle avait au cou, tout près de la gorge, tenue par un fin lacet, la pierre lisse et bleue comme le ciel. Elle alluma le feu avec les morceaux de bois mort et sec dont elle pouvait se saisir sans quitter son lit.

Femme-Loutre portait une tunique de cuir et des mocassins crasseux et détendus. Assise sur son lit recouvert d'une peau, elle berçait son petit garçon âgé de deux étés.

– J'avais mal au cœur le matin quand j'étais enceinte de celui-là, dit-elle en shoshone, sa langue maternelle. Tu as de la chance.

– Oui, admit Sacajawa.

Femme-Maïs, elle, n'avait pas vingt ans. Elle était l'aînée des épouses de Charbonneau. Assise sur une paillasse de balle de maïs, immobile et silencieuse, la tête baissée, enveloppée dans une couverture de laine grise, elle contemplait ses mains d'un regard vide. Dans une peau usée pendue à une poutre, au-dessus de son lit, étaient rangées les aiguilles avec lesquelles elle cousait, et à ses pieds traînaient quelques morceaux de cuir et des peaux, des collets et plusieurs pièges rouillés. D'autres peaux séchaient sur des clayettes appuyées contre la cloison. S'animant soudain, elle commença à fouiller dans tout ce désordre, à la recherche de son chapeau de feutre qu'elle rabattit sur ses mèches de cheveux aussi noirs que du charbon.

Sacajawa, qui tournait le contenu de la marmite suspendue à une crémaillère au-dessus du feu, posa la cuillère sur un morceau d'écorce. On y avait mis ce qui était disponible pour l'instant : des lapins sans tête et sans pattes, mais non vidés, un ou deux poissons, du maïs séché, et un peu de viande.

Charbonneau poussa la porte de bois, secoua ses bottes ferrées et brossa son pantalon trop large. Il jeta son chapeau dans un coin et laissa tomber un sac de cuir aux pieds de Sacajawa.

– C'est du thé que j'ai eu par McCracken, dit-il. Il faut le mettre dans de l'eau chaude. Pas longtemps.

Il fouilla dans les poches de son pantalon et en sortit un paquet de papier à cigarettes et une blague à tabac presque vide.

– Eh bien! nous avons à manger et un peu de thé.

Femme-Maïs, heureuse qu'il parle minnetaree, langue qu'elle comprenait, sourit et ramassa le sac de cuir. Elle mit plusieurs pincées de thé dans une bouilloire métallique, y versa de l'eau et posa la théière sur le feu à la place de la marmite.

Tout en roulant sa cigarette, Charbonneau se dit que, tout compte fait, son surnom d'Homme-à-Femmes ne le gênait pas. Cela voulait simplement dire qu'il était choyé et bien nourri par des femmes qui obéissaient à ses ordres. Elles étaient ses choses. Il était le patron. En échange de quelques objets sans importance et de quelques colifichets, elles le traitaient avec autant d'égards que s'il avait été l'empereur Napoléon en personne. Il pouvait rester absent deux ou trois mois à chasser et poser des pièges pour la Compagnie, lorsqu'il revenait avec son butin, ses femmes l'attendaient et lui offraient des pantalons, des vestes et des mocassins neufs.

Il étendit les jambes avec satisfaction et alluma sa cigarette aux braises du feu.

Puis il retira ses bottes, assis à même le sol de terre battue, s'essuya la moustache avec la main et se remit à fumer, tout en buvant son thé à petites gorgées.

Quand il eut fini, Sacajawa ramassa la cuillère et essuya le bol d'écorce avec le bord de sa couverture. A l'aide d'une corne d'élan, elle servit un peu de ragoût épais et le lui tendit.

– Sacrebleu! J'ai beaucoup de fourrures, grogna le chasseur. Je vais faire plein d'argent cet hiver. Charbonneau est un sacré bonhomme!

Il sourit et prit l'enfant de Femme-Loutre sur ses genoux. Il avait donné à son fils le même prénom que lui, Toussaint, mais il l'appelait presque toujours Petit Tess.

– Et Petit Tess sera un sacré bonhomme, comme son papa! Il devient malin. Il travaillera aussi pour la Compagnie, mais ce ne sera pas un fainéant, comme Jussome. Jussome est vraiment un bon à rien.

Il redressa l'enfant et le fit sauter sur ses genoux. Non, il n'aimait pas Jussome et n'avait pas confiance en lui. Mais il était le seul avec qui il pourrait faire équipe cet hiver-là. Son ami Baptiste Lepage était parti, et Charbonneau n'aimait pas voyager seul en hiver quand le vent chargé de neige efface toutes les empreintes. Il n'avait pas envie non plus qu'on le retrouve mort, tout gris, près d'une congère, couvert d'une couche de glace dure comme du verre. Et puis il avait entendu dire que Jussome avait obtenu des Assiniboins un attelage de chiens et un traîneau, ce qui faciliterait les transports. N'empêche, Charbonneau aurait préféré que son frère fût ici, chez les Mandans, et non quelque part dans les Rocheuses canadiennes à chasser la chèvre sauvage.

Quelques jours plus tard, Dent Cassée fit irruption chez eux au milieu de l'après-midi. Jussome l'avait envoyée chercher Charbonneau.

– Qu'est-ce que vous faites là? demanda-t-elle. Il y a une hutte qui flotte avec beaucoup d'hommes. Et deux canoës la suivent. Il y a un homme aussi noir qu'un morceau de bois brûlé et grand comme un pilier de hutte. Tout le monde est à la rivière pour voir ça.

– Allons-y aussi, dit Femme-Maïs en gagnant la porte.

– Ce sont peut-être des hommes qui reviennent de

la chasse à l'antilope, dit Femme-Loutre en attachant Petit Tess dans sa hotte.

Sacajawa était déjà dehors.

Debout dans le vent, elle ouvrait de grands yeux sur un incroyable spectacle. Un énorme bateau à voiles remontait la rivière. Dent Cassée avait raison, c'était comme une gigantesque hutte flottante avec un petit nuage gris papillonnant autour. Sur le côté, des hommes plongeaient de longues gaffes dans l'eau et le bateau remontait lentement le courant. Deux petites embarcations le suivaient, une rouge et une blanche. Quels étaient donc ces gens?

– Ils ont la peau blanche! s'exclama Femme-Loutre en shoshone.

Au même instant, quelques Indiens sautèrent dans leurs pirogues, et descendirent le courant pour voir de plus près. Le vent glacial transperçait les jeunes femmes, mais elles restaient clouées sur place, fascinées par l'étrange apparition, incapables de quitter des yeux les deux canoës qui s'éloignaient déjà en direction du village mandan situé en amont.

Les jours suivants, une grande agitation régna dans les villages du Missouri supérieur, encore accentuée par des vents violents et inattendus qui soufflèrent sans interruption. Bien que les Indiens fussent accoutumés à la présence de Blancs parmi eux (1), ils n'en avaient jamais vu autant d'un seul coup. L'expédition des

(1) L'explorateur français Pierre Gaultier de Varennes de la Vérendry avait déjà rendu visite aux Mandans en 1738. Il avait trouvé neuf villages mandans à l'embouchure de la Heart River, environ 90 km en aval de l'endroit où Lewis et Clark les rencontrèrent. Un Canadien français appelé Ménard, employé par la Compagnie britannique de fourrures, arriva chez les Mandans à la fin des années 1780 et vécut quatorze ans parmi eux. Les villages furent décimés par la variole vers 1790 et leur nombre diminua progressivement, si bien qu'en 1804 Lewis et Clark ne trouvèrent plus que deux villages. Ils découvrirent également deux villages hidatsas (Minnetarees) et un village amahami dans la même région, sur les rives du Missouri, dans ce qui est actuellement le Dakota du Nord (voir carte).

capitaines Meriwether Lewis et William Clark comptait quarante-cinq hommes et un chien.

Sacajawa entendit dire que Kakoakis ne faisait pas confiance aux Yeux-Pâles qui prétendaient apporter la paix. Elle apprit également que le conseil des chefs, qui devait se réunir dans le camp des hommes blancs, avait été retardé à cause du froid et des vents violents qui avaient empêché Charbon, grand chef du village mandan de Matootonha, situé en aval, de traverser le Missouri afin d'y assister. Seuls Petit Corbeau et Coyote, autres chefs de Matootonha, avaient réussi à franchir le fleuve en bateau-bulle. Les Américains surnommèrent immédiatement Coyote « Grand Blanc » parce qu'il avait la peau claire. Coyote expliqua à son peuple que les Blancs voulaient parler d'un Grand-Père Blanc qui habitait très loin et enverrait des marchands blancs apporter aux villages de nombreux objets utiles si les nations ne se faisaient pas la guerre.

– Quand le vent sera tombé, nous traverserons la rivière pour fumer avec les Yeux-Pâles. Ils veulent que nous fassions la paix avec les Sioux et les Assiniboins, mais comment est-ce possible si les Sioux et les Assiniboins ne connaissent pas nos intentions?

Sacajawa regrettait de plus en plus le départ précipité de Charbonneau pour la chasse. Les Blancs avaient été ravis de rencontrer Jussome au village hidatsa. C'était pour eux un interprète expérimenté, qui avait travaillé pour la Compagnie de la Baie d'Hudson et la Compagnie du Nord-Ouest, et à qui l'explorateur canadien David Thompson avait enseigné l'anglais. En récompense, il avait reçu de magnifiques présents : un couteau, un plat d'aluminium et un mouchoir rouge, et pour sa femme, Dent Cassée, une pierre plate, lisse comme une flaque d'eau calme, dans laquelle elle pouvait voir son visage.

Kakoakis était doté d'un esprit prudent, et les

nouveaux venus éveillèrent aussitôt sa méfiance. Il savait que seule une vigilance de tous les instants permettait aux Minnetarees de vivre libres et indépendants. Dans le passé, quand son peuple s'était installé à l'abri des villages fortifiés, il avait appris à ses dépens une leçon que les générations suivantes s'étaient transmise : le peuple qui ne possède rien et habite une terre pauvre peut prêcher la paix et passer partout pour amical. Mais si le même peuple acquiert des biens – des chevaux, des légumes en abondance ou des fusils – devenu prospère et puissant, on le considère alors comme un peuple hostile, dangereux et fauteur de guerre.

Immobile sur son cheval, Kakoakis observait le camp des hommes blancs du sommet d'une falaise dominant la rivière. Il vit qu'ils travaillaient sans arrêt, remarqua leurs fusils et le canon de bronze sur le bateau à l'aile blanche. Il observa la discipline de l'équipage et regarda les hommes s'entraîner au tir sur de petites cibles très éloignées qu'ils manquaient rarement.

Kakoakis était mal à l'aise.

– Ces hommes ne sont pas des marchands, dit-il à Loup. Ils parlent de paix, mais ils ont des fusils.

– Je le vois, répondit Loup. Ils nettoient leurs fusils et les font briller pour les conserver en bon état. Ils donnent des cadeaux, mais ne prennent rien. Que peuvent bien vouloir des gens qui donnent sans rien prendre en échange?

– Rien de bon, laissa tomber Kakoakis.

– Peut-être, dit Loup, mais leur chef, celui qui a les cheveux rouges, semble amical. Je n'ai pas peur de lui. Il sourit et serre les mains en signe d'amitié. Jussome parle pour lui.

Kakoakis posa la main sur l'épaule de Loup.

– C'est toujours ainsi que l'ennemi agit. Il est sage. Il vient à nous et se montre amical. Mais qu'arrivera-t-il s'il décide de rester chez nous, au printemps, de chasser notre bison, de manger notre maïs, de prendre nos femmes, au lieu de partir vers l'Ouest?

– Je ne sais pas, répondit Loup. J'écouterai ce qu'ils ont à dire.

– N'oublie pas mon avertissement, dit Kakoakis avant de s'éloigner : ils paraissent amicaux mais ils détruiront notre peuple.

Le jour où le vent tomba, on apprit que le conseil se réunirait au village de Matootonha. Femme-Loutre prit la hotte appuyée contre le mur de la hutte et y déposa Petit Tess, puis elle sortit pour voir ce que voulaient tous ces Blancs installés aux alentours. Sacajawa et Femme-Maïs ne voulurent pas être en reste. Elles se mirent de chaudes couvertures de fourrure sur les épaules et refermèrent derrière elles la porte de la hutte. Une mince couche de neige couvrait le sol.

Le conseil était commencé depuis longtemps lorsqu'elles arrivèrent, mais le soleil n'avait pas quitté le ciel, et tout le monde était rassemblé au milieu du village, à regarder et à écouter les chefs blancs, ceux des villages mandans et hidatsas et les deux chefs arakaras qui étaient venus dans l'intention de faire la paix avec les Mandans. Les femmes et les enfants étaient assis en cercle derrière les hommes. Sacajawa se dressa sur la pointe des pieds pour mieux voir les étrangers blancs. Elle ne comprenait pas les mots que prononçaient les Yeux-pâles, mais l'un d'eux, le chef aux cheveux rouges, connaissait bien le langage des signes, de sorte qu'elle réussit plus ou moins à suivre la conversation.

Femme-Loutre se débarrassa de la hotte et la confia à Femme-Maïs. Puis, se glissant entre les spectatrices, elle s'approcha du cercle des hommes. Sacajawa la suivit et fut heureuse de retrouver Femme-Soleil dans la foule, qui lui donna des nouvelles de Quatre Ours et de ses épouses. Mais, dans le cercle du conseil, Kakoakis s'était levé. Il se tenait bien droit, pour que tout le monde puisse le voir, son œil unique scrutant la foule.

Il regarda aussi les chefs assis et gratta la cicatrice qui lui barrait le visage. Alors, écartant les jambes pour assurer son équilibre, il prit la parole :

– Je ne resterai pas à écouter les longs discours des envoyés du Grand-Père Blanc, commença-t-il. (Puis il se tut et jeta par terre la médaille et le drapeau qui lui avaient été offerts et les piétina furieusement.) Tandis que je parle de paix ici, mon village pourrait être attaqué pendant mon absence! reprit-il.

Sacajawa se tourna brusquement vers Femme-Maïs et laissa échapper un soupir méprisant. Et plus fort qu'elle ne l'aurait voulu, elle ajouta :

– Qui voudrait aller dans son village, en dehors d'un pauvre marchand désireux de se faire choyer par une de ses femmes?

Tous les regards se tournèrent vers elle. Quelques-uns brillaient d'hilarité, mais d'autres étaient lourds de reproches. Une nouvelle fois, elle venait de transgresser les coutumes les mieux établies. Les femmes devaient se taire quand les hommes parlaient – à plus forte raison s'il s'agissait d'un chef.

Sacajawa rougit de honte, puis la peur s'empara d'elle. Elle baissa la tête, n'osant plus lever les yeux. Le châtiment, pour une telle impudence, allait être terrible.

Dans le silence qui s'était fait, Loup s'avança et se baissa pour ramasser la médaille à l'effigie de Jefferson et le drapeau américain.

– Reprends-les, dit-il à Kakoakis. Ce sont des gages de bonne volonté.

Oubliant momentanément la squaw bavarde, la foule reporta ses regards sur les deux chefs.

Loup caressait le manteau bleu de l'armée que Lewis lui avait donné et son chapeau de feutre noir.

– Je fais confiance aux Yeux-Pâles, dit-il.

Kakaokis prit une profonde inspiration et cracha sur le manteau. Puis, tournant brusquement le dos à Loup, il quitta le conseil la tête haute. Se frayant un chemin dans le cercle compact des femmes, il leur jeta la médaille d'argent, qu'elles se passèrent de main en main, très vite, comme si elle les brûlait. Seule Femme-Soleil la garda quand elle lui parvint et l'enfant qu'elle portait sur le dos se mit à pleurer.

– Tais-toi, Femme-Terre, souffla-t-elle.

La médaille brillait comme le soleil d'été, et Femme-Soleil se dit que sa lumière y était peut-être emprisonnée par magie. Elle l'examina de plus près et vit qu'il y avait un visage d'homme sur une face. La retournant, elle découvrit un calumet de la paix et une hache entrecroisés, des mains unies, ainsi que des caractères bizarres qui n'évoquaient rien pour elle.

– Ainsi, tu n'as toujours pas appris à tenir ta langue, murmura-t-elle à Sacajawa quand la discussion générale eut repris.

Sacajawa releva prudemment la tête.

– Non, soupira-t-elle, ma langue brûle.

– Ce que tu as dit est vrai, intervint la voisine de Femme-Soleil, mais personne n'a le courage de parler comme tu l'as fait. J'espère que ta famille n'est pas trop sévère avec toi. Peut-être se contentera-t-on de te couper le bout du nez.

– Il n'y a pas de danger, dit Femme-Soleil. Elle a épousé un homme blanc. Mais il faut qu'elle évite Kakoakis.

– Je crois que les hommes blancs veulent que nous vivions en paix avec les autres tribus, comme ils le disent, reprit Femme-Soleil. Ils expriment ce désir par des signes sur une pierre brillante.

Femme-Soleil ouvrit la main afin que Sacajawa puisse voir l'éclat de l'argent.

– C'est de la magie! s'exclama Sacajawa. On peut se voir dedans!

– Si j'apprends que Kakoakis veut te punir, je t'enverrai cette pierre pour t'avertir, dit Femme-Soleil. Ce jour-là, tu devras trouver le moyen de retourner auprès de ton peuple.

– C'est impossible, répondit la jeune fille. J'y ai souvent réfléchi. Je serais incapable de retrouver le Peuple maintenant. L'hiver est presque là, et il y a trop longtemps que je suis partie. Et puis ce serait risquer la vie de l'enfant que je porte. Si Kakoakis vient me chercher en l'absence de Charbonneau, il me faudra subir le châtiment que je mérite.

– Si on te coupe le nez, je ne te fermerai pas la porte de notre hutte. Tu seras toujours bienvenue dans la hutte de Quatre Ours.

Femme-Terre se mit à pleurer. Femme-Soleil sortit l'enfant de la hotte et lui donna le sein. Sacajawa l'aida à mettre de l'ordre dans la hotte vide et serra la vieille peau de bison autour de son amie et de la petite fille. Femme-Soleil était encore jeune, mais son visage était déjà ridé par le soleil brûlant et l'air glacé des hivers. Elle portait des vêtements unis et usés, avec très peu de perles, et ses seuls bijoux étaient des boucles d'oreilles de coquillages blancs. Quand il y a sept femmes et de nombreux enfants, pensa Sacajawa, la part de chacun est plutôt mince.

Quand Femme-Terre eut fini de téter, Sacajawa aida son amie à remettre l'enfant sur son dos. Puis Femme-Soleil reprit la médaille d'argent toute chaude dans la main de Sacajawa, et la mit à l'abri dans la hotte.

Le cœur lourd, Sacajawa rejoignit Femme-Loutre et Femme-Maïs sur le chemin de leur hutte. Son esprit remontait les pistes du souvenir. Soudain, elle crut respirer l'odeur entêtante du pin brûlé qui s'élevait le matin des feux shoshones. Non elle n'oubliait pas. Il fallait parler plus souvent shoshone avec Femme-Loutre. Après tout, c'était cela leur vraie langue.

Il y avait près d'une demi-lune que Charbonneau était parti et il s'était passé tant de choses que Sacajawa ne craignait plus qu'il ne la crût pas. La présence des hommes blancs de l'expédition Lewis et Clark était devenue une réalité de la vie quotidienne : ils allaient rester jusqu'au printemps. Les Mandans dirent aux chefs blancs que tuer les Arikaras ne les amusait plus, et ils acceptèrent de faire la paix. Les rumeurs, suivant lesquelles les Blancs allaient construire un camp de bois et cinquante familles d'Assiniboins venir hiberner en paix avec les Minnetarees, se répandirent dans le village comme un feu de prairie. Aussi venait-on de toutes parts vérifier sur place l'incroyable nouvelle. Cependant l'hiver s'installait. Le vent devint plus froid et la neige plus épaisse. Sacajawa et Femme-Loutre étalèrent une couche d'argile supplémentaire sur les flancs de leur hutte afin qu'elle garde mieux la chaleur pendant la Lune de la Neige. Sacajawa regardait passer les oies canadiennes qui volaient vers le sud. Souvent elle caressait entre ses doigts la pierre bleue comme le ciel qu'elle portait au cou. Elle ne craignait plus d'être punie par Kakaokis et passait ses rares moments de liberté à observer les étranges activités des hommes blancs qui vivaient sur la terre indienne, utilisant ses arbres, sa rivière, son gibier.

Par une nuit claire, de longues langues de flammes glacées apparurent au-dessus des villages indiens et du camp des hommes blancs. Les lumières boréales, en un déluge luisant, étaient de retour sur les grandes plaines et, au matin, Charbonneau rentra.

– Sacré diable! Est-il vrai que les Américains sont là? Ils donnent des cadeaux? Et ces gaillards-là... ils construisent des cabanes de peuplier pour l'hiver?

– Oui, répondit Sacajawa.

Femme-Loutre et Femme-Maïs s'affairaient autour de la marmite.

– Elle peut tout te raconter, dit Femme-Maïs. Elle les a entendus parler avec les chefs.

Sacajawa jeta un regard furieux à Femme-Maïs et rougit, craignant qu'elle ne raconte qu'elle s'était moquée de Kakoakis.

– Je ne sais pas! dit Charbonneau. On parle, on

parle partout. Jussome n'est pas chez lui. Que se passe-t-il vraiment?

– Les Yeux-Pâles sont en aval, près du village de Chat Noir, expliqua Sacajawa en minnetaree, et ils construisent leur propre village avec de gros troncs. Je n'ai jamais rien vu de pareil. J'ai entendu dire qu'ils avaient demandé à Jussome de traduire ce que disent les Mandans et les Minnetarees. C'est pourquoi Jussome travaille maintenant pour les Yeux-Pâles.

Femme-Loutre et Femme-Maïs acquiescèrent. Sacajawa avait dit la vérité.

– Le traître, le fumier! Il suffit que je m'absente, et il me laisse tomber pour se mettre au service des étrangers.

– On raconte aussi que Jussome, sa femme et ses enfants vont passer l'hiver dans le camp des Yeux-Pâles, ajouta Sacajawa, espérant que le jour du conseil était maintenant oublié et que Charbonneau n'apprendrait jamais à quel point elle s'était mal conduite, le tout étant que Femme-Maïs et Femme-Loutre tiennent leur langue.

– Kakoakis, notre chef, ne fait pas confiance aux hommes blancs ni à leur chef, Cheveux Rouges, dit Femme-Loutre en jetant un regard oblique à Sacajawa.

– *Rouges?*

– Oui, il a les cheveux aussi rouges que la peinture de guerre. Et il y a aussi un homme tout noir, avec les cheveux comme de l'herbe brûlée.

Femme-Loutre sentit que cette nouvelle lui donnait de l'importance et une espèce de loyauté la poussait à en informer son mari.

– Il s'est peint avec du bois brûlé, déclara sentencieusement Femme-Maïs.

– Mais non, répliqua Femme-Loutre. J'ai entendu dire que Quatre Ours lui avait frotté les bras et le visage. Le noir n'est pas parti, même quand il l'a léché avec sa langue.

– *Oui,* la race *noire,* dit Charbonneau. Ce sont les nègres, j'en ai déjà vu. Ils sont capables de faire le travail de trois hommes. Ces gars-là sont comme des géants. Bon sang, est-ce que ces types vont installer un comptoir commercial ici?

– On dit qu'ils viennent pour faire la paix entre les nations ennemies, afin qu'elles puissent toutes vivre comme une seule famille sous l'autorité d'un chef blanc, qui habite en aval de la rivière, dans un endroit qui s'appelle Washington, dit Femme-Loutre.

Sacajawa et Femme-Maïs avaient entendu raconter la même chose et en avaient ri derrière leurs mains. Comment toutes les nations pourraient-elles reconnaître l'autorité d'un même chef? Femme-Loutre leur jeta un regard de reproche.

– Une seule famille? (Charbonneau rejeta la tête en arrière et rit aux éclats, découvrant ses dents jaunes.) Il y a toujours quelqu'un qui veut être le chef. Aucune tribu ne vit en paix très longtemps. Il y a toujours, quelque part, un chef qui veut s'entendre avec ses ennemis.

Il se débarrassa de ses bottes et tendit ses pieds à Sacajawa pour qu'elle lui enfile ses mocassins.

– Ils viennent faire concurrence à la baie d'Hudson et aux Northwesters, reprit-il. Et pour ça, ils ont besoin des Indiens. Ils croient qu'on leur dit la vérité, mais moi, je connais la musique. Je vais aller voir ces hommes demain matin. J'emmènerai quatre chevaux chargés de peaux et de viande pour faire des échanges. Il ne perd rien pour attendre, Jussome! Maintenant, donnez à manger à Charbonneau! Il a faim.

Le lendemain matin, Femme-Maïs se leva tôt afin de donner une ration de paille supplémentaire aux quatre chevaux. Femme-Loutre roula les peaux et demanda à Sacajawa de l'aider à emballer la viande et à la charger sur les chevaux.

– On y va toutes? demanda Sacajawa, qui brûlait d'envie de visiter le camp des Yeux-Pâles.

– Oui, répondit Charbonneau. Loutre, emporte ces peaux de bison et aide Sacajawa à charger la viande. Elle est déjà bien chargée, ajouta-t-il en arrondissant suggestivement les mains devant son ventre. Maïs reste ici pour s'occuper de la hutte de Charbonneau et de mon fils. (Il fit la révérence au petit garçon.) Petit Tess, serre la main de ton papa!

Le petit garçon se cacha derrière la jupe de Femme-Maïs en pleurnichant.

Il se sentait autant en sécurité avec elle ou Sacajawa qu'avec Femme-Loutre, car on apprenait aux enfants indiens à considérer comme leur mère chaque femme de la hutte qu'ils habitaient.

– Ma parole, cet enfant prend vraiment son père pour l'Ours de la Forêt! Je lui fais peur! (Charbonneau partit d'un grand rire.) Il sait que je suis le patron. Allez, au revoir, mon fils, et vous autres en route!

Le camp des hommes blancs avait la forme d'un triangle. Deux de ses côtés étaient constitués de solides cabanes de rondins donnant sur l'intérieur. Un arc de cercle de gros piquets formait la base du triangle. Les cabanes n'étaient pas terminées. Partout, les hommes travaillaient, sciant, enfonçant des clous, ajustant les troncs d'arbres.

Sacajawa ralentit le pas après avoir mis pied à terre et attaché les chevaux; elle ne voulait rien perdre du spectacle. Il y avait là un nommé Pat, qui semblait être chargé de diriger la construction des huttes. Il s'agissait de Patrick Gass, le chef charpentier. Gass comptait parmi les membres les plus remarquables de l'expédition. C'était un Irlandais de Pennsylvanie, aux larges épaules, au teint rougeaud, et qui portait une épaisse barbe broussailleuse. Il avait naguère participé à la construction de la maison de celui qui deviendrait le président James Buchanan.

D'autres Indiens, en groupes, regardaient. Ils n'avaient jamais vu une telle agitation.

Sacajawa tira Femme-Loutre par la manche pour lui

montrer des hommes faisant sécher de la viande, ou tannant des peaux pour faire des vêtements.

– Ces hommes n'ont donc pas de squaws? s'étonna Femme-Loutre.

– L'homme blanc sait tout faire, se vanta Charbonneau.

– Même le travail des squaws? demanda Femme-Loutre. L'homme ne peut pas être heureux s'il faut qu'il reste au camp, fasse la cuisine et couse comme une femme. Il faut que l'homme pêche et chasse.

– C'est vrai, répondit Charbonneau, mais ces hommes pêchent et chassent aussi.

Sacajawa hocha la tête. C'était difficile à comprendre. Elle désigna à Femme-Loutre une cabane pleine de grands pots cylindriques et bouchés.

– Ce sont des tonneaux de munitions pour les fusils, expliqua Charbonneau. Il y en aurait assez pour deux ou trois guerres avec les Sioux.

Sacajawa n'avait jamais vu autant d'armes. A vrai dire, elle ne connaissait que celles de Charbonneau; les Agaidükas n'en possédaient pas. Comme les hommes blancs doivent être puissants! se dit Sacajawa. Le peuple serait mieux nourri et plus en sécurité s'il avait tous ces fusils.

– Avec eux ton peuple pourrait se débarrasser des Pieds-Noirs, dit Charbonneau, comme s'il avait lu les pensées de Sacajawa.

– Oui, et chasser davantage, répondit-elle, se méprenant sur le sens de ses paroles.

Car le but des affrontements entre Indiens n'était presque jamais de tuer l'adversaire, mais de lui voler des chevaux, des chiens ou des femmes. Ce n'était qu'exceptionnellement que ces expéditions tournaient mal et se soldaient par la mort de quelques hommes.

Femme-Loutre tendit le bras en direction de grosses marmites faites dans un métal semblable à celui des fusils, et non de cuivre comme celles qu'avaient apportées les tribus du Nord. Les cuillères non plus n'étaient pas d'os ou de corne, mais faites d'un métal brillant.

Les arrachant à ces découvertes, Charbonneau leur enjoignit de le suivre. Chacune des femmes portait deux peaux de bison, car on avait laissé pour l'instant les paquets de viande sur les chevaux. Charbonneau s'arrêta pour demander à un homme blanc s'il pouvait parler *au patron.*

– Le capitaine Lewis ou le capitaine Clark? demanda l'homme qui posait la porte d'une cabane.

Il s'agissait de George Shannon. C'était un Irlandais de dix-sept ans, le cadet de l'expédition, agréable, beau, soigneusement rasé à un âge où l'on préfère souvent être hirsute, intelligent et cultivé.

– Je crois qu'ils sont dans cette tente, là-bas, reprit-il.

– *Oui,* c'est ça, le capitaine Clark. Je viens lui proposer mes services, dit Charbonneau.

Les femmes suivirent Charbonneau. Il leur fit signe d'attendre dehors et entra. Elles s'accroupirent contre la paroi extérieure de la tente, et Sacajawa déplaça son paquet de peaux afin de pouvoir suivre la conversation des hommes. Mais Charbonneau leur fit signe d'approcher, et il hocha la tête avec satisfaction quand elles offrirent leurs belles peaux aux deux capitaines. Les hommes blancs parurent contents. Celui qui avait les cheveux rouges, le capitaine Clark, grand et solidement charpenté, en étendit une sur ses genoux et promena ses doigts dans l'épaisse et douce fourrure. Les deux officiers semblaient examiner alternativement Charbonneau, Femme-Loutre et Sacajawa. Puis ils échangèrent un regard, et Lewis fit le tour de la table pour venir serrer la main de Charbonneau. Il était plus jeune que celui qui avait les cheveux rouges et ne souriait pas; il y avait quelque chose de dur en lui, et Sacajawa eut aussitôt conscience de sa force. Jamais elle ne se risquerait à mécontenter cet homme aux cheveux couleur de sable et aux yeux bleus. Il avait le visage ovale, comme un œuf de chouette, une bouche petite et un long nez fin. Au total, il n'était ni beau ni séduisant.

– Capitaine, mes *femmes* ont tanné ces peaux de leurs mains. Voici Femme-Loutre et Sacajawa, Femme-Oiseau. Elles voudraient un petit quelque chose en échange. Presque rien; juste un objet qu'elles puissent montrer.

– York, dit Lewis, veux-tu aller chercher deux miroirs pour ces jeunes femmes, s'il te plaît?

Ben York était le serviteur personnel de Clark depuis l'enfance. Jusque-là, il s'était tenu en dehors du champ de vision de Sacajawa, et celle-ci éprouva un trouble étrange quand elle vit pour la première fois de près le grand homme noir.

Femme-Loutre, elle, en tomba assise par terre. Le capitaine Clark se mit à rire, ce qui eut pour effet d'adoucir beaucoup l'expression sévère de ses traits. Puis il fit signe à Sacajawa de s'asseoir sur une caisse.

– Fais comme il dit! ordonna Charbonneau.

Dans la hutte, jamais une femme ne s'asseyait ailleurs que par terre, sur un tronc d'arbre ou sur un lit de peaux. Sacajawa hésita, la caisse était haute, et c'est à peine si ses pieds touchaient le sol.

York tendit quelque chose à Charbonneau qui remercia d'un grognement.

– Tenez, dit-il en donnant un petit miroir carré à chaque femme. C'est un miroir comme ceux qu'ont les femmes de Saint Louis, le village du chef Cheveux Rouges.

C'était la première fois que Sacajawa avait un tel objet entre les mains. Il paraissait vivant et semblait produire sa propre lumière, comme un morceau d'eau calme solidifiée.

Les hommes se remirent à parler en anglais, puis Charbonneau s'adressa à Sacajawa en minnetaree.

– Ils veulent te poser des questions, dit-il. Ils vont

m'interroger, je t'interrogerai, et ensuite je leur traduirai ce que tu auras dit. Parle-leur de ton peuple et du pays qu'il habite.

Tout d'abord, Sacajawa ne comprit pas.

– Je suis une Minnetaree, répondit-elle, et mon peuple habite le village. Je viens du grand village hidatsa.

– Mais non, s'exclama Charbonneau. Ils veulent des renseignements sur les Shoshones! Parle-leur de tes parents, de l'endroit où ils vivaient, de ce qu'ils faisaient, du nombre de chevaux qu'il y avait dans le camp. Ces filles sont impossibles! soupira-t-il.

Sacajawa regarda de nouveau son mari, indécise. Elle ne pouvait parler de son père et de sa mère : ils étaient morts. Puis elle se tourna vers Cheveux Rouges, et, à son grand soulagement, il lui sourit. L'autre chef souriait également. Ce n'était pas l'exaspération de Charbonneau qui les amusait, mais plutôt le visage rond, enfantin de Sacajawa, ses grands yeux intelligents, ses mains gracieuses qui faisaient des signes tandis qu'elle parlait et l'incongruité de sa grossesse à douze ou treize ans, qui, de toute évidence, les attendrissaient.

– Parle-leur du pays où tu es née. C'est une grande *Montagne Luisante, oui?*

– Non. Beaucoup de montagnes, avec des vallées vertes, fraîches en été, et de grands pins qui chantent dans le vent.

– Bien, dit Charbonneau qui s'essuya le front avec son mouchoir rouge avant de répéter aux capitaines, dans son anglais hésitant, ce que sa femme venait de dire en minnetaree.

– En hiver, poursuivit-elle, le Peuple gagne les vallées chaudes du Sud, mais la nourriture est rare et les pillards sont nombreux. Nous perdons beaucoup de chevaux.

– Serais-tu capable d'y retourner?

Sacajawa n'en croyait pas ses oreilles. Retourner

vers le Peuple? Bien sûr elle pourrait le retrouver, mais le voyage prendrait de nombreux jours. Et puis il y aurait des bandes de pillards sur la route, et l'hiver était là... Le Peuple n'était pas venu la chercher, c'est vrai, mais elle, elle pourrait le retrouver avec de bons chevaux et beaucoup de provisions.

Les deux capitaines la regardèrent parler, ses mains fines explicitant son discours. Il était clair qu'elle n'avait pas oublié sa patrie dans les montagnes.

– Te souviens-tu de la piste? demanda Charbonneau qui ajouta : Si tu réponds non, je te battrai pour de bon à la hutte.

Sacajawa regarda son mari et ne sut que répondre.

– Allons! Tu es pourtant plus bavarde quand Kakoakis a la parole. Pourquoi est-ce que tu ne dis rien, maintenant?

La peur s'empara d'elle et elle se cacha instinctivement le nez avec ses mains. Ainsi, il savait.

Femme-Loutre en effet lui avait tout raconté. Mais il avait trouvé plutôt amusant que sa femme ait été assez téméraire pour s'opposer une nouvelle fois au chef.

– Parle-leur des repères de la piste! gronda Charbonneau.

– Mon nez peut rester? demanda-t-elle à voix basse.

– Tu crois peut-être que j'ai envie d'une femme au visage repoussant?

– Bon, soupira-t-elle soulagée en regardant Femme-Loutre accroupie contre la paroi de la tente. (Puis elle se tourna vers les capitaines, qui attendaient sans comprendre.) Il y a beaucoup de plantes rampantes et empoisonnées, à feuilles triples, commença-t-elle. J'étais toute petite, je ne me souviens pas de grand-chose. Il y a un rocher en forme de tête de castor et une rivière qui se divise en trois. Mais c'est déjà le pays du Peuple. Tu ne me puniras pas?

– Elle se souvient! Elle se souvient de nombreux

repères, traduisit Charbonneau. Il y a un grand rocher en forme de castor et un endroit où la rivière se divise en trois. Et il y a partout du lierre empoisonné. (Charbonneau se croisa les mains sur l'estomac et sourit aux capitaines.) Elle a une bonne mémoire. Mon autre squaw est également shoshone. Son enfant, mon fils, porte le même nom que moi, et il parlera beaucoup de langues. Je les lui apprends moi-même.

Le capitaine Lewis voulut alors interroger Femme-Loutre, et Charbonneau envoya Sacajawa chercher les chevaux. Elle n'avait pas envie de partir mais n'osa pas désobéir.

A son retour, tandis qu'ils se préparaient à s'en aller, elle prit Femme-Loutre par la main et lui demanda ce que les hommes blancs lui avaient dit. Sacajawa employa les inflexions douces et graves de leur langue maternelle. Femme-Loutre la regarda avec étonnement, se demandant ce que voulait dire ce flot soudain de mots shoshones si longtemps refoulés.

– Cheveux Rouges m'a demandé si notre peuple traversait les montagnes en canoë ou à cheval, répondit Femme-Loutre. J'ai dit qu'on ne peut pas traverser les montagnes en canoë. Imagine un peu, une squaw expliquant à un homme adulte que les canoës ne servent à rien dans les montagnes!

Sacajawa se mit la main sur la bouche et rit avec Femme-Loutre.

– Ils m'ont aussi demandé si les Shoshones voudraient échanger des chevaux. J'ai répondu : oui, contre des fusils.

– Parlez minnetaree! cria Charbonneau. Gardez ce fatras shoshone pour quand vous serez dans vos montagnes.

Un bref instant, Sacajawa resta bouche bée. Il avait bien dit : « Quand vous serez... » Cela signifiait-il qu'il avait l'intention de les y emmener un jour, elle et Femme-Loutre?

Le capitaine Clark avait encore une question à

poser. Il voulait savoir si les Shoshones avaient déjà vu des hommes blancs. Femme-Loutre secoua la tête: elle ne savait pas. En vérité, elle ne se souvenait guère de son peuple.

– Non, pas dans les villages, dit Sacajawa en minnetaree, mais le Peuple est allé dans le Sud, chez les Espagnols, pour acheter leurs bâtons de feu. Mais les Espagnols n'ont pas voulu leur vendre et les ont tournés contre les guerriers. Ils sont revenus très fatigués et déçus. J'étais petite, mais je me souviens d'avoir entendu parler de ces hommes blancs. On les appelait « señor », ajouta-t-elle à la stupéfaction générale.

Les jours qui suivirent, Sacajawa fut très absorbée par les travaux de la hutte, si bien qu'elle ne repensa guère aux paroles de son mari : « Quand vous serez dans vos *montagnes* ». Parfois, elle oubliait pourquoi elle travaillait avec autant d'ardeur et s'absorbait dans la satisfaction que lui procurait son travail. « Tout va bien », se disait-elle, en brodant des motifs de perles sur des mocassins, ou en chantonnant avec Femme-Maïs une chanson mandan. Puis un jour, un terrible sentiment de culpabilité s'empara d'elle. Comment avait-elle pu oublier? Comment avait-elle pu ne pas être fidèle à ceux qui l'avaient aimée quand elle était petite, à ceux qui habitaient une petite vallée cachée et n'avaient presque pas à manger l'hiver? Elle demanda alors à Femme-Loutre ce qu'elle pensait des paroles de Charbonneau.

– Rien, répondit-elle. Il a dit ça pour nous faire parler dans la langue de notre village. Ici nous avons à manger, nous avons de bons vêtements. Je ne veux pas m'en aller. Je ne me souviens presque pas de mon peuple, ni des Pieds-Noirs qui m'ont enlevée. J'ai un enfant fort et plein de santé; pourquoi voudrais-tu que je retourne là-bas?

Comme elle se taisait, on frappa à la porte. Femme-Maïs alla ouvrir. Elle poussa un grand cri, rentra en courant et s'accrocha à Sacajawa, qui passait de la graisse d'ours sur les mocassins de Charbonneau.

Son immense corps noir presque plié en deux, Ben York se tenait sur le seuil.

– Monsieur Charbonneau? Vous êtes là? répétait-il.

– Le Démon! le Démon! gémissait Femme-Maïs, les yeux fixés sur le géant d'obsidienne au large sourire.

– C'est seulement York, madame, le serviteur du capitaine Clark. Je suis venu demander à M. Charbonneau de venir voir les capitaines. Il faut qu'il vienne avec moi.

Femme-Loutre et Sacajawa restèrent sans voix.

Sacajawa prit Femme-Loutre par la main et se dirigea lentement vers le grand homme noir. York sourit, ses dents blanches réfléchissant la lueur du feu.

– Je ne mords pas, dit-il.

Sacajawa ne comprit pas ce qu'il disait, mais elle regarda son visage et ne put s'empêcher de sourire. Il tendit la main, et elle ne sut quoi faire de cette main. Elle lui toucha les doigts et dit, pour cacher sa confusion :

– Veux-tu te reposer et manger un peu de ragoût?

Elle montra la marmite.

– Eh! doucement, grogna Charbonneau en faisant irruption dans la hutte. Elle est à moi! Je l'ai gagnée honnêtement au jeu de mains.

– Monsieur Charbonneau, c'est à peine si je comprends ce qu'elle dit. Je crois que c'est celle qu'on appelle Sacajawa. Le capitaine Clark a dit qu'il la reconnaîtrait parce que ses yeux brillent. Et l'autre, avec les longues nattes, c'est Loutre. Le capitaine Clark ne m'avait pas dit que vous aviez trois femmes. Vous êtes un sacré coquin de vivre comme ça chez les Indiens.

Il eut un large sourire, et, en lui montrant la porte, l'invita à le suivre.

Les capitaines l'attendaient.

– Comme il est grand et fort! s'exclama Femme-Maïs, quand les deux hommes furent partis.

– Il est différent, dit Sacajawa, il est bon.

– Tu as remarqué que la paume de sa main est blanche, murmura Femme-Maïs qui n'avait pas cessé de trembler, et comme sa langue est rouge? Et le blanc de ses yeux, et ses dents...

Petit Tess se mit à pleurer et les femmes l'entourèrent, se demandant s'il avait vu le grand homme noir.

– C'est quelque chose que tu pourras raconter à tes enfants, dit Femme-Loutre.

– Il oubliera, dit Sacajawa en riant. Il est trop petit pour s'en souvenir.

– Je le lui rappellerai, affirma Femme-Loutre.

Elles jacassaient encore quand Charbonneau rentra.

– Sacrebleu! s'écria-t-il, je vais leur servir d'interprète pendant l'hiver, comme Jussome! Et maintenant, je sais pourquoi ils sont ici.

12

Journal de Lewis.

Lundi 11 février 1805.

Aux environs de 5 heures, ce matin, une des épouses de Charbonneau a mis au monde un beau garçon. Il est bon de noter que c'était le premier enfant de cette femme et, comme c'est fréquemment le cas dans ces conditions, l'accouchement a été long et douloureux. M. Jussome m'assura qu'il administrait fréquemment un petit morceau d'anneau de serpent à sonnette, ce qui, selon lui, ne manquait jamais de produire l'effet désiré, c'est-à-dire hâter la naissance de l'enfant. Comme j'en possédais, je les lui donnai et il administra à la femme deux ou trois anneaux, qu'il cassa en petits morceaux et mélangea à un peu d'eau. Que cette potion se soit ou non révélée efficace, je ne prendrai pas le risque d'en décider, toujours est-il que je fus informé moins de dix minutes plus tard que la naissance avait eu lieu.

REUBEN GOLD THWAITES, *Ed.*
Original Journal of the Lewis and Clark Expedition, 1804-1805.

NAISSANCE DE JEAN-BAPTISTE CHARBONNEAU

Sacajawa se redressa lentement et se mit les mains sur les reins pour atténuer la douleur.

– Petit Tess, ne t'éloigne pas. Ne mouille pas tes mocassins.

Elle soupira et regarda Femme-Loutre, avec envie. Femme-Loutre était mince et souple. Elle trottinait sur la rive à la recherche d'un endroit tranquille où elle pourrait casser la glace et tremper sa tunique sale dans l'eau glacée. Sacajawa plongea un gros pot de terre dans l'eau la plus limpide qu'elle put trouver.

En hiver, laver était une corvée, quand il fallait faire chauffer l'eau dans la hutte. Et c'était encore plus dur pour Sacajawa, maintenant... Ses bras n'étaient plus aussi forts, il lui était difficile de se baisser et ses jambes se fatiguaient vite. Quand l'enfant donna un coup de pied, elle posa sa main libre sur son ventre enflé. Puis elle attira Petit Tess près d'elle, et reprit lentement le chemin de la hutte.

Un peu plus tôt dans la journée, Charbonneau leur avait annoncé à l'improviste :

– Aujourd'hui nous allons nous installer au camp des Yeux-Pâles. Est-ce que cela vous plaît? Les chefs blancs ne veulent pas que Charbonneau s'éloigne.

« Nous aurons des tuniques propres pour aller au camp des Yeux-Pâles, se dit Sacajawa. Et nous pourrons voir plus souvent le grand homme noir. »

En arrivant à la hutte de terre, Sacajawa pressa le pas, tirant Petit Tess derrière elle.

– Où est Loutre? lui demanda Femme-Maïs.

– Elle arrive. J'ai ramené cet animal à la maison parce qu'il s'est mis à marcher dans l'eau quand elle a tourné le dos pour mettre sa tunique à sécher. Femme-Loutre ne peut pas le surveiller continuellement.

– Quand j'étais petite, personne ne m'empêchait de marcher dans l'eau, grommela Femme-Maïs. On me poussait exprès dans la rivière et j'ai appris à nager toute seule. Ce garçon aura les muscles blancs et mous comme de la pâte de farine. Quel genre d'homme les femmes nous fabriquent-elles aujourd'hui? Plats comme du poisson mort, paresseux comme un chat bien nourri, pâles comme des os poussiéreux... Ce ne sont pas des hommes, ce sont des ombres.

Ignorant la sortie de Femme-Maïs, Sacajawa ouvrit la porte de la hutte et poussa Petit Tess dans le couloir obscur. Elle avait beaucoup à faire.

Sacajawa était contente de s'installer au fort. Le seul ennui était qu'il leur faudrait dresser leur tente à côté de celle de Jussome. L'idée de vivre près de Dent Cassée, qui ne voulait plus qu'on l'appelle désormais autrement que madame Jussome, lui déplaisait. Charbonneau avait en effet expliqué qu'il était correct, en français, que Jussome dise madame en parlant de sa femme.

– Alors, tu pourrais m'appeler madame Charbonneau? demanda Femme-Maïs.

Charbonneau éclata d'un rire strident qui découvrit ses dents jaunes.

– Madame Charbonneau! C'est ainsi qu'on appelait ma propre mère. Mais elle détestait cela et préférait son nom de Tabac. Ah, c'était une belle *femme* sioux! Elle a quitté mon père le jour où il l'a appelée madame Charbonneau une fois de trop. Qui peut savoir ce que veulent les femmes? (Puis il reprit son sérieux.) Mon vieux camarade, Baptiste Lepage, est de retour avec de nombreuses peaux de castor, épaisses et luisantes. Il les a vendues aux Yeux-Pâles et se joindra à eux quand ils partiront vers l'Ouest, au printemps.

Sacajawa retira les peaux du lit de Charbonneau, les plia et les empila près de la porte.

– Bon. Nous aimons bien Lepage, dit-elle.

Le trappeur leur avait rendu visite au début de l'automne.

– Comme ça, il y en aura au moins un que nous pourrons reconnaître.

– Au fort, tous les hommes se ressemblent, dit Femme-Maïs qui, grognant et soufflant, portait des pots de terre près de la porte. Sauf celui qui a pris sa couleur au vent de la nuit, ajouta-t-elle.

Et elles se mirent à rire en pensant à Ben York.

Ils arrivèrent au fort dans l'après-midi et, avec l'aide d'un grand jeune homme maigre nommé Shannon, Sacajawa et Femme-Loutre dressèrent leur tipi de cuir près de celui de Jussome.

Tous les membres du Groupe d'Exploration aimaient George Shannon, bien qu'il n'eût guère le sens de l'orientation. Il s'était plusieurs fois perdu, en chassant pendant le voyage, mais il était plein de bonne volonté, jouait et se chamaillait avec le gros terre-neuve noir du capitaine Lewis et prenait la plaisanterie avec bonne humeur. Charbonneau avait eu beau lui expliquer que ses femmes s'occuperaient de tout, il avait absolument tenu à leur venir en aide. Très étonnées de ces attentions auxquelles elles n'étaient guère habituées, les femmes sympathisèrent d'emblée avec lui. Et, en fin d'après-midi, Shannon et Femme-Loutre échangeaient déjà des mots anglais et des mots minnetarees.

Le premier blizzard d'hiver se leva, et la neige se mit à tomber par intermittence. Quand il fut calmé, il laissa derrière lui un grand silence froid. Les rondins des bâtiments grinçaient, des branches cassaient dans les arbres, la neige crissait sous les pas. A l'abri des remparts et assurés, avec leurs réserves, de disposer de nourriture jusqu'au printemps, les hommes s'installèrent au coin du feu, d'où ils ne bougeaient que pour prendre leur tour de garde à la porte ou au sommet de la tour.

– Tant qu'il y a de la neige, on n'a pas de raison de s'en faire pour les Indiens. Ils ne bougeront pas car il est impossible de se déplacer dans la neige sans laisser de traces. Et ce n'est pas dans leurs habitudes de laisser deviner aux autres où ils vont. On n'a rien à craindre pour l'instant.

– Je l'espère, répondit Clark qui fumait tranquillement sa pipe.

Néanmoins, les capitaines maintinrent leurs sentinelles.

Les jours, les semaines passèrent. Il faisait aussi noir à midi qu'au crépuscule.

Bientôt, les Indiens comprirent qu'en plus de la nourriture et des colifichets, les hommes blancs détenaient une magie puissante, et ils prirent l'habitude d'amener leurs malades au fort. Les capitaines, maintenant, passaient une grande partie de leur temps à amputer les orteils gelés et à soigner les pleurésies, car ils savaient que ceux dont ils soulageaient les maux comprendraient que les Américains voulaient les aider.

Un peu avant que le thermomètre du fort ne dépasse trente-huit degrés au-dessous de zéro, les bisons gagnèrent le Missouri supérieur où certains sommets, dépourvus de neige, pouvaient fournir un refuge à l'abri des falaises. C'était Noël et l'occasion pour tous de boire et de festoyer.

Au milieu de la matinée, la moitié des hommes quittèrent le fort prétextant qu'ils étaient invités « à danser » au village mandan. Shannon, Cruzatte et George Drouillard, muni d'une trompette, les accompagnèrent.

Drouillard était l'homme le plus important de l'expédition après les deux capitaines. Tireur exceptionnel, il était l'éclaireur, l'interprète et le chef chasseur de Lewis. Sa mère était une Shawnee; son père, un ami de la famille Clark. Grand et droit comme un i, il avait hérité de sa mère le stoïcisme, la réserve et aussi des cheveux noir de jais et des yeux marron foncé. Seul Reuben Field était capable de courir plus vite et plus longtemps que lui. Sa connaissance des forêts et des plaines était sans égale et il savait aussi écrire et parler le langage des signes, la langue commune aux tribus des plaines et à celles des Rocheuses.

Simple soldat, Pierre Cruzatte était, lui, chef batelier. C'était un créole sec et borgne surnommé Saint Pierre. Il parlait la langue des Omahas et tout le détachement l'adorait pour ses indiscutables talents de violoniste. De surcroît, malgré son œil unique, il n'avait pas son pareil pour faire franchir les rapides et les hauts-fonds à n'importe quel bateau.

Lewis et Clark regardèrent quelques instants la

petite troupe s'éloigner puis regagnèrent leur cabane. Une surprise les y attendait. Profitant de leur absence, un Indien s'était introduit chez eux. Sombre et massif, vêtu de fourrure, il se tenait contre le mur, aussi immobile qu'une statue.

– Qui est de garde? demanda Lewis, s'exprimant intentionnellement d'une voix calme et assurée.

– Je ne sais pas, répondit Clark.

L'Indien se frappa la poitrine et sourit. Son visage n'était pas peint et il n'était pas armé. Lewis baissa les yeux et, alors seulement, remarqua que les doigts de l'homme serraient étroitement la gueule de Scannon, le chien, pour l'empêcher d'aboyer.

Il psalmodia encore quelques mots incompréhensibles en pointant tour à tour sur Lewis et sur Clark un doigt énergique.

– Troc? Troc?

Lewis regarda autour de lui, craignant de faire un geste qui puisse être interprété comme hostile, pendant que Clark prenait une pile de chemises de coton, et la mettait sous le nez de l'Indien, qui lâcha le chien. Clark ouvrit alors la porte et feignit de fumer la pipe. Manifestement satisfait, l'Indien indiqua, par signes enthousiastes, qu'il avait lui aussi quelque chose à donner aux capitaines, et tira de l'ombre, où elle s'était tenue jusqu'alors, une femme vêtue d'une tunique de daim blanche ornée de perles bleues, qui, sans aucun doute, devait être l'épouse préférée de l'Indien.

– A mon avis, il veut te prêter sa femme, dit Clark avec un regard amusé.

– Miséricorde! s'exclama Lewis.

Et il envoya York chercher un interprète.

York revint en compagnie de Sacajawa et de Femme-Loutre. Charbonneau et Jussome étaient absents, expliqua-t-il, et depuis qu'elle était devenue l'amie de Shannon, Femme-Loutre connaissait de nombreux mots anglais. Elle n'avait cependant pas voulu venir seule dans la hutte des officiers.

L'Indien examina les femmes chargées de traduire ses signes et refusa de parler, mais Sacajawa tendit un doigt vers lui.

– Loup, dit-elle, en imitant le français de son mari.

Loup acquiesça et partit d'un rire guttural en reconnaissant Sacajawa. Ce n'était pas un travail de femme, mais si l'homme blanc autorisait la squaw à répéter ses paroles, il était prêt à faire de même.

– Vous vous connaissez? demanda Clark.

– Oui, répondit Femme-Loutre, qui faisait de son mieux pour se rendre utile, mais comprenait mal ce qu'elle faisait là à expliquer aux Blancs que Loup était le chef de tous les Mandans – ce qu'ils auraient tout de même dû savoir.

Quand elle eut surmonté sa panique, elle commença à parler lentement. Sacajawa l'aida en faisant des signes.

– Loup jouait à la partie de jeu de mains quand Sacajawa est devenue l'épouse de Charbonneau, expliqua Femme-Loutre. Sacajawa était assise sur une couverture, ajouta-t-elle en rougissant.

Loup regarda les femmes d'un air hautain, Sacajawa s'assit par terre et baissa la tête.

– Pourquoi cet homme te fait-il baisser la tête? Tu ne voulais pas devenir la femme de Charbonneau? demanda Clark.

Sacajawa ne savait que répondre. Il n'était pas question de vouloir ou de ne pas vouloir. Une Indienne captive n'avait jamais le choix. Ses yeux bleus examinèrent attentivement le visage de son interlocuteur. Elle voulait lui parler, et cherchait désespérément des mots pour lui faire plaisir.

– Tu as soigné les doigts du fil aîné de Loup, finit-elle par dire. Il est si content qu'il a amené sa plus jolie femme à la peau claire afin que les Américains puissent passer la nuit avec elle. C'est un cadeau qu'il vous fait.

Ses mains retombèrent mollement sur ses genoux, mais ses yeux ne quittèrent pas le visage du capitaine. Elle attendait patiemment sa réponse. En refusant, il offenserait Loup, et cela n'était pas souhaitable.

Pendant que Femme-Loutre, attirée par les beaux vêtements de la jeune squaw, tripotait ses perles, examinait ses mocassins et son pantalon finement ouvragé, un sentiment soudain et nouveau s'emparait du cœur de Sacajawa, lui faisant secrètement espérer que Cheveux Rouges refuserait de passer la nuit avec la jeune squaw.

Lewis se pencha vers Clark et lui dit quelques mots à voix basse. Les Indiens les écoutaient en silence, comme s'il comprenaient, mais les deux officiers savaient qu'ils ne pouvaient saisir un traître mot de leur conciliabule.

– Ne prends pas les Indiens pour des imbéciles, souffla Lewis. Ils savent parfaitement ce qu'ils font. Ce sont des commerçants nés. Ils ne se séparent jamais de ce qu'ils aiment ou de ce qui leur est utile. Ils veulent ce que tu possèdes. Cet homme ne te donnera en échange que ce qui n'a aucune valeur à ses yeux et te roulera à tous les coups.

– Oui, c'est l'impression que cela donne, répondit pensivement Clark en suçotant le tuyau de sa pipe.

Puis il se tourna de nouveau vers Sacajawa, et dit en anglais tout en s'aidant de signes :

– Dis au chef que nous le remercions du grand honneur qu'il nous fait. Sa jeune femme est très séduisante.

Sacajawa lui fit répéter le mot afin de pouvoir traduire sa pensée à Loup.

– Dis-lui aussi, reprit Clark, que nous préférerions qu'il nous donne des indications sur les régions de l'Ouest et les montagnes. Existe-t-il une voie d'eau pour les traverser?

Sacajawa fixa le capitaine Clark. Ne savait-il pas

déjà qu'on ne pouvait pas les franchir par voie d'eau? Mais réfléchissant rapidement, elle pensa que Cheveux Rouges ne posait cette question que pour égarer Loup et flatter son orgueil.

Elle se tourna alors vers Loup et lui parla dans sa langue, brodant sur la beauté de la jeune femme et la sûreté de son jugement sur les femmes.

Tripotant son tomahawk et le glissant amoureusement sous son bras, Loup expliqua alors par signes qu'il consentait à dire ce qu'il savait de l'Ouest. Il fit tomber sa fourrure par terre, puis quitta sa chemise de daim et l'étendit devant la cheminée.

Clark comprit. Il sortit une peau d'élan et un morceau de craie blanche.

– Demande-lui de dessiner une carte de la Grande Boueuse, dit-il à Sacajawa.

Petit à petit, avec force grognements et claquements de langue, Loup traça le cours occidental du Missouri, indiquant le petit Missouri et la rivière que les Français appelaient Roche Jaune (1), qui venait du sud. Sacajawa traduisait de son mieux. Il dessina un large cours d'eau et le blanchit consciencieusement : c'était la Milk River (2) qui, venue du nord, se jette dans le Missouri. Puis, souriant parce qu'il se découvrait un talent de dessinateur, il indiqua l'endroit où le Missouri plonge vers le sud, ainsi que les rapides et les grandes chutes, « créations du Grand-Esprit ».

Le capitaine Clark ne tenait plus en place. C'était une chance inespérée.

– Tu connais un peu la piste? demanda-t-il à la jeune femme.

– Oui, fit Sacajawa. J'étais petite, mais je sais encore comment rejoindre le Peuple. S'il n'y a pas d'ennemis sur le chemin, je serais capable d'y retourner. Le

(1) Il s'agit de la Yellowstone, qui rejoint le Missouri à la frontière du Montana et du Dakota du Nord.

(2) La Milk River (Rivière de Lait) se jette dans le Missouri environ 450 km à l'ouest de l'embouchure de la Yellowstone.

Peuple connaît bien tout cela, ajouta-t-elle, les yeux brillants.

Surpris par son émoi, Clark l'interrogea sur ce que venait de dire le chef mandan.

Lentement, les mains tremblantes, elle répondit :

– Il va partir en guerre contre les Shoshones quand la neige aura disparu. Il aime leurs chevaux et leurs femmes.

– Dis-lui qu'il ne faut pas faire la guerre, déclara le capitaine Clark avec gravité. Il doit vivre en paix avec ses voisins. Il peut obtenir des chevaux en faisant des échanges, pacifiquement.

Loup secoua la tête avec scepticisme et Sacajawa traduisit ses signes : « Les braves qui volent un cheval se couvrent de gloire, dit-il, ceux qui capturent un prisonnier sont des héros, ceux qui tuent un ennemi augmentent leurs chances de devenir chef. C'est à la guerre que se mesure la valeur d'une tribu, et les discours des hommes blancs ne peuvent que rendre faibles nos fils. »

– Le Grand-Père Blanc ne protégera pas les nations et les tribus qui ne vivent pas en paix et n'écoutent pas les conseils de l'homme blanc. Il faudra que tu écoutes tôt ou tard. La guerre ne peut pas continuer.

– J'attendrai, promit Loup. Mais si les autres nations ne vivent pas en paix...

Et il lança un cri de guerre à glacer le sang.

Tandis que Loup fumait avec Clark, Lewis fouilla sur les étagères et y choisit des peignes faits de carapace de tortue qu'il offrit aux femmes. Puis il sortit et fit signe au gardien de les laisser passer. Le trouble que Sacajawa éveillait en lui l'étonnait. Clark avait raison : elle semblait d'une rare intelligence.

Après le départ de Loup, Clark resta si longtemps les yeux fixés sur la carte que Lewis sursauta quand il prit enfin la parole :

– Une mère et son enfant gravissant les chaudes collines, un bouquet d'herbes et de fleurs à la main, rêvait-il tout haut. Quel formidable moyen de gagner la confiance des Indiens! Au printemps, quand nous choisirons ceux qui nous accompagneront vers l'Ouest, je crois qu'il serait sage d'emmener avec nous une jeune Shoshone.

Stupéfait, Lewis fixa sur Clark ses yeux d'un bleu profond.

– Une femme et un enfant dans une expédition militaire? Tu veux rire, Clark?

– Oui, je sais. Mais ce n'est peut-être pas aussi stupide qu'il y paraît au premier abord. J'essaye de me mettre à la place des Indiens que nous allons rencontrer. Tu sais, ils n'aiment pas qu'on les appelle « Indiens ». C'est le nom que leur donnent les visages pâles. Ils veulent qu'on s'adresse à eux par le nom de leur tribu. Ils sont fiers de la nation à laquelle ils appartiennent. D'ailleurs, c'est un peu la même chose pour nous. Nous voulons être considérés comme des citoyens des Etats-Unis représentant le gouvernement américain, nous sommes fiers d'être originaires de Virginie, du Missouri ou du Kentucky. Si tu voyais arriver une bande de Sioux avec une femme et un enfant, penserais-tu qu'il s'agit de pillards ou d'une expédition guerrière?

– Non, bien sûr. Je me dirais qu'ils chassent ou qu'ils cherchent un endroit pour dresser leur camp, fit Lewis en lui jetant un regard furieux. Mais je ne vois pas le rapport.

– Mais si. Si nous emmenons une squaw et son enfant, les Sioux, les Pieds-Noirs ou les Crows comprendront immédiatement que nous sommes pacifiques. Et si la squaw est Shoshone, cette tribu nous accueillera en amis.

– Bien, nous serons donc amis avec les Shoshones. Bravo! Mais je ne vois pas en quoi cela concerne notre voyage vers l'Ouest.

– Les Shoshones ont des chevaux. Et si nous voulons échanger des marchandises ou de la farine de maïs, tu ne crois pas que cela nous aiderait à progresser vers l'Ouest?

– Mais nous allons jusqu'au Pacifique par voie d'eau! fit Lewis qui comprenait de moins en moins. C'est une voie d'eau que nous devons explorer.

– C'est vrai, mais suppose qu'il n'y ait pas de rivière praticable dans les montagnes. Il faudra alors transporter les bateaux, et je me disais que ce serait beaucoup plus facile en chargeant notre matériel sur des chevaux. Je préfère voyager à cheval qu'à pied, figure-toi.

– Bon, comme ça, ça se défend. J'aime mieux ça. En fait, tu veux échanger des chevaux contre de l'amitié.

– Je parle sérieusement. Une squaw sait ces choses-là, et pourrait nous être utile. Suppose que ta pirogue chavire et que tu tombes à l'eau avec tes caisses de médicaments. On serait dans un beau pétrin. Ecoute, c'est à moi de décider en dernier ressort quel interprète nous emmènerons : ce vieux coquin de Jussome ou l'Homme-à-Femmes, Charbonneau. J'y ai réfléchi, et je penche pour Charbonneau. Il n'est pas aussi malin que Jussome, mais il est moins retors, et sa jeune femme me plaît bien.

Lewis regarda Clark du coin de l'œil.

– Tu veux dire... Tu ne penses tout de même pas sérieusement à emmener la femme du Français! Une expédition militaire en territoire inconnu, dans un pays étranger, et remontant une rivière inexplorée sous la conduite d'une femme... et d'une gamine enceinte? C'est complètement ridicule!

Clark remplit le fourneau de sa pipe de tabac frais et prit un brandon dans la cheminée pour l'allumer.

– Non, Lewis, je ne crois pas. Au printemps, l'enfant sera là. La jeune squaw de Charbonneau possède une intelligence supérieure à la moyenne. Tu as vu comme elle nous a aidés aujourd'hui? D'autre part, je te rappelle que les Shoshones ne sont pas n'importe qui. Les Britanniques ont une peur bleue de leurs braves, alors qu'ils n'ont même pas de fusils. Nos hommes seraient à leur merci dans les montagnes. Ces types-là savent se servir d'un arc. Aimerais-tu recevoir une flèche en pleine poitrine sans même savoir d'où elle vient? Bon. Or, la femme de Charbonneau est Shoshone, n'est-ce pas?

– Oui. Je sais, s'impatienta Lewis, tu n'arrêtes pas de le répéter.

– Tu as vu comme ses yeux ont brillé quand elle a parlé de ses montagnes? Elle pourrait nous être très utile, et si son peuple a vraiment des chevaux, nous pourrions nous arranger.

– Et le bébé? Qu'est-ce qu'on en ferait du bébé, dans ses montagnes?

Clark regarda Lewis avec stupéfaction.

– Lewis, il serait temps que tu commences à penser comme un Indien. Un enfant n'est pas un problème. La squaw le fourre dans sa hotte et se le met sur le dos, un point c'est tout. Tu sais comment sont les Indiennes. Elles savent se débrouiller seules, elles ne se plaignent jamais, et elles obéissent avec le sourire.

– Non, mais vraiment, tu y penses sérieusement?

Clark resta silencieux, le temps de rallumer sa pipe.

– Et pourquoi pas alors emmener plutôt la femme aînée de Charbonneau, risqua Lewis.

– Bravo, mon vieux! On peut dire que tu penses aujourd'hui... Simplement parce qu'il nous faut quelqu'un d'intelligent, qui sache faire preuve d'initiative, et pas une esclave! Et la petite ne manque pas de cran, il me semble.

Lewis regarda Clark d'un air consterné. Il aurait voulu encore essayer de s'opposer à ce projet, mais il sentait bien que c'était inutile. Après tout, se dit-il, peut-être cette jeune femme connaît-elle effectivement les territoires du Nord et saura-t-elle retrouver le chemin de son pays, au Saskatchewan. Puis il pensa au commerce avec les Shoshones des montagnes. Un comptoir commercial au cœur des Rocheuses après tout n'était pas une mauvaise idée.

– Si nous pouvions installer des comptoirs commerciaux, d'abord à l'est de la ligne de partage des eaux, en Louisiane américaine, peut-être que son peuple les fréquenterait, dit-il pour se rattraper. Plus tard, on pourrait en construire un dans les montagnes, spécialement pour eux, et ensuite, si tout marche bien, en monter d'autres à l'ouest de la ligne de partage des eaux, sur le territoire d'autres tribus.

Clark se leva et étira son grand corps.

– Lewis, dit-il, tu es un réaliste.

– Et toi un sentimental aux cheveux rouges et aux larges épaules.

– Et avec ça, il faut nous montrer aussi malins que les Indiens. Pour eux, il n'y a pas de place pour ces détails sans importance. Donc, c'est décidé. Toussaint Charbonneau sera notre interprète et sa jeune squaw nous guidera sur le territoire des Shoshones. Quant à l'enfant, il sera notre talisman.

Un beau matin, Charbonneau entra dans son tipi, jeta par terre son bonnet et prit un air avantageux.

– Je pars avec les Américains au printemps, déclara-t-il d'un ton avantageux. Nous préparons le voyage ensemble. Je suis leur interprète.

Interrompant leur travail, les trois femmes le regardèrent.

– Tu vas me manquer, dit Femme-Maïs d'une voix à peine audible.

Sacajawa regarda son ventre distendu et se dit : « Eh bien! c'est ainsi. J'aurai un enfant, mais pas de mari. »

Femme-Loutre se leva d'un bond et Petit Tess, à qui elle donnait le sein, glissa par terre.

– Tu vas au pays des Shoshones? Je peux aller avec toi?

– Les capitaines ne veulent pas. Je leur ai bien dit de t'emmener, que tu étais ma meilleure squaw. Mais ils n'ont rien voulu savoir.

Cette partie de l'accord d'ailleurs lui déplaisait, et il regrettait vraiment de devoir se séparer de Femme-Loutre.

– Il faut que j'emmène l'autre, déclara-t-il.

– Ils veulent que ce soit moi qui m'occupe de toi? demanda Femme-Maïs, tout sourire.

– Non, pas toi, Sacajawa. Ils y tiennent.

– Quoi! Tu emmènes celle qui est grosse comme un bison? jeta Femme-Loutre. Jamais les hommes blancs ne voudront d'elle!

Sacajawa leva la tête. Son bébé venait de lui donner un coup de pied. C'était bon signe. Il avait envie t'entamer sa nouvelle vie.

Femme-Loutre cracha deux fois dans la direction de Sacajawa et, comme ni celle-ci ni Charbonneau ne semblaient y prêter attention, elle cracha de nouveau.

Il se leva d'un bond.

– Nom de Dieu! Qu'est-ce que ça veut dire? Ce n'est pas moi qu'il faut accuser, ce sont les capitaines.

– Mais ils m'ont demandé de traduire pour eux! hurla Femme-Loutre en renversant la marmite de ragoût et en s'acharnant sur le lit de Sacajawa, éparpillant rageusement les paillasses de balle de maïs comme une taupe qui fait voler la terre pour entrer dans son terrier.

– Peut-être, mais maintenant ils ont changé d'avis et il faut que j'aille m'installer dans une cabane de bois avec Sacajawa. Ils ne reviendront pas sur leur décision.

Ce soir-là, Sacajawa retrouva donc une hutte de terre. Elle fit un feu pour réchauffer la pièce et s'allongea sur une peau de bison. Elle avait envie d'être seule, de rêver, de faire des projets. Elle devinait inconsciemment qu'elle avait gagné la partie, mais ne se demanda même pas quel serait le prix à payer. Elle allait retourner auprès du Peuple, dans les Montagnes Luisantes. Sa victoire la laissait incrédule, et elle ne pouvait chasser de son esprit le visage de l'homme aux cheveux rouges, aux yeux bleus comme un ciel d'été.

Février était un mois froid. Le vent du nord-ouest soufflait en tempête sur le fort, et Sacajawa ne sortait guère de la pièce qui leur avait été attribuée, à Charbonneau et à elle. Bientôt son enfant serait là.

Un matin, en s'asseyant, elle se sentit étrangement calme. Il lui sembla que quelque chose n'allait pas. Habituellement pleine d'énergie, elle se sentait triste et déprimée. Elle avait très mal dans le dos et soudain une crampe la plia en deux.

Elle voulut retirer la bouilloire du feu mais n'y parvint pas. Au même instant, York entra, les bras chargés de bois pour la cheminée.

Comprenant tout d'un seul regard, il l'aida à gagner sa soupente et à s'envelopper dans sa couverture de bison. Puis il lui dit doucement : « Je reviens tout de suite. » Sacajawa ne put répondre : un spasme altéra ses traits et son corps se raidit sous la couverture. Quand ce fut fini, elle ouvrit les yeux, et York put lire dans ses yeux humbles, douloureux, anxieux, l'éternel espoir chevillé depuis toujours au cœur de tous les hommes.

En descendant, il tomba sur Lewis qui entrait. Il décrocha la bouilloire pendue au mur, l'emplit de neige et la suspendit au-dessus du feu. Puis lui dit en souriant :

– Il faut toujours faire bouillir de l'eau. Il y a si longtemps que je vois naître et mourir. Une naissance de plus dont je vais m'occuper! Il faudrait bien que je me décide à apprendre des berceuses.

Les deux hommes s'assirent près de la porte, se

demandant s'il fallait qu'ils aillent chercher une femme, mais Lewis se dit que les Indiennes devaient savoir se débrouiller toutes seules. Mais l'appel de Sacajawa, d'abord faible et indistinct, puis rendu strident par la terreur, les glaça. Elle avait peur de rester seule. Son corps l'effrayait. Il lui semblait qu'il s'était retourné contre elle. Il lui imposait une telle succession de douleurs qu'il lui semblait ne plus pouvoir se fier à lui, et elle voulait quelqu'un près d'elle, comme si son insistance à la torturer avait quelque chose de secret et d'intime qu'une présence pouvait faire reculer.

York suggéra d'installer un lit près de la cheminée et d'y coucher la jeune femme. Puis il trempa des torchons propres dans l'eau bouillante et les étendit sur le ventre gonflé. Une seule fois, il osa la regarder de nouveau dans les yeux et, de nouveau, il se sentit incroyablement proche d'elle. Tout être sur terre venait au monde de la même manière.

La douleur n'augmentait pas, mais ses accès soudains raidissaient le corps de Sacajawa pendant deux ou trois minutes, la laissant épuisée. Le soleil passa à l'aplomb des toits du fort, puis descendit. Vers le soir, les spasmes se rapprochèrent, se succédant à un rythme presque ininterrompu, mais l'enfant ne venait pas. York s'essuya le visage avec un linge sec, puis les mains et les bras. Lewis fumait la pipe. Si seulement Clark avait été là, peut-être aurait-il eu une idée.

Soudain, Jussome pénétra en coup de vent dans la cabane, laissant entrer l'air glacé. Ses chiens de traîneau aboyèrent, grondèrent puis se turent.

– Je vous cherche partout, dit-il à Lewis. Je voulais vous demander si nous pourrions garder votre machine à moudre le grain après votre départ. Si nous l'avions, nous pourrions faire beaucoup de farine de maïs.

– Moins fort! Tu ne vois pas que la petite squaw est dans un moment difficile? fit York. Tu ne connais pas une potion indigène qui hâterait sa délivrance?

– Monsieur York, je suis l'homme qu'il vous faut. Les sonnettes de serpent. Il faut les réduire en poudre et les faire infuser, et le bébé viendra aussitôt. C'est ce que font les Assiniboins et les Arikaras.

– Des sonnettes de serpent! Qu'est-ce que c'est que cette histoire? s'exclama York sur un ton sarcastique.

– Essayez, dit seulement Jussome, en s'installant près du feu.

Lewis se souvint qu'il en avait précisément ramassé de grosses près de Saint Charles (1). Il gagna sa cabane et fouilla parmi les bouteilles et les récipients. Il les trouva enveloppées dans une feuille de papier, prépara l'infusion, et la rapporta à York, qui la fit boire à la jeune fille.

Sacajawa comprit que le moment était venu de compter les contractions. Elle ne pouvait plus crier ni parler. Elle était totalement seule, et elle eut l'impression de tomber dans un abîme obscur. Puis, venant de très loin, elle entendit la voix de York, qui lui criait presque :

– Je le vois! C'est un garçon! Il a la figure aussi ronde que le ventre! Il gigote comme un criquet sur la braise.

Quand elle ouvrit les yeux, Lewis tenait maladroitement l'enfant que York lavait à l'eau chaude. Le bébé hurlait comme un coyote. York l'enveloppa dans la fine couverture de peau qu'elle avait confectionnée.

– Il a les cheveux noirs, murmura-t-elle, ils ne sont pas rouges.

– Comment? demanda York.

Mais elle dormait déjà, calme et comblée, immobile après la longue tourmente qu'elle venait d'affronter. Elle rêva que son enfant à la peau brune et aux cheveux or et rouge jouait joyeusement au pied de montagnes couronnées de neige – et revit toutes les

(1) Petite ville au bord du Missouri, à une cinquantaine de kilomètres au nord de Saint-Louis.

pistes qui l'avaient conduite au village des hommes blancs.

Au matin, Charbonneau revint avec les chasseurs et apprit qu'il avait un nouvel enfant.

Il écarta les couvertures qui recouvraient Sacajawa, regarda le bébé et posa sa grosse main sur son visage.

– Oh! qu'elle est jolie! Je l'appellerai Jeannette.

York se mit à rire, découvrant ses dents blanches.

– Quand elle te demandera pourquoi et voudra te casser la figure à cause de son nom, ne viens pas te plaindre. Ce n'est pas une fille!

– C'est un garçon? demanda Charbonneau, déçu. J'en ai déjà un.

– Donne-lui un vrai nom, suggéra Lewis. Un nom qui lui conviendra quand il sera grand. Un nom facile à retenir – Jean, par exemple.

– Jean-Baptiste, oui, je vais l'appeler Jean-Baptiste, déclara Charbonneau en relevant la tête et en souriant. C'est un vieux nom français. Mon frère et Lepage ont le même. Il plaira à ma squaw.

La Montagne aux Ecritures (1064 ***)
La mission Beaufort-Lignac est-elle perdue ? Le capitaine Verdier part à sa recherche.
Le rendez-vous d'Essendilène (1078 ***)
Nicole etait perdue, seule, au cœur du desert...
Le rapt (1181 ****)
Perdue dans le Grand Nord, Kristina sera-t-elle sauvée ? (mai 1981)

GRADY James
Les trois jours du Condor (709 *)
Il a trois jours pour échapper aux assassins et démasquer les traîtres.
L'ombre du Condor (1065 ****)
Tombé aux mains d'agents chinois, pourra-t-il encore remplir sa mission ?

HALEY Alex
Racines (2 t. 968 **** et 969 ****)
Ce triomphe mondial de la littérature et de la TV fait revivre le drame des esclaves noirs en Amérique.

KATZ Robert
Le pont de Cassandra (827 **)
Contaminés par une arme bactériologique, ils sont emportés par un train fou.

LARTEGUY Jean
Les naufragés du soleil (1050 ****)
Trois hommes, rejetés d'Asie, se souviennent de leurs amours exotiques.
Le cheval de feu (1095 ****)
Yves Lortais, sorcier de la guerre, est pris entre Nane, son épouse, et la princesse Tiane.

LEVIN Ira
Ces garçons qui venaient du Brésil (906 ***)
Sur l'ordre du Dr Mengele, six tueurs nazis partent en mission.

REID P.R.
Colditz (661 **)
L'auteur s'évade, en 1942, de la forteresse d'où l'on ne s'évade pas (feuilleton TV)

RIOU Roger
Adieu la Tortue (D76 ****)
Fabuleuse aventure d'un missionnaire dans l'île de la Tortue.

URIS Leon
Trinité (3 t. 863 ****, 864 **** et 865 ****)
Dans une Irlande en flammes, le jeu de l'amour et de la mort.

WALKER Margaret
Jubilee (2 t. 842 *** et 843 ***)
*Elle est la fille du Maître blanc... elle restera toujours esclave. L'*Autant en emporte le vent *des Noirs américains.*

WOUK Herman
Le souffle de la guerre (3 t. 575 ****, 576 **** et 577 ****)
Brian, Nathalie, Pamela et Victor... Leurs vies et leurs amours vont être bouleversées par le grand souffle tragique de la Seconde Guerre mondiale.

Editions J'ai Lu, 31, rue de Tournon, 75006 Paris

diffusion
France et étranger : Flammarion, Paris
Suisse : Office du Livre, Fribourg
diffusion exclusive
Canada : Flammarion Ltée, Montréal

Achevé d'imprimer sur les presses de l'imprimerie Brodard et Taupin
7, Bd Romain-Rolland, Montrouge. Usine de La Flèche,
le 12 janvier 1982
6423-5 Dépôt Légal janvier 1982. ISBN : 2 - 277 - 21270 - 9
Imprimé en France